Coleção Invenções Democráticas
Volume III

A INVENÇÃO DEMOCRÁTICA
Os limites da dominação totalitária

Coleção Invenções Democráticas
Volume III

Claude Lefort

Tradução
Isabel Loureiro
Maria Leonor Loureiro

A INVENÇÃO DEMOCRÁTICA
Os limites da dominação totalitária

3ª edição
Revista, atualizada; inclui textos inéditos

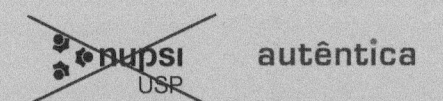

nupsi USP   autêntica

Copyright © Librairie Arthème Fayard, 1981
Copyright da tradução © Autêntica Editora LTDA., 2011

TÍTULO ORIGINAL
L'Invention Démocratique – les limites de la domination totalitaire

COORDENADORIA DA COLEÇÃO INVENÇÕES DEMOCRÁTICAS
André Menezes Rocha, David Calderoni, Helena Singer, Lilian L'Abbate Kelian, Luciana de Souza Chauí Mattos Berlinck, Marcelo Gomes Justo, Maria Luci Buff Migliori, Maria Lúcia de Moraes Borges Calderoni.

CONSELHO EDITORIAL INTERNACIONAL
Boaventura de Sousa Santos (Universidade de Coimbra/University of Wisconsin), Christian Azaïs (Université de Picardie Jules Verne d'Amiens), Diego Tatian (Universidad Nacional de Córdoba), Laurent Bove (Université de Picardie Jules Verne d'Amiens), Mariana Gainza, Marilena de Souza Chauí (FFLCH-USP), Milton Meira do Nascimento (FFLCH-USP), Paul Israel Singer (FEA-USP), Sandra Jovchelovitch (London School of Economics), Vittorio Morfino (Università degli studi di Milano-Bicocca).

COORDENADOR DESTE VOLUME
André Rocha

PROJETO GRÁFICO DE CAPA
Diogo Droschi
(Sobre *A ronda noturna* (De Nachtwacht), Rembrandt, 1642 - Rijksmuseum (Amsterdã))

EDITORAÇÃO ELETRÔNICA
Waldênia Alvarenga Santos Ataíde

REVISÃO TÉCNICA
Marilena Chauí e André Rocha

REVISÃO DE TEXTO
Lira Córdova e Cecília Martins

EDITORA RESPONSÁVEL
Rejane Dias

1ª edição 1983 pela Editora Brasiliense
2ª edição 1987 pela Editora Brasiliense

Revisado conforme o Novo Acordo Ortográfico.

Todos os direitos reservados pela Autêntica Editora. Nenhuma parte desta publicação poderá ser reproduzida, seja por meios mecânicos, eletrônicos, seja via cópia xerográfica, sem a autorização prévia da Editora.

AUTÊNTICA EDITORA LTDA.
Rua Aimorés, 981, 8º andar . Funcionários
30140-071 . Belo Horizonte . MG
Tel: (55 31) 3222 68 19
Televendas: 0800 283 13 22
www.autenticaeditora.com.br

Dados Internacionais de Catalogação na Publicação (CIP)
(Câmara Brasileira do Livro, SP, Brasil)

Lefort, Claude
   A invenção democrática : os limites da dominação totalitária / Claude Lefort; tradução Isabel Loureiro, Maria Leonor F. R. Loureiro; apresentação Marilena Chauí. -- Belo Horizonte: Autêntica Editora, 2011. -- (Coleção Invenções Democráticas ; 3)

   Título original: L'invention démocratique : les limites de la domination totalitaire.
   ISBN 978-85-7526-524-6

   1. Estado comunista 2. Europa Oriental - Política e governo - 1945-1989 3. Totalitarismo I. Chauí, Marilena. II. Título. III. Série.

11-02872   CDD-321.92

Índices para catálogo sistemático:
   1. Europa oriental : Política e governo : 1945-1989- :
         Ciências políticas : História   321.92

Sumário

Prefácio à edição de 1994
Tradução: Maria Leonor Loureiro 7

Prefácio à edição de 1981
Tradução: Marilena Chauí 13

Apresentação
Marilena Chauí 37

Introdução – Dialética e democracia
André Rocha 43

Contribuições para a compreensão do totalitarismo
Direitos do homem e política 59
A lógica totalitária 87
Stalin e o stalinismo 103
O impensado da União da Esquerda.. 119
A imagem do corpo e o totalitarismo 141

Decifrar os signos do novo
Os dissidentes soviéticos e nós 155
A questão da Revolução 159
A insurreição húngara 165
Uma outra revolução 195
Volta da Polônia 213
Alargar as fronteiras do possível 253

Prefácio à edição de 1994

Tradução: Maria Leonor Loureiro

Publicada em 1981, *A invenção democrática* é uma coletânea de textos que, com exceção de três – contemporâneos dos acontecimentos que sacudiram a Hungria e a Polônia em 1956 –, datam do mesmo ano ou do fim dos anos 1970. Estes textos trazem a marca de uma conjuntura: uns, manifestamente, porque se referem a fatos da atualidade (a ascensão do Partido Socialista e as peripécias da União da Esquerda, a política externa da França ante as ameaças que a União Soviética faz pesar sobre a Polônia ou a agressão contra o Afeganistão); outros, cujo caráter é mais francamente teórico, porque se inserem no âmbito do debate político e intelectual da época. Bastam dois exemplos para mostrá-lo.

Em "Direitos do homem e política" (colocado no início do volume), dedico-me a esclarecer o núcleo da democracia, destacando a mutação simbólica que houve em sua origem – a ruptura com a representação da sociedade como *corpo* – e a invenção de que seu desenvolvimento dá provas, invenção que ela ainda requer para se manter. Essa tentativa, na verdade, eu a esboçara já no início dos anos 1960. Todavia, se ela se aplica ao exame dos direitos humanos, é em razão da nova importância que essa noção adquiriu há pouco tempo e de sua carga ideológica. A imagem do comunismo no Leste degradara-se consideravelmente ao longo dos anos 1970. Tirando partido dos acordos de Helsinque, dissidentes soviéticos haviam feito do respeito aos direitos humanos a mola propulsora de seu combate; as informações sobre a amplitude do sistema concentracionário no período outrora supostamente glorioso da edificação do comunismo, e as que se referiam aos novos métodos de eliminação dos oponentes (em primeiro lugar, o internamento em hospitais psiquiátricos), se multiplicavam; a publicação de *Arquipélago Gulag*, em 1975, abalou parte da opinião. Foi sob o efeito dessas mudanças que se desenvolveu uma polêmica sobre o significado dos direitos humanos. Eles foram explorados sobretudo para encenar a luta perpétua do indivíduo contra o Estado. Denunciado como totalitário, o comunismo apareceu a *novos filósofos* como o regime que permitira ao Estado atingir seu mais alto grau de poder e realizar sua vocação. Sob seus traços, descobria-se a Dominação; sob os traços dos dissidentes, a Resistência. Meu objetivo, no ensaio mencionado, é por um lado guiado pela refutação desse esquema, cujo efeito é confundir, mais uma vez, a distinção entre democracia e totalitarismo. Tento mostrar a amplitude das transformações que a instituição dos direitos humanos introduziu na sociedade francesa no fim do século XVIII, e como estão ligadas as liberdades individuais, as liberdades civis e as liberdades políticas. Da minha interpretação sobressai, especialmente, que o sinal distintivo do totalitarismo não é tanto a onipotência do Estado quanto a tentativa de abolir a separação do Estado e a sociedade civil. Entretanto, não sou menos devedor na minha reflexão para com aqueles que, por outro lado, tomam como alvo os direitos humanos e julgam, na esteira de Marx, que eles oferecem somente um disfarce dos interesses burgueses e, em última análise, da propriedade privada. Em "A lógica totalitária", o trajeto que sigo é também em parte comandado pela refutação de argumentos que me parecem proibir a inteligência do desenvolvimento do comunismo. Por que propor a noção de uma *lógica*? Em primeiro lugar, quero afastar toda explicação do comunismo por um encadeamento das circunstâncias. De nada serve se perguntar, remontando o curso dos acontecimentos: *o que teria acontecido se* (se Lênin não tivesse desaparecido precocemente, se a coletivização não tivesse sido conduzida com selvageria, se Stalin tivesse perdido o poder em 1934, etc.).?. Embora tais hipóteses tenham um valor heurístico, não estamos ante a alternativa da contingência ou da necessidade. O que se exige de nós é decifrar um fenômeno novo, um tipo de sociedade política exercendo uma atração universal – isto é, discernir o que tomou forma com a ideologia e as instituições do comunismo, o que surgiu do fundo do mundo moderno, e o que, uma vez estabelecido esse regime, assinala as repercussões da divisão social que ele não pode dominar.

Em segundo lugar, dentro do mesmo espírito, critico uma representação aceita pela maioria daqueles que usam o conceito de totalitarismo. A sociedade soviética é, com efeito, frequentemente apresentada como inteiramente submetida ao poder comunista e uniformizada; por conseguinte, seus horizontes parecem trancados, e o mundo, definitivamente dividido em dois campos. Quero fazer reconhecer que se trata de uma ficção. O conceito de totalitarismo permite identificar o projeto novo de uma dominação que não deixaria fora de seu alcance nenhum aspecto da vida social e submeteria os indivíduos a ponto de fazê-los perder a faculdade de julgar. Em compensação, a crença de que tal projeto esteja realizado ou possa realizar-se me parece ligada à fantasia que está na sua origem. Não só a simples observação dos fatos incita a recusá-la, mas a vontade de forçar os obstáculos contra os quais se choca a ideia de uma organização total da sociedade, de uma incorporação dos indivíduos em um povo-Uno não se pode imprimir na realidade a não ser engendrando a desorganização e a fragmentação.

A conjuntura que evoco parece, no presente, já antiga, tamanha foi a modificação que o considerável acontecimento de queda do comunismo imprimiu na face do mundo e no estado dos espíritos. O desmoronamento do poderio militar da Rússia foi sua consequência; não foi o resultado de uma guerra. A desagregação do Império Soviético foi outra consequência; este não foi carregado pela efervescência das nacionalidades. O desaparecimento do antagonismo das duas superpotências, ao qual se vinculavam direta ou indiretamente todos os conflitos que dilaceravam o mundo, seguiu-se ao da alternativa política e ideológica que o comunismo figurara. Essa alternativa aparecia seja no horizonte, seja no próprio centro da paisagem política em todos os continentes. Como teríamos então alguma oportunidade de nos orientar no conhecimento do presente sem nos interrogar sobre as razões do desconhecimento tão difundido e tão duradouro da natureza do totalitarismo?

Ouvimos dizer agora que a era nova é a do pós-comunismo. Embora vaga, essa expressão tem pelo menos o mérito de nos lembrar que o mundo inteiro foi afetado pelo acontecimento que ocorreu no Leste. Se seus efeitos se revelam tão extensos e, por assim dizer, não localizáveis, não convém recolocar a questão do comunismo? Ouvimos dizer ainda que não há mais, no mundo, outro polo de atração senão a democracia. Considerando somente o caso dos países ex-comunistas, quais são portanto os critérios que permitem apreciar seu progresso na *transição democrática*? A democracia se reduz a um sistema de instituições jurídico-políticas: eleições livres, multipartidarismo, controle do governo pelo parlamento? Se não for o caso, em que nível do social ela se enraíza? Pode-se julgar que ela deriva da instituição do mercado? É o liberalismo, confundido hoje em dia com a teoria da livre-troca, que nos ensina o sentido das mudanças em andamento? Ou então, as questões que o comunismo e a democracia já suscitavam não se cruzam novamente quando se constata que o liberalismo e o que ele inspira, a violência do domínio do mercado, encontram terreno privilegiado em países devastados por um regime totalitário nos quais o sentido do direito se apagara, onde a população fora privada dos meios de associação que permitem resistir à exploração do trabalho? Enfim, uma vez reconhecido que a dinâmica da democracia não é separável do desenvolvimento da economia de mercado, não é preciso verificar em que medida aquela é irredutível a esta?

O fim do comunismo suscitou um formidável espanto. Quem não o experimentou? O encadeamento das consequências que derivam das iniciativas tomadas por Gorbatchev para desvincular do Partido a autoridade do governo, a aceleração súbita da crise política na URSS e, depois, o desmoronamento de todos os redutos comunistas da Europa do Leste: semelhante cenário, ninguém, que eu saiba, havia imaginado. Mas há, por assim dizer, graus no imprevisível. Ao meu próprio espanto perante o acontecimento, somou-se o que me provocavam as afirmações repetidas de que nada deixara prever a destruição do sistema comunista. Era tão forte a crença em sua solidez, que ainda na véspera da demissão de Honecker, quando a multidão fazia manifestações em Berlim, muitos observadores julgavam que Gorbatchev não podia abandoná-lo e tinha a liberdade de entravar o processo de desagregação do bloco do Leste.

No prefácio deste livro, escrevo: "Que se explique, pois, que essa formidável potência é trabalhada por não menos formidáveis contradições; que o Estado burocrático se revela minado pela corrupção [...]! Que se mostre ainda quanto esse comunismo provocou ódios na Europa do Leste, a fragilidade dos regimes que não se manteriam por mais de três meses se o medo dos russos não aterrorizasse a população!" Em "Uma outra revolução", anoto ainda: "o totalitarismo constitui o mais eficaz sistema de dominação mas também o mais vulnerável. Depois de um acontecimento [a insurreição húngara], é permitido pensar que, se uma crise atingisse o coração do edifício totalitário, a União Soviética, uma revolta generalizada, ingovernável, explodiria e deixaria o poder nu, como em nenhum outro lugar". Uma década antes, eu observava já no posfácio aos *Elementos de uma crítica da burocracia*: "Está-se no direito de esperar na URSS, numa data certamente imprevisível, uma crise do regime, cujas consequências seriam de um alcance inaudito tanto na Europa do Leste quanto no mundo ocidental". Por essas citações, não procuro atribuir-me nenhum dom de premonição. Elas provam somente que uma visão política do totalitarismo – a análise foi ainda esquemática – permitia discernir as fraturas que anunciavam seu desmembramento. Sovietólogos, sociólogos competentes estavam mais bem informados do que eu sobre as mudanças que se tinham operado na Rússia nos últimos 20 anos e os problemas colocados pela gestão da economia. Mas a evolução em curso lhes parecia regulada pelas necessidades que se impõem a toda grande sociedade industrial. O crescimento de uma camada social nova, sob o efeito da modernização, persuadia-os do papel cada vez mais preponderante que desempenhavam tecnocratas e administradores formados nas universidades e dedicados a um enfoque realista do funcionamento da sociedade. Dessas observações, eles concluíam de bom grado por uma oposição entre o ponto de vista dos gestores e o dos burocratas, pela formação de uma corrente reformadora susceptível de mudar a figura do regime e, finalmente, pela convergência provável das sociedades do Leste e das sociedades do Oeste, apesar da diferença das ideologias. A hipótese foi desmentida pelos fatos: o comunismo não evoluiu; foi destruído. E não se encontrou sinal de uma grande corrente reformadora, nem de uma nova classe em gestação pronta a assumir as responsabilidades que lhe atribuíam. Em "Alargar a fronteira do possível", escrevo: "o que excluímos é a instalação de um comunismo democrático no qual, simultaneamente, o conflito social e a oposição seriam institucionalizados. Em contrapartida, o que observamos é uma *quebra* do sistema totalitário". Que o regime fosse ao mesmo tempo *inviável* e *irreformável*, eu já tornara pública essa convicção desde 1956 no artigo "O totalitarismo sem Stalin" (reproduzido em *Elementos de uma crítica da burocracia*), baseando-a na leitura dos relatórios apresentados ao XX Congresso pelos dirigentes do Partido, particularmente os de Krutchev e Suslov. Sua condenação dos vícios dos quadros da organização (incúria, inércia, corrupção) fazia entrever o parasitismo do Partido, e, significativamente, desembocava somente no apelo a uma nova vigilância do Partido...

Muitos observadores ocidentais que previam a ascensão de uma nova camada social detiveram-se na constatação da degradação dos burocratas do Partido. Fazendo isso, ignoraram que este não cessava de fornecer o único quadro de referência; que ele constituía, se se puder usar este termo, o único polo de legitimidade em uma sociedade na qual, na falta de poder se associar, se exprimir livremente, dispor de meios de informação, os indivíduos, qualquer que fosse sua hostilidade ao regime, perdiam as referências do direito e do conhecimento. Somente o pequeno número daqueles que foram capazes de se pensar como dissidentes, ou então que sua fé religiosa preservava, podia forjar a noção de um sistema totalitário. A hipótese "sociológica" de grupos que seriam susceptíveis de se afirmar em razão do lugar que ocupavam na administração e no aparelho de produção procedia de uma falsa apreciação do regime. Aos novos elementos aos quais se emprestava uma nova mentalidade faltava a possibilidade de se organizarem, de se reconhecerem uns aos outros de um mesmo lado, fora do Partido (ao qual aliás muitos deles aderiram). Não consistia este erro em projetar no universo soviético a imagem dos grupos de pressão característicos da democracia ocidental, os quais não se podem formar, e eventualmente coligar, a não ser onde existe uma sociedade civil?

O Partido devia ser extirpado da sociedade para que ela pudesse se movimentar novamente. Gorbatchev, sabe-se agora, não queria destruí-lo. Mas teve a audácia, de que Krutchev se mostrara incapaz, de atentar contra a sua prerrogativa. Isso bastou para tornar possível essa espécie de regicídio que Eltsin fez decretar graças às circunstâncias. Gorbatchev não hesitou em procurar apoio na opinião pública para impor sua autoridade – ao mesmo tempo, a do Estado – e estabelecer limites ao Partido. O golpe que lhe deu significava muito mais que a vitória de uma facção sobre a outra. Sem dúvida, seu sucesso demonstra que o Partido não dispunha mais de meios para lhe resistir: de fato, o Comitê Central submeteu-se. Mas ainda era preciso que a imagem da onipotência e da intangibilidade do Partido fosse dissipada. Acreditou-se poder dizer que ele não era mais nada há muito tempo, politicamente falando. Mas esse suposto *nada* dependia de tudo. Declarou-se também que só contava a força do exército, da KGB e da polícia, ou ainda que o poder efetivo se deslocara da direção do Partido para a do complexo militar-industrial. Ora, a crise política se desenvolveu sem que se visse aparecer em cena os chefes do exército ou os obscuros detentores do poder efetivo. Essa observação não incita de modo nenhum a subestimar o que a persistência do domínio do Partido devia à força das armas. Ela incita somente a reconhecer que as relações de força se inscrevem elas mesmas numa configuração simbólica. No centro estava o Partido. Ele não consistia somente numa imensa organização cobrindo toda a extensão do território e imbricada em todos os setores da sociedade, cuja eficácia podia avaliar-se pela capacidade de seus membros de executar as tarefas combinadas. Certamente, ele se prestava à representação de uma *máquina*, como sua direção à de um *aparelho*; mas por um lado ele permanecia – o que sempre fora – um ser mítico, no sentido de que não existia como uma instituição *na* sociedade, destinada a uma função, fosse ela considerada como a mais importante: supunha-se que ele dava corpo à sociedade. Tal é então a razão pela qual a decisão de Gorbatchev de circunscrever a área de suas competências teve um alcance tão considerável.

O Partido Comunista foi caracterizado como o modelo do partido único. Essa noção sempre me pareceu inconsistente. Um partido único pode ser o instrumento de uma ditadura que deixa subsistir uma sociedade civil. Ele não proíbe necessariamente a expressão em seu seio de várias correntes. Pode coexistir com formas de associação, sobretudo sindicais, que são legais. Em compensação, o Partido Comunista procede de uma fantasia: a da fusão do social e do político.

Os textos agora republicados constituem simples ensaios cujos limites percebi sensivelmente. A democracia não se aprecia somente pelos sinais de sua invenção. Ao querer sublinhá-los, eu deixava na sombra aqueles que desvelam suas perversões. Destaco também, agora, erros: não soube medir o enfraquecimento do Partido Comunista na França; superestimava portanto os perigos de sua implantação no aparelho de Estado graças à União da Esquerda. A análise que esboçava do Partido Socialista não me parece entretanto invalidada. Ele continua a justificar as críticas que eu formulava em 1981, pouco tempo antes de uma eleição presidencial... Em compensação, importa-me chamar a atenção para o prognóstico que me inspirava a apreciação do regime soviético. Enganei-me gravemente supondo que seu fracasso só poderia desembocar numa revolução social. A lembrança da explosão do comunismo na Hungria me guiava. Eu negligenciava a diferença dos tempos e a diferença das sociedades. Sem as ignorar, avaliei mal as consequências da decomposição do tecido social que se acentuara no universo totalitário. Enfim, não concebia que pudesse nascer no ápice do Partido a ideia de um imperativo político – o imperativo de governo – que prevalecesse contra o interesse comunista.

Setembro de 1994.

Prefácio à edição de 1981

Tradução: Marilena Chauí

Eis aqui textos sobre a democracia e o totalitarismo; uns, inéditos, outros, já publicados em diversas revistas. Ao conjunto, acrescentei dois estudos antigos, contemporâneos aos acontecimentos que abalaram a Europa do Leste, em 1956: a insurreição húngara e o "Outubro" polonês. Parece-me oportuno relembrar dois grandes episódios da luta antitotalitária no momento em que a Polônia está novamente em plena efervescência, quando, semana após semana, tememos um golpe de força do imperialismo soviético.

Quis confrontar essas análises de 25 anos atrás e as mais recentes que consagrei ao abalo do sistema totalitário porque de umas às outras delineia-se um movimento rumo a uma melhor compreensão da dinâmica democrática.

Mais valeria, sem dúvida, ter composto um livro novo. Os leitores têm razão de desconfiar de trabalhos fabricados às pressas reunindo textos esparsos. Mas a conjuntura não dá descanso. De um lado, a guerra no Afeganistão, a estratégia ofensiva da União Soviética sobre várias frentes, sobretudo no Oriente Médio, a repressão que continua se abatendo sobre os dissidentes na denominada pátria do socialismo e, acima de tudo, a ameaça mortal sobre as novas liberdades na Polônia; de outro lado, na França, a pusilanimidade de nossa política externa, o maquiavelismo rastejante, acolchoado, do giscardismo, a embrulhada intelectual, a timidez, a irresponsabilidade do Partido Socialista em suas escolhas, o descaramento dos dirigentes comunistas na provocação stalino-poujadista, e toda a agitação com a proximidade das eleições, estritamente regradas pela obrigação de cada um de só dizer o que sirva, só o que tenha em mira a taça presidencial; e, de outro lado ainda, o avanço do reaganismo, o retorno ao discurso da guerra acompanhado do desprezo pelos direitos do homem, uma ofensiva selvagem dos ricos contra os pobres, uma reabilitação das ditaduras da América Latina, julgadas "os verdadeiros amigos do ocidente" – eis o que nos apressa a publicar alguma coisa que não é exatamente o trabalho que gostaríamos de oferecer, ao qual falta um encadeamento metódico, não vai de um começo a um fim, mas que poderia valer como um convite a pensar, à distância do turbilhão das opiniões.

De resto, repito, essa coletânea não é feita de peças e pedaços. É uma sequência de escritos, nenhum dos quais foi improvisado, ainda que a maioria seja produto das circunstâncias.

Se o desejar, o leitor não terá dificuldades em convertê-los em capítulos, entrelaçar por si mesmo os fios de um único argumento. Como sempre me dediquei a combinar a reflexão política com o deciframento de alguns grandes fatos (fatos que gozam de má reputação entre os intelectuais ocupados em governar nossa cultura), não me prendi à forma demonstrativa. Basta-me o sentimento de caminhar sobre o mesmo terreno, de tentar avançar numa mesma direção. Se tivesse tido tempo para conceber um livro novo, ter-me-ia afastado de um sistema. Meu esforço teria apenas tendido a tornar mais sensível o trabalho da interrogação. É este que cria o mais seguro vínculo com o leitor. Como dizem os pensadores cujo exemplo admiro, é na leitura que o livro se faz.

Atitude esquisita, julgarão muitos, quando o assunto é política. "Você declara que tem pressa em falar, neste momento; ora, bem ou mal cozidas, suas análises, com exceção de duas ou três muito vivas, são bem pesadas. Quem se prendesse a elas correria o risco de perder de vista as questões do momento. Acredita ou não na ameaça da guerra? Apoia ou não a política nuclear? Diga-me apenas: a URSS invadirá ou não a Polônia? Diga-me, antes: apóia Mitterrand? Mas o que é isso? Falar do stalinismo, do Estado totalitário, do retorno, em sua ideologia, da imagem da sociedade como corpo, demonstrar que os direitos do homem não são somente os do indivíduo, que se revelam constitutivos do espaço social democrático, tudo isso é ficar na órbita da teoria com a qual o público pouco se importa...

Maravilhas do espírito do tempo...

Lembro-me que, após publicar *Un Homme de Trop*, no qual reexaminava o totalitarismo à luz de Soljenitsyn, recebia o prêmio de um comentário desse tipo por parte de um jornalista eminente, numa breve nota do *Le Monde*. Observando que, "após muitos outros", eu interrogava "sobre as razões da indulgência de princípio fornecida à URSS por boa parte da *intelligentsia* de esquerda na França", Michel Tatu concluía: "Essas questões (leia-se: o fenômeno stalinista, o totalitarismo, a figura do Egocrata, a ideologia convertida em instrumento de terror) não acabaram de fascinar os autores. Mas, para o grande público, menos guloso de teoria, a causa já não está compreendida?".

Devo confessar, de passagem, que ficou atravessado em minha garganta o tal "após muitos outros". Após alguns, vá lá! E, afinal, já há mais ou menos 25 anos, contando da data da publicação da notinha no *Monde*! E numa época em que os autores não se acotovelavam no portão da crítica aos intelectuais de esquerda. Numa época em que, a menos que fossem de direita, tais autores se entendiam muito bem para aplicar à URSS a etiqueta de nação ideologicamente privilegiada sem que, nessa época, Michel Tatu parecesse surpreender-se com isso. Mas não quero perder o fio da meada. Minha verdadeira surpresa foi ler que para o grande público a causa parece compreendida. Modo de dizer que se pode enfiar a teoria no bolso; que os autores tagarelam enquanto os fatos haviam falado, enquanto todo mundo já sabia. Apreciação que vara as paredes do otimismo. Pois, afinal, na ocasião havia – há sempre – alguma ousadia em imaginar que o espetáculo da opressão na União Soviética tivesse induzido o grande público a se interrogar sobre a natureza do Estado totalitário, sobre as razões de sua formação e, consequentemente, a repensar os fundamentos da democracia.

E em que consiste, afinal, esse "grande público"? Ao que parece, é preciso, de início, excluir aqueles, certamente numerosos, mais ou menos de direita, mais ou menos indiferentes, que sempre trataram o socialismo como inimigo, fosse qual fosse a fórmula empregada, ou que nunca sentiram atração por ele. Tanto quanto eu, meu crítico, sem dúvida, não lhes atribuiria muitas luzes. Os testemunhos das vítimas do terror stalinista, dos dissidentes sob a repressão que sempre flagelou a URSS ou a Europa de Leste, nada lhes ensinaram, nem as revoltas esmagadas em Berlim-Leste, Budapeste ou Praga. Os relatos puderam, certamente, comovê-los. Mas para eles a causa já estava compreendida antes mesmo de ser conhecida.

Sobra essa vasta porção do grande público chamada "a esquerda". Forma mais ou menos a metade da opinião. Desde há muito, nela se encontram mais ou menos 20% de eleitores que votam no Partido Comunista. A proporção já foi mais forte, hoje é considerada mais fraca... mas pouco importa. O fato é que o Partido Comunista nunca fez nada senão manifestar algumas reservas prudentes com relação ao stalinismo. Nem sequer o esboço de uma análise; algumas condenações vagas e ritualísticas aos malfeitos do culto da personalidade, aos excessos que subsistem na URSS no uso da autoridade. Em contrapartida, protestos indignados contra aqueles que pretendem desacreditar um regime socialista cujo balanço é julgado "globalmente positivo".

Admitamos ainda que aqueles que votam comunista não fazem parte desse grande público para o qual a causa está compreendida. A que se reduz? Estamos, enfim, na presença da opinião esclarecida.

Se, provisoriamente, eu deixar de lado os elementos esquerdistas de diversas obediências ou de diversas tradições, também um número indefinido, nem negligenciável nem considerável, de indivíduos inorganizados e cujo julgamento não se forma sob a influência de um partido, e também os sindicalistas (e, em primeiro lugar, os da CFDT), devo interessar-me pela massa que gravita em torno do Partido Socialista ou que milita em seu seio.

Ora, "o maior partido da França", segundo a expressão de seus dirigentes, só cresceu graças à aliança com o Partido Comunista, sendo duvidoso que possa manter-se nesse grau de potência desfazendo-a inteiramente. O fato de esse prognóstico ser formulado pela direita não o torna infundado: se, amanhã, os socialistas ficarem privados do apoio comunista, arriscar-se-ão a perder dezenas de cadeiras nos legislativos e a deixar escapar o controle de numerosos municípios. Pode-se julgar que não tinham outra escolha para chegar à proeminência que hoje alcançaram e da qual se vangloriam em altos brados. Mas pode-se também interrogar sobre o valor de um objetivo que pressupunha ou a mentira ou a cegueira sobre questões de importância fundamental, exatamente aquelas que vemos sempre colocadas.

Para avançar na via do sucesso, o partido de Mitterrand teve que apresentar o partido comunista como uma grande formação democrática. Isso não o impediu de criticar seu modo de organização e o comportamento dos dirigentes, julgados autoritários; encontrava nessas críticas a razão de sua própria existência, de seu laço exemplar com a liberdade. Mas a mola-mestra de sua ação foi esta: dar ao PC os títulos da legitimidade democrática para ganhar, em troca, os meios da força.

Que seja lembrada a segurança com que os socialistas, durante longo tempo, falaram da transformação do Partido Comunista. Era inconveniente, então, evocar seu passado: os filhos são responsáveis pelos erros dos pais? Ouvindo-os, o PC tinha fabricado uma nova pele. Já não carregava os estigmas do stalinismo. Sua política era decidida livremente. Seus vínculos com o Kremlin se haviam distendido; permaneciam naturais sem ser constrangedores. Enfim unidos, os dois grandes partidos encarnavam as aspirações democráticas das massas populares.

Segunda condição do sucesso da estratégia de Mitterrand: era preciso que nada fosse dito que pudesse anuviar a reputação socialista do regime soviético ou dos regimes dos países Leste. Não apenas o Partido Socialista não deu ao protesto dos dissidentes a ampla ressonância que estava em condições de dar, não somente Mitterrand julgou muito natural que o presidente da República se recusasse a receber Amalrik, mas, coisa admirável, enviou uma delegação a Budapeste no exato ano do aniversário de sua insurreição, quando eram celebrados os méritos do Partido dos Trabalhadores Húngaros, e apresentou um acordo sobre as questões fundamentais. O partido de Mitterrand apresentou-se como a variante liberal de um socialismo cujo aliado, na França, comporia a variante autoritária, enquanto, no mesmo momento, este último apresentava a face liberal de um socialismo do qual o partido de Brejnev constituiria a outra face, ela própria autoritária. Certamente, pode-se discutir o grau de sinceridade ou de astúcia das diversas tendências socialistas, cujas dissensões são conhecidas. Porém mais importante é constatar que, longe de informar ou instruir seu público, dissimularam, soterraram a questão do stalinismo e, mais geralmente, a da natureza do Estado totalitário. Eu deveria ainda precisar que, para a fração militante desse público, pelo menos, a causa se apresentava compreendida no seguinte sentido: o mundo está dividido em dois campos; diante do imperialismo, o socialismo forma um bloco, malgrado suas divisões.

Penso que não se dará um único passo no conhecimento da vida política de nosso tempo sem nos interrogarmos sobre o totalitarismo. Qualquer um que pretenda trabalhar pela instauração de um socialismo democrático e se afastar dessa questão condena-se à mentira ou abandona-se à estupidez. Dois fatos – o segundo incomparavelmente mais importante do que o outro – poderiam dar a esperança de que doravante essa convicção seria mais bem compartilhada. Mas até o momento, infelizmente, serviram apenas para revelar a extensão de nosso infortúnio. Primeiro fato: a política do Partido Comunista, que levou ao fracasso a União da esquerda e, por etapas, orientou-se rumo a posições intransigentes, revolucionaristas, tanto por suas declarações quanto por suas ações. Segundo fato: a política da União Soviética que, com a invasão do Afeganistão, ultrapassou audaciosamente as fronteiras da zona tacitamente reconhecida até então como de seu domínio; que ameaça as fontes de energia da Europa Ocidental e que desde há pouco – mas isso não é senão a repetição de seus antigos empreendimentos – tenta aniquilar pela intimidação o movimento democrático na Polônia, preparando-se para esmagá-lo se seus avisos não bastarem.

Consideremos, primeiro, o acontecimento francês. Como os socialistas receberam o que denominavam a defecção de seus aliados? Sua hipótese foi que, diante do perigo de ficar apenas na segunda posição na coalizão de esquerda, os comunistas preferiram renunciar ao benefício de um sucesso. Porém tinha-se vontade de lhes dizer, a relação de forças, medida pelo número de votantes na competição eleitoral, já não era conhecida muito antes de anunciada a ruptura? A potência organizativa do PC, com a qual o PS nunca pôde rivalizar, não lhe daria, em caso de vitória, oportunidades de implantação no aparelho de produção e também em setores do aparelho do Estado, que, embora julgados não principais, lhes dariam consideráveis meios de desenvolvimento? Na época, escrevi, no artigo já mencionado: não estamos mais no século XIX, ministérios decorativos não existem mais. Supondo-se que se tivesse afastado os comunistas dos ministérios da Defesa, do Interior e das Relações Exteriores, teria sido preciso conceder-lhes responsabilidades nos da Educação, da Cultura, da Saúde, que abriam uma potente carreira para suas iniciativas.

Por que, então, os socialistas afastavam a explicação mais convincente (da qual, aliás, não tenho a paternidade)? Ou seja, o partido alinhava sua estratégia à da União Soviética, que pretendia evitar toda aventura suscetível de "desestabilizar" a França e até mesmo a Europa, e havia encontrado em Giscard d'Estaing um parceiro de bom quilate. Para fazer esse diagnóstico, ninguém precisava esperar os acontecimentos que provaram sua complacência com relação às teses soviéticas. Também não havia a menor necessidade de esperar o artigo do *Pravda* do mês passado, no qual Giscard figura a "boa escolha" para o Kremlin. No entanto, é inútil espantar-se: Mitterrand teria resolvido dizer – ou mesmo pensar, quem sabe? – que o grande aliado democrático obedecia a motivos tão estranhos por causa das forças populares? Se ele o tivesse reconhecido publicamente, isso seria, duma só vez, reconhecer que, no caso de o PC ter jogado até o fim a carta do Programa comum, sua política havia sido igualmente decidida em função de objetivos ocultos. Isso seria abrir a porta para uma reflexão perturbadora. E não faço mais que evocar o comentário dominante no Partido Socialista. De sua parte, Chevènement – sem cujo apoio Mitterrand não teria conseguido manter a proeminência – julgava que todos os enganos não estavam do lado do partido de Marchais e que este podia, com justa causa, inquietar-se com a linguagem equívoca dos socialistas.

Na verdade, para as diversas tendências, prisioneiras de seus discursos e estratégias passadas, uma única conclusão pareceu impor-se de início: esperar a volta de "nossos camaradas comunistas" a uma justa apreciação da situação, deplorar seu erro, persuadi-los de que seu lugar permanecia sempre "ao nosso lado", à frente das forças populares. À guisa de resposta, sabe-se que Marchais pegou Mitterrand como alvo e empreendeu um bombardeio metódico, até, um ano atrás, lançar-lhe o grande petardo (seguido de muitos outros de mesma fabricação ortodoxa): "Mitterrand se situa à extrema direita da política francesa". Não seria essa a boa ocasião para reavivar a memória? Desde o tempo de Lênin, os comunistas não se encarniçaram contra os social-democratas e os socialistas como seus principais inimigos? A história da Alemanha pré-hitlerista, entre outras, nada ensinava?

Imperturbáveis sob o ultraje, os socialistas, entretanto, começaram a se queixar de um perverso retorno aos métodos stalinistas, mas nem por isso deixavam de esperar o bom retorno à política unitária. Mas ainda dava vontade de lhes dizer: "Vocês falam do stalinismo como de uma rubéola. Esse Marchais parece bem avermelhado, mas, de fato, ele já não estava assim antes de passar aos insultos? Quando e como empreenderam uma análise do stalinismo, vocês que jogam com esse palavrão? Seus militantes alguma vez foram preparados para compreender ou vocês mesmos compreenderam que os infelizes métodos stalinistas se imprimiam num sistema de poder e que este não se distinguia de um sistema de sociedade que deve ser chamado de totalitário? Vocês lhes deram os meios para compreender que o fim do reino de Stalin é o de um terror que se tornara insuportável até mesmo para a própria burocracia, cujos efeitos eram sofridos ora por uma, ora por outra facção, mas que o princípio da organização política e social não foi modificado; que a noção de um direito, a noção de uma opinião independente ali são extirpados; que quando não se torturam os corpos (pelo menos massivamente) continua-se a enervar os espíritos e a acostumar a servir pela e na mentira e na corrupção? Vocês falam dos métodos dos dirigentes como se fosse uma iniciativa deles escolher os bons ou os maus meios da revolução, como se eles próprios não tivessem sido modelados no molde do Partido. Vocês fazem a maior besteira quando fazem das palavras de Marchais uma reaparição "dos velhos demônios do stalinismo". Linguagem de pároco, que se choca com o desprezo férreo dos militantes do PC...

Enfim, cúmulo da irrisão, desde a ruptura da União da esquerda, os socialistas não cessaram de se persuadir dos erros de seu parceiro. Semissatisfeitos, porque seu berreiro ou seu tiroteio provavam sua responsabilidade no divórcio, e semi-inquietos, porque as oportunidades de reencontro pareciam afastar-se, os socialistas não paravam de constatar que o PC se isola, aumenta seu isolamento a cada dia.

Marchais aprova a invasão do Afeganistão: "O quê? Alguma reserva cairia bem! Que inépcia!", dizem alguns. Marchais multiplica as injúrias contra Mitterrand: "Que exagero, a opinião não gosta disso; inépcia, outra vez". Marchais lança um novo periódico intitulado *Revolução*: "É possível uma coisa dessas, depois de ter abandonado espetacularmente a ditadura do proletariado? A França não vive a hora da Revolução. Provocação inútil, que lhe tira uma parte dos eleitores".

Enfim, o PC endurece sua posição e, escolhendo um novo terreno, passa a uma ofensiva inesperada. É o caso de Vitry e depois de Montigny ou da campanha de defesa das municipalidades contra a invasão dos imigrantes, contra a droga, em nome da segurança. "Assim é demais!", dizem. "Olhem só os procedimentos de delação, olhem só a derrapagem rumo à xenofobia e ao racismo!". Agora, a indignação cega: negligencia-se que Marchais e seus companheiros são bastante hábeis para evitar dizer explicitamente seja o que for que pareça xenófobo ou racista e para tocar a sensibilidade de uma fração da opinião. Temos que lhes dar crédito, conhecem seus eleitores. De resto, um sinal não deveria enganar: as ações do PC, embora reprovadas pela esquerda, precipitam, à direita, declarações dos responsáveis políticos, que clamam seu interesse de sempre pela segurança, a eliminação da droga, o problema da imigração. Não interessa. Quer-se acreditar que o PC comete erros trágicos e se isola. Essa palavra volta sempre. Não valeria mais a pena interessar-se pelo que tem sido sua propaganda desde a Liberação, pela mentalidade de uma boa parte da população que permanece fiel a ele?

Não contesto que, de uns tempos para cá, produziu-se uma inflexão significativa na estratégia do PCF. Acontece, porém, que desde há muito ele é o partido da ordem, já deu provas de seu chauvinismo. Que as pessoas simplesmente se recordem do tempo em que a França tinha ministros comunistas, da maneira como estes faziam reinar a disciplina nas fábricas, de sua linguagem patrioteira! Ou, se essa época já parece muito distante, que as pessoas se lembrem da política comunista diante do primeiro levante argelino e, em seguida, durante a guerra; ou, então, seu comportamento em 1968 e nos dias subsequentes. Inútil ir escrutar as novas gerações de eleitores cujos favores se suporia que tenta obter por meios indignos. Exatamente como Peyrefitte, Marchais tem faro para cheirar, em nossa sociedade, os subterrâneos do medo, do ressentimento, da inveja. Ali se encontra muita gente. Marchais se dirige particularmente aos furiosos: são multidão. Também não vejo suas façanhas na invectiva ou de suas investidas ao Palácio desencorajem seus partidários. Em vez de contar seus erros, os socialistas melhor fariam perguntando se Mitterrand bate sempre na tecla certa com tiradas sobre os adversários, que os jornalistas repercutem, mas a metade de seus ouvintes não entende.

Suponhamos, entretanto, que os comunistas assustem uma franja de seu eleitorado e caiam, como dizem os especialistas, abaixo do índice de 20%. Que concluir disso? Não estavam eles prontos a pagar com esse preço a escolha de uma derrota da esquerda? Ganhar as eleições nunca foi sua maior preocupação. A época da guerra fria mostrou que não temiam recolher-se à espera de melhores ocasiões. Sem poder afirmá-lo, aposto fortemente que sua eventual regressão nas próximas eleições presidenciais não os impediria de voltar com força em seguida. Pois, na ausência de uma mudança ainda imprevisível, a inércia das mentalidades e a lenta asfixia da democracia sob o regime Giscard-Peyrefitte os protegem dos efeitos de suas variações. Os socialistas, e mais geralmente os observadores de esquerda, avançam um outro argumento: os erros do partido seriam medidos pela amplidão de sua crise interna. É um fato: os militantes se rebelam, escrevem nos jornais "burgueses", não admitem nem o golpe dado à União da esquerda, nem a aprovação da intervenção soviética no Afeganistão, nem os embaraços de *L 'Humanité* diante dos acontecimentos poloneses. Atualmente, indignam-se com as ações perpetradas contra os imigrantes. Mas ainda é preciso lembrar que a história do PC é urdida com múltiplas rebeliões: no total, foram pequenos estragos. Um dos antigos observava que, desde há muito, uma peneira se alojou nos interstícios do Partido. Alguns desaparecem, não renovando a carteira – raramente se demitem –; recém-chegados os substituem. Porém mais importante é indagar qual o destino dos rebeldes, com os quais a esquerda tanto se importa. Ora, para alguns que se tornaram oponentes resolutos, não a Marchais, mas ao Partido, para um pequeno número repentinamente esclarecido, liberado das dúvidas, consciente da lógica que comanda o sistema de sociedade estabelecido na União Soviética, que não fala dos vícios do socialismo na Rússia, mas concebe a ideia do totalitarismo e, finalmente, reconhece os elementos na organização de que se livraram – para esses alguns, quantos outros continuam a evoluir em sua órbita? Se não são excluídos do Partido, ali ficam. Se excluídos, se dizem sempre comunistas, opondo à Igreja visível sua Igreja invisível. Você não quer ver o novo, me dizem... Não é desse novo que jorra o menor filão de verdade.

Os oponentes internos do PC podem muito bem estender os braços fraternais aos socialistas, indignar-se com o lamaçal no qual Marchais retém seu infeliz partido. É sempre na mesma panela que borbulham amorosamente.

Um exemplo: escuto, em setembro último, entrevistado por Ivan Levaï, em Varsórvia, um antigo correspondente de *L'Humanité*. Ele se queixa de ter alertado em vão seus dirigentes sobre a miséria e o descontentamento dos operários poloneses, sobre a incúria do partido de Gierek, sobre a corrupção dos quadros. Essas informações não foram difundidas. Foi posto no lugar; ou melhor, como não sabia manter-se ali, foi chamado de volta a Paris. Eis a boa questão de Levaï para concluir: "Aliás, você permanece no Partido?".

Nosso homem nem assume um ar espantado. É claro que não saiu! Um segundo exemplo, mais recente. Catherine Clément publica uma queixa tonitruante no *Le Matin de Paris*. Aí está, não teme ela escrever, seu partido está "no caminho do fascismo". Ei-lo encarniçado "em perseguir os marginais, os imigrantes, os drogados, e ainda não acabou". Como dizer melhor? Não, isso não basta: "Somos servos, geme ela, servos de uma política hedionda contrária em todos os aspectos aos nossos engajamentos comunistas". Caramba! E para concluir: "Ficarei com alma morta, segura pelo menos de ser assim verdadeiramente comunista". Alma morta, problema dela, mas decididamente espírito tagarela. Tudo bem, estamos em pleno gênero burlesco, mas, notemos, isso não parece desanuviar os observadores sérios. E quando Catherine Clément, que não quer partir, se vê expulsa, toda gente se comove.

Enfim, terceiro exemplo, alguns dias mais tarde aparece um manifesto dos oponentes internos. Consegue uma dezena de assinaturas. Nem eu acredito em meus olhos: eu pensava que um bom número desses combatentes havia desertado há muito. Pouco importa. Ei-los fiéis ao encontro, alinhando seus antigos títulos (como os acadêmicos, os burgueses condecorados) – antigo presidente de federação, antigo membro do Comitê central, antigo membro do gabinete do ministro x, antigo adido do gabinete de..., antigo redator-chefe ou redator-chefe adjunto de..., antigo diretor de..., etc. Quatro dentre eles arvoram 50 anos de partido (abaixo disso parece não ter peso). E o que dizem os mais audaciosos dentre os corajosos contestadores? "O Partido não pode ser confiscado por um grupo restrito de dirigentes." Acreditam ou querem fazer acreditar que houve um tempo de feliz democracia no Partido? Declaram com gravidade que "o movimento sindical francês comporta uma tradição de independência que os comunistas deveriam respeitar como a menina dos olhos". E quando cultivaram essa tradição? Quando a política da CGT se dissociou da política do Partido? O leitor esperaria, pelo menos, algum juízo firme sobre o conflito na Polônia, a reprovação dos silêncios do *L'Humanité*. Em vão: nenhuma palavra que crie dificuldade para Marchais. Nenhuma palavra para condenar a campanha de difamação montada e prosseguida de semana em semana pelo *Pravda*, nem para afirmar os direitos dos poloneses de defender suas liberdades, o direito da Polônia à independência. Apenas uma frasezinha sobre "as oportunidades das experiências socialistas originais" no mundo atual: "O povo polonês está no caminho dessa busca ainda frágil e ameaçada". Obra-prima.

Há algo triste ou engraçado, seguramente desencorajador, em ouvir o líder do único partido que traz para a cena política as esperanças de uma mudança encetar o processo das atitudes do PC. Mitterrand precisa do eleitorado comunista, não estou me esquecendo. Admito mesmo que essa precisão não está a serviço de uma ambição de governar: apresentando-se como candidato da união dos franceses, declara recusar-se a dela excluir cinco a seis milhões deles. Dou-lhe razão. Deixemos de lado seu projeto de união, que não é justo nem crível. Um programa socialista não é feito, felizmente, para reunir; vai contra interesses e opiniões que excedem de muito o mero círculo dos grupos capitalistas mais poderosos. Deixemos também de lado sua referência a de Gaulle, de quem foi adversário constante, cujos méritos como chefe de Estado, não negligenciáveis, se limitam à obra de descolonização e a quem devemos uma Constituição que contém um perigo mortal para a democracia: uma Constituição que nos expõe ao risco de 14 anos de giscardismo. A questão é saber se o eleitorado comunista e a direção do Partido estão ou não soldados. Na afirmativa, Mitterrand fala demais para conseguir atraí-lo, ou melhor, diga o que disser, sua palavra falha. Na negativa, nada diz que seja de molde a tirá-lo do torpor.

Suponhamos que, desde há muito, o Partido Socialista tivesse procurado desmontar a lógica do sistema totalitário ali onde se exerce plenamente, isto é, na União Soviética; que nada tivesse concedido à crença em um campo do socialismo que, a despeito de suas contradições, enfrentaria o campo imperialista; que tivesse restituído à dinâmica da democracia vigor, inventividade, força de subversão da ordem estabelecida, em vez de fazer dela o complemento de um socialismo sempre concebido por critérios economicistas; enfim, que tivesse aproveitado todas as ocasiões para pôr em evidência as afinidades do modelo de organização e do sistema de representação do Partido Comunista francês com os dos partidos burocráticos que detêm o poder no Leste. Tomando tais iniciativas, poderia ter feito passar um sopro de verdade, poderia, numa linguagem que não fizesse a menor concessão ao anticomunismo de direita, exercer uma atração sobre a parte do eleitorado que lhe é necessária...

Faltou-me realismo? Mas o realismo tem costas largas. Justifica o consumado, mais que dita escolhas. Num programa de televisão, Mitterrand, criticando a política externa do governo, declara que, quanto a ele, nas discussões com Brejnev, não passará por baixo do pano. Por que não acreditar nele? Mas como esquecer que há anos os socialistas passam por baixo do pano no diálogo com os "camaradas comunistas"? Por realismo? Julgavam que, para seduzir as tropas, precisavam ganhar os chefes, portanto, ir com cuidado? Agora que os chefes conduzem uma campanha "apaixonadamente, sistematicamente, por vezes caluniosamente antissocialista", segundo Mitterrand, a necessidade os constrange a apostar numa defecção das tropas e a romper com os chefes? A imaginação realista era decididamente um pouco curta!

Entretanto, talvez minhas observações também o sejam. O drama do Partido Socialista poderia ser bem mais profundo. Se não lhe falta julgamento, não lhe faltam recursos? Não seria, mais uma vez, porque permanece cego ao sistema totalitário? A conquista do aparelho do Estado o fascina assim como a carreira que ela abre à promoção burocrática. Em seu seio, a velha tradição jacobina e a nova tradição tecnocrática se combinam no molde de um marxismo arcaico. Os militantes se exaltam com a ideia de construir um socialismo sem modelo e não se preocupam em perguntar de onde vem o modelo do socialismo estabelecido que, sob diversas variantes, se espalhou pelo mundo, da China a Cuba. Insensíveis ao nascimento de uma nova formação social, atribuem os malfeitos do stalinismo e do maoísmo às circunstâncias infelizes da política internacional ou, então, à pobreza dos solos sobre os quais jamais havia crescido uma cultura democrática. O Partido Socialista não traz, certamente, os germes do totalitarismo, mas tem muita ligação com a dinâmica estatal para adquirir a liberdade para detectá-los. Visto que não capta o sentido da figura ali onde está realizada, como poderia inquietar-se com sua gênese? Cegueira desconcertante, pois é sempre o estrangulamento da social-democracia que assinala o advento do Estado totalitário. Há pelo menos 60 anos a Esfinge paciente falou e voltou a falar: o Partido Socialista sequer ouviu um só enigma.

Deixemos os socialistas. Imaginar-se-ia que há, pelo menos à sua esquerda, movimentos que compreendem o sentido da época. Temo, porém, que encontremos apenas indivíduos. Não é pouco, pois são numerosos, mais do que se imagina, creio, mas disseminados, frequentemente mudos. Em contrapartida, as vozes que se fazem ouvir, ainda que na periferia da cena política, não nos dão muita esperança. Há os que semeiam a palavra "totalitário" aos quatro ventos.

Mas que coisa! Que digam uma vez "autoritário", uma outra "opressivo", uma outra "arbitrário", uma outra vez "despótico": a palavra voga como uma bolha assoprada pelas vociferações contra o Estado e a política como tais, contra todos os poderes pequenos ou grandes, contra todos os partidos. Tamanha inconsistência confirma a opinião dos esquerdistas "sérios": têm repugnância em pronunciá-la. Vejam, dizem eles, é uma palavra da língua vulgar. Falam com mais gosto em capitalismo de Estado, socialismo de Estado, burocracia, burguesia vermelha. Falam como se deve falar, isto é, segundo as regras estabelecidas do conceito. Embora algumas vezes se tenham separado do marxismo, permanecem habitados pela ciência, e a ciência só conhece "modo de produção" e "luta de classes". Embora processem o regime soviético, seu primeiro cuidado é de não se prestarem a alguma crítica que poderia ser compartilhada com os "democratas burgueses". Vá a gente tentar objetar dizendo-lhes que há um tempo que marca a invenção de um conceito e que não há meio ciência formá-lo antes que a coisa exista. Vá a gente lhes dizer que "totalitário" não brotou da tagarelice da opinião, mas do vocabulário fascista, antes de ser retomado pelo nazismo. Tempo perdido. Por que haveriam de conceder que uma palavra nascida de um discurso ideológico designaria alguma coisa real? O fascismo, a seus olhos, simplesmente forneceu um disfarce para os interesses do grande capital ameaçado numa conjuntura histórica; a noção de Estado totalitário constitui uma peça-mestra da mistificação. Inútil, portanto, levá-los a se interrogarem sobre as afinidades, malgrado as diferenças, existentes entre o modelo fascista e o stalinista. A função do partido-Estado, a função da ideologia, a função do extermínio dos inimigos a serviço da integridade do corpo social, a função do Duce, do Führer, do Guia Supremo lhes parecem meros traços adjacentes de um sistema de produção. Vá a gente objetar dizendo-lhes que a figura de um novo Estado ou de uma nova sociedade – ambos são inseparáveis – se desenhava na Rússia antes que fossem estabelecidas as bases da nova economia. Que se não acompanharmos a dinâmica do Partido Bolchevique que o fez único detentor do poder, da lei e da verdade, que se negligenciarmos a destruição não somente da democracia "burguesa", mas de todas as formas de democracia que desabrocharam durante a revolução, cessaremos de ler a história, trocando-a por uma ficção de teoria. Tempo perdido, novamente. A violência, essa velha parteira, julgarão eles, deve ser posta em seu lugar. Mas em que lugar, perguntamos? A Alemanha nazista, a Itália fascista, a Rússia stalinista e pós-stalinista não se casaram com a parteira? À falta de uma resposta, entender-se-á que o terror aqui e ali nada ensina sobre a natureza dos Estados considerados. E atualmente são numerosos aqueles que acrescentam que a burguesia ocidental exagerou desmedidamente esse terror para levar a esquecer seus próprios crimes. Ou, ainda, que se superestima a potência de Hitler ou de Stalin.

Todos os argumentos esquerdistas que sustentam a denegação do totalitarismo me parecem inspirados pelo ódio à "democracia burguesa", sentimento maquiado sob os traços de ciência. Nada mais importante que processar a ingenuidade, revelar o que se esconde sob as aparências. A suspeita se exalta a serviço da "verdade". Para alguns, a suspeita recai sobre a existência das câmaras de gás nos campos nazistas, sobre o número de judeus exterminados, sobre os projetos assassinos que foram atribuídos a Hitler. Amanhã, ela recairá sobre o número de vítimas do terror stalinista, como sobre as crueldades atribuídas a Stalin. Já se suspeitou dos testemunhos dados em Nuremberg; suspeitar-se-á do de Soljenitsyn. Os campos de concentração nos lançaram no estupor; para voltar a submetê-los à potência da teoria são agora convertidos numa indústria penitenciária, ela própria substituída pelo quadro da indústria capitalista. De onde nasce a suspeita? De onde vem o processo contra a ingenuidade? Do medo insuportável de restituir uma legitimidade aos regimes nos quais vivemos. Quer-se dizer que, de fato, melhor é morar na França do que na Rússia, na Alemanha do Oeste do que na do Leste, mas, sobretudo, que esse fato não venha sustentar um juízo teórico. Se necessário, recordar-se-á a palavra banida para recalcar a ideia intolerável de uma diferença de essência entre totalitarismo e democracia. Desta, será dito que é "um totalitarismo larval". Conceber a diferença seria aceitar perder o ponto de vista soberano que assegura a posse do princípio de desenvolvimento das sociedades; ou, pelo menos, seria aceitar privar-se de poder separar a figura da sociedade moderna, em todas as suas variantes, sobre o fundo de uma realidade radicalmente outra. Seria recolocar o pensamento à prova no deciframento daquilo que chamam de "as aparências".

Todavia, há uma justiça para as ideias como para os indivíduos e ela ignora a generosidade dos sentimentos. O Estado totalitário não é um Estado em que a arbitrariedade flagela. É um Estado que em seu princípio denega o direito, denega o livre exercício do pensamento. Ora, entre os esquerdistas, os que se limitam a conceber nos regimes do Estado o fato da opressão, o fato da exploração de classe (por mais vivos que sejam em sua oposição e por mais sapientes que sejam na reconstituição da história da burocracia), mas que denegam, por seu turno, o sentido da denegação, aqueles que, pelo mesmo motivo, não querem saber que a "democracia burguesa", sejam quais forem as violações do direito, as astúcias da ideologia dominante, contém o princípio da afirmação do direito, esses deixam cair suas ideias num dos pratos da balança. À sua própria revelia, aliaram-se à ideologia totalitária. O ódio à "democracia burguesa" escondeu-lhes a verdade da democracia. O fantasma da Revolução, como separação absoluta entre o velho e o novo, entre a sociedade pervertida e a boa sociedade, dissimulou-lhes a obra da revolução democrática que, caminhando desde há muito, através de numerosos episódios violentos ou não, permanece sempre o teatro de um conflito entre forças que querem roer seus efeitos ou explorá-los a serviço de interesses dominantes e aquelas que empurram seu alargamento, sua propagação em toda a espessura do social e, em particular, ali onde se mantém a organização despótica do trabalho industrial.

É uma aberração, como escrevi noutro lugar, fazer da democracia uma criação da burguesia. Seus representantes mais ativos, na França, tentaram de mil maneiras atravancar sua dinâmica no curso do século XIX. Viram no sufrágio universal, no que era, para eles, a loucura do número, um perigo não menor do que o socialismo. Durante muito tempo, julgaram escandalosa a extensão do direito de associação e escandaloso o direito de greve. Procuraram circunscrever o direito à educação e, de modo geral, fechar, longe do povo, o círculo das "luzes, das superioridades e das riquezas". A democracia que conhecemos instituiu-se por vias selvagens, sob o efeito de reivindicações que se mostraram indomesticáveis. E todo aquele que tenha os olhos voltados para a luta de classes, se deixasse os sendeiros marxistas (é verdade que se finge, às vezes, não mais segui-los, mas conserva-se a direção), deveria convir que ela foi uma luta para a conquista de direitos exatamente aqueles que se mostram hoje constitutivos da democracia; que a ideia do direito foi ativa e eficaz, embora de modo diferente da do comunismo. Poderoso agente da revolução democrática, o movimento operário talvez tenha, por seu turno, se atolado na lama das burocracias, nascidas da necessidade de sua organização. Acontece, no entanto, para além dos choques de interesses particulares nos quais a democracia corre o risco de se deteriorar, que os conflitos que atravessam a sociedade em todos os níveis sempre deixam visível uma oposição geral, que é sua mola-mestra, entre dominação e servidão. Sem dúvida, essa oposição nunca é nomeada. Como o seria? Mas o que se encontra tacitamente reconhecido, pelo menos, é a existência do conflito e, mais profundamente, a da divisão social: permanece sensível o enigma de uma sociedade que não possui sua própria definição, que permanece às voltas com sua própria invenção.

Diante dessa revolução democrática que corre pelos séculos, que tem diante de si o futuro e que, é verdade, sempre engendra e provoca cada vez mais, aqui mesmo, uma resistência decidida ou disfarçada dos detentores da riqueza e do poder, resistência que conta com a cumplicidade maciça do medo do novo, da busca de normas protetoras, da atração pela uniformidade, do fechamento dos indivíduos no interior de seu espaço privado – perante essa revolução indefinida, sempre em obra, está aquilo que é preciso nomear, considerando-a na escala da história, a contrarrevolução totalitária. Empreendimento que se apresentou sob o signo da criação do homem novo, explorou o mito da edificação de uma sociedade sem divisões e, de fato, tendeu a petrificar as relações sociais, desarmando os conflitos, expulsando tudo que desse sinal de autonomia, de criatividade, sujeitando indivíduos e grupos, sem finalmente conseguir nada melhor do que fazer apodrecer os laços da sociabilidade e construir uma imensa rede de coerção. Ainda me dirão que todas as aventuras do mundo moderno são regidas pelas leis da produção capitalista? Decididamente, essas leis servem para tudo, seu poder é tão oculto quanto o da Providência.

Não negligenciemos também, nos confins da esquerda, os barulhentos militantes do terceiro-mundismo, ainda que seu número pareça-me decrescer singularmente. Totalitarismo, democracia? "Vocês estão obnubilados pelas querelas entre Leste e Oeste. É sempre coisa de pirados. Abram os olhos para o verdadeiro mundo, onde vive o espírito da revolução – o mundo dos pobres, dos famintos, dos últimos dos exploradas, presas do imperialismo. Esse mundo não conhece outra alternativa senão a da dependência e a da independência, da espoliação das riquezas naturais ou da criação de Estados a serviço do povo." Quanta cegueira diante do fato político! Que o imperialismo agarra numerosos países por uma dominação atualmente indireta, não devemos cessar de dizê-lo. São misturas de burguesias e de burocracias nacionais que detêm a parte da riqueza de que podem apropriar-se por suas implicações nos interesses estrangeiros, às expensas das massas pauperizadas. São governos, no mais das vezes ditatoriais, que protegem esses interesses, sufocam toda resistência popular. A revolução democrática não penetrou ali, ou então, cada vez que começou a se desenvolver, seu curso foi brutalmente invertido. É isso uma razão para que o intelectual de esquerda que vive na França despreze a democracia? Para que, indo além da justa defesa das lutas contra as ditaduras, faça a apologia da guerrilha pela guerrilha, mesmo quando sabe que ela está a serviço de um Estado totalitário estrangeiro?

Ninguém possui a chave para os problemas do denominado Terceiro Mundo. Somos tomados de vertigem quando entrevemos o abismo de morte que a miséria cava na Ásia, na África, na América Latina. Mas o que é certo, por mais diferentes que sejam as situações e os graus de dependência dos países considerados, é que há para cada um deles um espaço político interno no qual se joga uma parte de seu destino. Nesse espaço, um pequeno número descobre lentamente que nenhuma solução sairá de movimentos que retomem por sua própria conta, invertendo os sinais, um ideal de ditadura, que carreguem consigo o desprezo pela democracia, que não tolerem o conflito de opiniões, que, uma vez no poder, não aceitarão qualquer iniciativa popular independente, nenhuma formação política fora do partido-Estado. Esse pequeno número está persuadido de que, se não houver garantias dos direitos dos indivíduos, do direito dos operários se associarem para defender suas reivindicações, do direito das comunidades rurais para decidirem sobre suas organizações, haverá apenas a troca de um sistema de dominação por outro. Como se não bastasse, apanhados numa prensa, ou ameaçados de sê-lo, entre a violência e a contraviolência, ainda têm que aguentar as elucubrações dos esquerdistas parisienses, que se encantam em vê-la apertar-se.

Para que se incomodar com uma análise do totalitarismo?

Para o "grande público a causa está compreendida", julgava meu crítico, há cinco anos. Estava enganado. Mas pelo menos pode-se imaginar que a política externa da União Soviética fez ouvir mais que o ruído das armas. Somente agora, em circunstâncias eleitorais, essa política começa a ser debatida. Vale a pena um pequeno retorno capaz de assinalar fatos que, há pouco tempo, voltam a ser lembrados. A invasão do Afeganistão foi acolhida com serenidade pelo que se denomina de "a classe política" (por justa prudência não mais se emprega a palavra elite). Foi um verdadeiro concurso, tanto à direita quanto à esquerda, para ver quem se mostrava mais imperturbável. Somente Marchais vociferou para anunciar que não estava acontecendo nada. A preocupação dominante de nossa maioria foi a de deplorar que os americanos quisessem engrossar o acontecimento. Entenda-se: era preciso apequená-lo para reduzi-lo às dimensões do jogo da "democracia francesa". Que espetáculo, sobretudo para nossos velhos lobos do mar, treinados nos exercícios da política, Carter perdendo o sangue-frio, cheio de surpresa por um grão vindo do Leste! A crer-se na imprensa, Edgar Faure teria segredado que o tomava por um cretino; Poniatowski, por um imbecil.

Nossos dirigentes não podiam imaginar uma situação na qual a manobra politiqueira e a manobra diplomática, sua equivalente, não fossem eficazes, imaginar que um ator obedecesse a uma lógica que não a deles. Nessa ocasião, e na subsequente, Giscard deu a verdadeira medida da inteligência e do caráter da direita francesa – essa direita que os esquerdistas julgam tão ciosa da democracia burguesa, que não querem lhe dar a caução de uma crítica do totalitarismo. Lembro, por minha vez, que a invasão soviética, ocorrida a 24 de dezembro, só foi condenada pelo presidente da República a 9 de janeiro. Foi sua primeira exibição. Enquanto os russos estavam em Kabul, quando o primeiro ministro afegão, cujo apelo tinham supostamente atendido, já estava assassinado por sua ordem, o presidente indaga cortesmente os motivos e objetivos do governo soviético. Certamente, pode-se discutir as razões de seu primeiro atraso em formular um julgamento inevitável. Nenhum de seus enviados, nos protestos indignados que agora lançam contra Mitterrand, arriscou-se a fornecer uma explicação. Como no caso dos diamantes, os clamores da virtude ultrajada tomam o lugar dos desmentidos. Talvez o silêncio de Giscard tivesse apenas o objetivo de suscitar o espanto... Essa é uma das lições de de Gaulle que ele conservou: ligar autoridade e faculdade de fazer o imprevisível. Mas diante de tal circunstância a hipótese me parece leviana. A única plausível, a meu ver, é a seguinte: fazendo hora, Giscard especulava sobre as chances de os russos ganharem mais depressa a partida. Supondo-se, com efeito, que o medo fosse suficiente para desencorajar toda resistência no Afeganistão, a França só teria que deplorar e, no mesmo gesto, admitir o fato consumado. Teria tirado partido de sua reserva inicial para estabelecer negociações com um parceiro-adversário satisfeito com sua presa e reconhecido. Giscard já manobrava para tornar-se aquilo que se tornou a seguir, o interlocutor privilegiado de Brejnev, atento a seus interesses. Seria preciso ainda lembrar, fato que Mitterrand não menciona com precisão, a moderação das falas de Giscard em suas primeiras intervenções?

Declarou haver levado ao conhecimento dos russos quais os limites que já não poderiam ultrapassar. O que era dar a entender que ainda não o haviam sido. A guerra prosseguindo, importante questão foi endereçada aos dirigentes soviéticos: poderiam dizer em que condições e em que prazo estavam dispostos a repatriar suas tropas? Não é para rir? Mas já faz muito tempo que não se ri na França. Aliás, nem mesmo se indigna. E foi muito seriamente que a "classe política" ouviu o ministro das Relações Exteriores e outros porta-vozes presidenciais comentarem suas intenções. Toda ameaça de represália, ensinavam eles, só teria como efeito despertar a susceptibilidade dos russos e conduzi-los a se aferrarem à guerra. A verdadeira tarefa era ajudá-los a sair do impasse em que haviam imprudentemente se metido! Nossos dirigentes, serenos, pacientes, sutis, não pareciam duvidar de que "a reprovação da comunidade internacional" iria persuadir o Kremlin de seu erro. Desejavam facilitar-lhe os meios para repará-lo. Sua velha experiência de políticos lhes interditava imaginar que a burocracia soviética, quando julga a ocasião favorável, confia apenas na potência das armas, não teme romper o equilíbrio de forças no mundo e se preocupa muito moderadamente com o protesto de uma centena de nações. Essa é, pelo menos, a interpretação mais generosa, a que confere uma parte menor ao cinismo...

Deve-se acompanhá-la? Neste caso, seria preciso dizer que Giscard ficou ocupado em desdobrar no palco internacional os talentos que tanto sucesso tiveram no palco francês. A imagem do *expert* medusou os eleitores franceses, e ele pretende torná-la crível perante o mundo. Na França, soube persuadir que estava acima dos partidos; na Índia, vai aparecer acima da mixórdia. Trama com a senhora Gandhi uma resolução que condene toda ingerência estrangeira nos assuntos do país – sem mencionar a agressão soviética – e dê as costas às duas superpotências. De quebra, aproveita uma viagem ao Oriente Médio para acender um contrafogo, anunciando o apoio da França à causa da OLP. Duplo golpe, uma vez que adula as potências árabes e pensa seduzir parte da esquerda francesa. Porém, seu principal objetivo parece, antes, o de circunscrever o foco afegão, reduzi-lo à proporção de um conflito regional, embaraçar os americanos e, certo do apoio árabe, vir ocupar o lugar do terceiro gatuno que tirará as castanhas da brasa – na verdade, o lugar do professor de dança numa negociação-balé em escala mundial.

Quanto ao que, num programa de televisão, Giscard disse sobre a Polônia, vale a pena pesar bem suas declarações. Claro, nós o ouvimos dizer que a Polônia é uma "amiga". Claro, que "toda ingerência estrangeira nos negócios da Polônia acarretaria graves consequências". Não é muito comprometedor. Giscard escolhe o tom do observador: "Na hora presente", acrescenta, "todo mundo já está plenamente informado e consciente". É verdade. E também você e eu. Só que o nosso homem não é um observador. É um chefe de Estado. Assim sendo, suas frases adquirem outra ressonância.

Especialmente esta: "Naturalmente, na solução dos problemas, a Polônia deve levar em conta sua situação geográfica e estratégica". Esse "deve" já é de uma ambiguidade insuportável. E quando Alain Duhamel lhe pergunta se a aspiração dos poloneses por um regime mais liberal lhe parece algo que possa ser aceito duradouramente pelos soviéticos, eis seu julgamento: "Não tenho que me pôr no lugar dos soviéticos, eles é que devem responder. Você acaba de dizer: é preciso levar em conta os dados estratégicos e geográficos. Poderíamos ir juntos olhar um mapa: a Polônia se situa entre a União Soviética, com quem tem uma longa fronteira, e a Alemanha do Leste. Está, portanto, no interior do bloco soviético, e as comunicações do bloco soviético passam através da Polônia. Quem ignorar esses dados geográficos e estratégicos não terá a menor chance de ser aceitável para a União Soviética". Em suma, Giscard, contrariamente ao que anuncia, responde no lugar dos soviéticos... Sua fala não foi muito comentada (Jacques Amalric – homenagem lhe seja prestada – espantou-se breve mas firmemente no *Le Monde*). Formulada sob a capa de uma análise objetiva, essa fala é odiosa. E quando se pensa nas contorções, nos gritinhos das bonecas do giscardismo que recentemente ficaram indignadas com as críticas de Mitterrand e com a injúria feita à dignidade da França, lamentamos que não tenha havido uma única pessoa no dia seguinte à entrevista para denunciar a linguagem da indignidade. Chefe de Estado – de um Estado que se pretende democrático e liberal –, Giscard d'Estaing, indagado sobre a Polônia, só tinha uma resposta a dar a Alain Duhamel: "Você não tem que me perguntar se os soviéticos podem ou não aceitar as aspirações liberais dos poloneses. O que se passa no país não é negócio deles. A Polônia não lhes pertence. Nenhuma força ameaça a segurança da Polônia. Na Europa do Oeste nenhuma potência tem a intenção nem, com evidência, dispõe de meios para ameaçá-la. A relação de forças é inequívoca em favor dela na proporção de quatro para um. Nenhuma consideração de ordem geográfica ou estratégica pode ser invocada para medir a parte do aceitável e do inaceitável na liberalização do regime polonês. E se, por infelicidade, os exércitos soviéticos invadirem a Polônia, desprezando o Direito, os acordos de Helsinque seriam quebrados, as relações econômicas e culturais interrompidas entre a França e a Europa do Leste".

Essa resposta escapa à imaginação de Giscard d'Estaing e não corresponde nem aos interesses nem aos desejos dos negocistas que o sustentam. Tiremos a lição: é mais que claro que para boa parte da burguesia francesa as convicções democráticas não têm o menor peso, ela hoje mantém a mesma complacência com relação ao totalitarismo soviético, como, ontem, antes da guerra, com relação aos totalitarismos fascistas.

Objetar-se-á que eu o julgo apenas pelas declarações, que há uma diplomacia secreta de Giscard sobre a qual nada posso dizer e que, enfim, a França consagra uma parte importante de seu orçamento às despesas militares? Por definição, não podemos julgar uma diplomacia invisível. Todavia, a questão é outra: a significação das apostas políticas implicadas na guerra do Afeganistão ou nos conflitos que se desenvolvem na Polônia deve ser posta em evidência para a população; é essa a tarefa de um governo. Ao se esquivar, os acontecimentos são recebidos como peripécias numa luta entre diversos poderes dos quais se é testemunha. Pior: o que se passa no Afeganistão parece concernir apenas à União Soviética, ao governo afegão e ao que não se teme designar como "rebelião"; o que se passa na Polônia parece concernir apenas aos poloneses e aos russos; e desde que a França tenha uma política externa, o que esta faz parece concernir apenas ao seu governo, cujas evoluções acompanhamos preguiçosamente. O maior mal é este: uma sociedade democrática privada da representação da democracia, ao mesmo tempo que se tornou cega à natureza do totalitarismo e à lógica de sua expansão, torna-se uma sociedade cega para si mesma, estranha para si mesma e, finalmente, desarmada.

Espetáculo surpreendente: o poder faz de tudo para minimizar o alcance dos conflitos que a União Soviética incendeia ou das ameaças que ela faz pesar sobre a Europa e, simultaneamente, se gaba de fazer da França uma grande potência nuclear, pretende dispor da arma absoluta de dissuasão. Mas esse paradoxo cobre a mesma impotência e a mesma repugnância em imaginar uma política de defesa que seja assunto de todos. Tudo bem. É preciso convir que as condições do capitalismo, as desigualdades, os conflitos múltiplos que dilaceram a sociedade não são de natureza a inspirar uma moral de resistência ou que se pode ousar chamar de civismo – palavra desacreditada pela retórica burguesa, mas que, em épocas de democracia conquistadora, teve sentido verdadeiro. Resta que, na ausência de um espírito democrático reanimado, o discurso militar-nuclear e o discurso da negociação-omissão se articulam muito bem para produzir o mesmo resultado: uma indiferença da opinião diante das coisas do mundo. A maioria conclui igualmente: se, vindo a guerra, tudo deve se regular por golpes de bombas atômicas, não há mais qualquer necessidade de tomar partido; e se nada de grave se passa no que nos concerne, nenhuma necessidade de se emocionar...

Gosta-se de repetir que um povo tem o governo que merece. É meia-verdade. Quando aqueles que dispõem dos meios de esclarecer a opinião a conservam nas trevas, espera-se em vão que ela encontre em si mesma os recursos para um juízo correto. A gente ouve dizer que o conflito afegão é regional, que a União Soviética protege seus interesses, que ela não poderia aceitar a desordem polonesa sem correr o risco de ver suas vias de comunicação ameaçadas; fica-se habituado a considerar a Europa do Leste como propriedade russa. Seria preciso a gente fazer um grande esforço para pensar que os insurretos afegãos defendem algo de sua própria liberdade; um grande esforço para descobrir que Praga, Varsóvia ou Budapeste se situam no mesmo espaço de civilização que Paris, Roma ou Londres e que renasce nesse mundo do Leste um espírito democrático, mais forte e mais inventivo do que no mundo do Oeste. Também se ouve dizer que a União Soviética é uma formidável potência diante da qual os exércitos coligados do Ocidente não têm peso, que a única chance é abrigar-se sob o guarda-chuva nuclear. Diante disso, o que se pede à gente é heroísmo para opor a imagem do direito à da força. Que se explique, pois, que essa formidável potência é trabalhada por não menos formidáveis contradições; que o Estado burocrático se revela minado pela corrupção; que mesmo na URSS a ideologia enfraqueceu; que se o nacionalismo russo pode bem sustentar, como o fez durante a última guerra, uma resistência ao inimigo, nada autoriza a crer que, numa sociedade onde reinam a opressão e a penúria, ele seja de molde a alimentar a fé de um comunismo conquistador. Que se mostre ainda como esse comunismo provocou ódios na Europa do Leste, a fragilidade dos regimes que não se manteriam por mais de três meses se o medo dos russos não aterrorizasse a população! Que se pare de acreditar na representação do colosso russo que poderia subitamente abater-se sobre a Europa do Oeste, engoli-la e digeri-la em algumas semanas, se não se lhe opuser a arma da dissuasão.

Quando o *expert* – a espécie pulula hoje em dia – faz a soma, para cada campo, das divisões blindadas, das rampas de lançamento de mísseis, das ogivas, há certo bom-senso popular em julgar que "você e eu" não contamos nada nesse caso todo. Quem lembra que um país não pode ser engolido, que é conquistado por homens sobre outros homens, que uma conquista se mantém pela administração de homens por outros homens, que a burocracia do Kremlin não é tão delirante que não saiba a que riscos se exporia com uma invasão da Europa do Oeste, enfim, que a França só viria a ser submetida direta ou indiretamente à URSS graças à complacência ou à cumplicidade dos franceses?

O enredo da guerra nuclear me parece uma ficção. Em contrapartida, o perigo real é o que constituiria a apropriação progressiva das fontes de energia da Europa pela União Soviética, a submissão crescente das nações ocidentais sob a prova da intimidação, a decomposição interna das sociedades democráticas, sua oposição a todos os movimentos de emancipação no mundo. Ora, a esse perigo, não há arma atômica que dê resposta, mas uma política que combinasse o alargamento da compreensão da revolução democrática, pelo alargamento das liberdades e a redução das desigualdades, com a compreensão da contrarrevolução totalitária. Uma política que legitimasse uma tradição e erguesse esperanças e que, ao mesmo tempo, tivesse a audácia de reivindicar um futuro para os povos que estão atualmente sob jugo.

Na ausência de tal política e por falta de suas condições, perece a ideia do direito, fenecendo nos quadros de nossas instituições; o espírito Peyreffitte se insinua em toda parte. Excita à derrisão quando se trata dos negócios do mundo: o giscardismo nem mesmo precisa opor-lhe a razão de Estado, basta-lhe o oportunismo.

Que melhor índice, enfim, da "democracia francesa" do que a sondagem da SOFRES, publicada em *Actuel* no último mês de janeiro e os poucos comentários que suscitou? Sessenta e três por cento das pessoas interrogadas ainda julgam que "em caso de grave perigo entre os Estados Unidos e a União Soviética [...] dever-se-á solicitar à União Soviética que nosso país fique a distância do conflito". Sessenta e três por cento ainda julgam que "se o exército soviético penetrasse o território francês [...] o presidente da República deveria imediatamente iniciar negociações para fazer a paz com a União Soviética". Essas pessoas, note-se bem, não estão sobressaltadas pelo medo. Sentem-se à vontade para decidir. Suporíamos que gostariam, pelo menos, de atribuir-se falsas virtudes; mas não. Preferem mostrar-se tais como seriam. Que lhes deixemos esse mérito, em vez de moralizar.

É verdade que, em nossa maioria, há vozes que se pronunciam contra as fórmulas de compromisso e de omissão. Isso, desde há pouco. Todavia, Chirac repetiu durante muito tempo que o RPR aprovava, com pequenas nuances, a ação e a linguagem de Giscard em política externa, de maneira que é pouco convincente sua repentina conversão ao partido da firmeza. Ademais, não há muito o que interrogar sobre isso: o sucesso de Reagan ocupou o lugar da revelação. Ora, o pouco que eu disse sobre o "discurso da guerra" me parece suficiente para apreciar a nova política americana. Acrescento, porém, uma precisão: nesta ocasião, vê-se melhor como ela se articula, na frente interna, com os interesses do capitalismo mais combativo e mais conservador, e, no plano externo, com uma estratégia apoiada em ditaduras militares e paramilitares. Nada nessa política traz o menor vestígio de uma inspiração democrática. A crítica de Chirac atinge muito bem o giscardismo, mas nos limites mais estreitos.

A questão da política socialista com respeito à União Soviética retém mais nossa atenção. Mitterrand disse palavras que despertam a opinião, como já mencionei. Traçou um feliz retrato do "pequeno telegrafista" que leva a Veneza a boa notícia de Brejnev e busca dar crédito à mentira grosseira de uma primeira retirada de suas tropas do Afeganistão. Cruamente, disse que a invasão soviética era um "ato de banditismo que ofende o direito". Seu tom não conta menos do que sua fala. Também não há que duvidar da simpatia dos socialistas pelo movimento operário polonês. Mas isso é o mínimo que se pode dizer. Já não é sem tempo que o Partido Socialista encontre uma nova linguagem, e suas iniciativas ainda são raras. O fato é que, há pouco mais de um ano (em janeiro de 1980), a convenção nacional do Partido dava um espetáculo desolador quando da discussão do caso afegão. A tendência comunista do Partido, pela voz de Chevènement, associava russos e americanos na responsabilidade de uma nova guerra fria, negando contra a evidência que, na conjuntura, uns estivessem na posição ofensiva, e outros, na defensiva. De sua parte, Mitterrand forjava três hipóteses, cada uma delas encarregada de minimizar o alcance do acontecimento: ou a União Soviética "interveio para proteger suas aquisições"; ou ela quis preservar as populações muçulmanas contra o contágio xiita; ou a operação é "a marca de uma fraqueza, portanto, prova do erro do poder soviético". Quanto a Michel Rocard, que imaginávamos o mais avisado e o mais inventivo, coube-lhe servir-nos o melhor: "Os soviéticos pensam que a fonte de suas dificuldades [interna] se deve apenas à juventude de seu país, à inexperiência de seus quadros. Concluem que é preciso muito tempo, meio século talvez, e um tempo sem guerra [sic] para que as virtudes do socialismo à sua maneira se tornem convincentes aos olhos do mundo inteiro. Durante esse tempo é preciso proteger militarmente o bloco e alargar o talude" (transcrição de *Le monde*, 15 de janeiro de 1980). Em suma, Rocard repôs a velha ficção da cidadela socialista sitiada, sempre ocupada em arranjar sua segurança, na espera de uma revolução mundial. Ninguém falou de imperialismo soviético, de uma lógica de expansão do sistema totalitário. Por enquanto, esses termos parecem sempre banidos do vocabulário socialista. O de "banditismo", se não é muito esclarecedor de um ponto de vista político, é, pelo menos, signo de um progresso; mas resta que é bem lento e tardio esse progresso. Como não se surpreender com a timidez do partido diante dos acontecimentos da Polônia? Numa justa análise da "carência dos poderes e dos partidos" (título de uma tribuna do *Matin de Paris* de 23 de fevereiro de 1981, anunciado a conferência "Seis horas sobre a Polônia"), Le Roy-Ladurie, manifestando suas simpatias pelos socialistas, lamentava que o Partido não tivesse imaginado mobilizar seus militantes, organizar manifestações de massa que atingissem a opinião francesa e internacional. Tinha razão... Nesta sociedade francesa, na qual se conjugam a ignorância e o medo, sob o efeito da fatuidade giscardiana e de suas manhas complacentes com a política soviética, o Partido Socialista detém uma responsabilidade particular quando se omite do papel que ele seria o único a poder manter como formação política.

No fim das contas, vejo apenas uma única organização que não temeu designar como totalitário o Estado que outros se obstinam em qualificar de socialista, afirmar maciçamente sua solidariedade ao combate dos poloneses, vincular os traços da organização comunista aqui e no Leste, nem temeu combinar a crítica do regime burocrático com uma tentativa de reformulação da democracia. Honra lhe seja feita: foi a CFDT.

Como eu dizia, este livro contém textos diversos. Um argumento os ordena: o Estado totalitário só pode ser concebido em relação à democracia e sobre o fundo das ambiguidades desta última. É a refutação dela ponto por ponto e, no entanto, atualiza representações que ela contém virtualmente. Nele, a democracia encontra uma potência adversa, mas que ela carrega também dentro de si mesma. Não é possível combatê-lo senão despertando o espírito da revolução democrática, reinventando-a, e não na conservação do adquirido que se revela sempre, de fato, uma regressão. Em nossos dias, são todos os protestos, todas as revoltas provenientes do Leste que voltam a dar sentido à *invenção democrática*. São eles que nos ensinam novamente que a democracia não é, por essência, burguesa. E, no mesmo gesto, essas revoltas nos ensinam as fragilidades, os fracassos, as contradições de um tipo de Estado que num prazo – talvez um longo prazo – cederá sob um choque revolucionário. Enquanto isso, é importante tanto conhecer os meios formidáveis que lhe permitem sufocar em toda parte as liberdades – talvez amanhã na Polônia – quanto livrar-se da imagem de um Leviatã que bloquearia o horizonte para sempre.

Sinceramente, seria muito difícil articular essas ideias, tomá-las como um único pensamento? Todavia, aí vejo apenas um começo. Depois dele, reencontra-se dia após dia o risco de interpretar, de julgar – e se se tem força, de agir.

Março de 1981.

Apresentação

Marilena Chauí

Esta nova edição de *A invenção democrática* repõe o leitor brasileiro em contato com um pensador com o qual está ainda pouco familiarizado e cujo estilo parecerá, num primeiro momento, hermético quanto à forma e ao conteúdo. Os estudos reunidos pelo autor foram escritos em ocasiões diferentes, alguns deles separados por anos de intervalo, embora constituam, como escreve Lefort no prefácio, um livro propriamente dito, isto é, tecido com o fio de um argumento que, trabalhado pelo autor nos últimos trinta anos, entrelaça os textos mais antigos aos mais recentes. Talvez o leitor brasileiro se sinta mais à vontade para acompanhar o itinerário de um dos fundadores de *Socialisme ou Barbarie* se iniciar a leitura pela segunda parte do livro. Evidentemente, a edição brasileira poderia ter reordenado os textos em outra sequência, mas preferimos não alterar a ordem que lhes foi dada na versão original.

A obscuridade maior que porventura o leitor encontrará nos textos da primeira parte talvez advenha de uma circunstância bastante corriqueira: Lefort é um filósofo político e não um cientista político e, via de regra, estamos mais habituados aos escritos do segundo do que aos do primeiro. O cientista político, de modo geral, dedica-se a compreender *a* política, enquanto o filósofo político, frequentemente, efetua uma reflexão sobre *o* político. O politólogo opera com dados e ideias, práticas e pensamentos que existem sob a forma de fatos instituídos cuja inteligibilidade é pressuposta, cabendo ao cientista sistematizar, articular, organizar esses fatos cujo sentido e papel se encontram esparsos nas instituições existentes. O filósofo político, muitas vezes, trabalha com a indeterminação da experiência política, com um sentido em busca de sua própria inteligibilidade, com práticas e ideias instituintes do social e do político como tais, como o advento de práticas e significações pela ação múltipla de sujeitos históricos instituindo a relação com o poder, a dominação, a servidão, a revolta e o sentido da liberdade, e não com a organização das instituições existentes, seja para criticá-las, reforçá-las ou simplesmente descrevê-las. Não que um deles lide com fatos enquanto o outro mergulha em ideias, nem que um esteja condenado às aparências e o outro premiado com as essências, que um deles seja "realista" e o outro "idealista" (muitas vezes ocorre exatamente o contrário, como se sabe), mas simplesmente se distinguem porque se situam em planos diferentes da reflexão.

No entanto, para alguns leitores a dificuldade maior (se houver) talvez não decorra do que acabamos de sugerir, mas da própria análise lefortiana da democracia no confronto com o totalitarismo. E isso porque, no final das contas, todos nós já sabemos muito bem duas coisas. Em primeiro lugar, os que são de direita já sabem que o socialismo é uma loucura popular desencadeada por um bando suspeito de intelectuais que se aproveitam da democracia para destruí-la, desembocando necessariamente em campos de concentração (a lógica desse raciocínio é obscura, mas quem, afinal, está interessado em compreender o fenômeno totalitário?); e os que são de esquerda já sabem que infelizmente o totalitarismo é um desvio do socialismo porque este teve o infortúnio de implantar-se em países economicamente atrasados, politicamente despóticos e culturalmente bárbaros, enfrentando a hostilidade belicosa do capitalismo internacional e obrigado a recorrer à força e à burocracia para defender "a cidadela socialista sitiada" e criar um sistema sem violência e sem desigualdades (a lógica do raciocínio também não é clara, embora tenha mérito de buscar compreender o fenômeno em pauta, ainda que o torne mais incompreensível). Em segundo lugar, os que são de direita já sabem que a democracia é um regime político de liberdades civis onde todo mundo pode dizer e pensar o que quiser, enquanto uma elite competente decide o que é melhor para todos; e os que são de esquerda já sabem que a democracia é uma mistificação burguesa a ser corrigida pela instauração da boa sociedade socialista. Nessas circunstâncias, o livro de Lefort se torna desconcertante.

O pensamento de Lefort sobre o que chama de *Invenção democrática* situa a democracia entre duas formas historicamente determinadas do político: o Antigo Regime e o Estado totalitário. No Antigo Regime, a sociedade se encontra suspensa numa imensa metáfora orgânica e teológica que absorve inteiramente no político, a metáfora do *corpo político do rei*, identificação fantástica operada entre o social e o político sob uma imagem, uma ideia e um nome: o nome do UM, corporificado, litúrgica e juridicamente, no governante, cuja vontade é a lei. O político devora o social como um órgão do corpo régio; poder, lei e saber, personificados pela unidade corpórea, são identificados e indiferenciados. No sistema totalitário, como as metáforas orgânicas do Gulag o revelam, novamente o social e o político são soldados num único e indiferenciado corpo – o do partido-Estado, cujos órgãos e células constituem o tecido social – cuja cabeça, Guia Supremo, recoloca o novo nome UM: o *Egocrata*. A *invenção democrática* é um acontecimento extraordinário, "uma revolução que corre pelos séculos", instituição do político como nova instituição do social pelo fenômeno da *desincorporação*, pela perda da eficácia prática e simbólica da ideia, da imagem e do nome da *unidade*. Advento da divisão social reconhecida como tal, da diferenciação interna entre o social e o político ou entre as esferas da existência social e a das instituições políticas, a democracia institui a alteridade em toda a espessura do social, instituindo a ideia dos *direitos* e diferenciando, pela primeira vez, Poder, Lei e Saber "que ficam expostos aos conflitos das classes, dos grupos e dos indivíduos e, assim, impedidos de se petrificarem". A democracia é invenção porque, longe de ser a mera conservação de direitos, é a criação ininterrupta de novos direitos, a subversão contínua do estabelecido, a reinstituição permanente do social e do político. Como criação de direitos, como reconhecimento das divisões internas e das diferenças constitutivas do social e do político, a democracia abre para a história no sentido forte da palavra. E desfaz as imagens da boa sociedade e do bom governo, da "comunidade ideal" transparente, virtuosa, sem conflitos, plenamente reconciliada consigo mesma, una e invencível. Imóvel, mais do que corpo, mineral.

Entre as duas formulações canônicas de *L'état c'est moi*, a prática democrática tem a capacidade extraordinária de questionar-se a si mesma como poder e contrapoder sociais sem garantias externas e sem a integração funcional de órgãos de um "corpo".

O contraponto fundamental é estabelecido, por um lado, entre a revolução democrática e o fantasma da revolução (a imagem do povo-um ou povo-unido) e, por outro lado, entre revolução democrática e a contrarrevolução totalitária cuja "figura realizada" é a União Soviética. No prefácio, Lefort declara estar convencido de que é impossível compreender a dinâmica da democracia e da política contemporânea sem uma análise do fenômeno do totalitarismo como instituição de uma "nova formação social" sem precedentes na história. Ao mesmo tempo, tanto no prefácio quanto nos estudos, Lefort descortina um aspecto essencial da democracia, qual seja, o de que ela carrega virtualmente representações sobre o social e o político que são atualizadas de fato pelo totalitarismo. Assim, o leitor que esperasse um contraponto transparente entre a "boa" democracia e o "mau" totalitarismo ficaria decepcionado. As contradições da democracia são indispensáveis para a compreensão do fenômeno totalitário, particularmente o fantasma da revolução e o fantasma do reformismo.

Descoberta e criação dos direitos, invenção contínua do social e do político através das divisões e dos conflitos, a democracia não pode, escreve Lefort, ser considerada uma criação burguesa, pois, muito pelo contrário, nascida da luta de classes, dos movimentos populares e operários, sempre foi considerada pela burguesia um escândalo e "um perigo maior do que o socialismo". Por outro lado, como instituição do social, não pode ser reduzida a mero complemento político de um socialismo concebido sempre em termos econômicos. São esses dois aspectos que, *A questão judaica*, Marx perde de vista – tema do primeiro ensaio deste livro, talvez o mais polêmico, juntamente com o segundo, sobre a lógica totalitária.

Se o leitor se dispuser a caminhar na companhia do autor, pensar com ele, interrogar a partir dele e contra ele, certamente as dificuldades iniciais da leitura serão logo superadas porque terá tido início aquilo que, noutro lugar, Lefort chama de "o trabalho da obra". Contrariamente à ilusão objetivista – que nos faz crer que uma obra de pensamento se encontra apenas no texto do autor – e contrariamente à ilusão subjetivista – que nos faz crer que uma obra de pensamento se encontra apenas nas múltiplas interpretações que lhe dão os leitores –, Lefort considera que o enigma da obra, seu trabalho, está em existir simultaneamente no texto do escritor e nos textos de seus leitores, no campo constituído por eles e no debate fecundo e interminável que aí se institui. Não se trata de "diálogo" entre autor e leitor, nem de "mensagem" enviada a alguns destinatários. Trata-se apenas da compreensão de que uma obra de pensamento é aquela que, *ao pensar, dá a pensar*. Concepção generosa do pensamento, que Lefort compartilha com Merleau-Ponty, a obra instaura um modo de existência como diferença interna entre escrita e leitura que abre o pensar, em vez de fechá-lo sobre si mesmo, abertura que é o trabalho da obra ou que Lefort designa como o *trabalho da interrogação* que, escreve ele no prefácio, "é o vínculo mais seguro entre autor e leitor", pois "é na leitura que um livro se faz".

Todavia, ler, escreve Lefort noutro lugar, pode ser um obscuro desejo de dominação quando o leitor se acerca da obra não como quem se aproxima do trabalho da interrogação, mas como quem se apropria de um objeto completamente determinado, exposto à inspeção intelectual do olho do espírito que sobrevoa e controla o texto. A "objetividade" atribuída à obra permite ao leitor situar-se num lugar imaginário, fora do campo de pensamento a ele oferecido, num lugar de onde possa contemplá-la inteiramente, abarcando todas as perspectivas, num geometral onividente e por isso onisciente. Ora, curiosamente, esse lugar "alto", externo, de onde tudo é visto e compreendido, não é apenas o lugar que nossa ciência atribui ao observador, é também o lugar que, em nossas sociedades, a imaginação confere ao poder. A "objetividade" atribuída à obra, parecendo dar-lhe plena soberania sobre o simples leitor, é, de fato, sustentada pela subjetividade soberana do contemplador imaginário.

Dependerá do leitor escolher o tipo de leitura que pretende fazer. Poderá colher a obra, a indeterminação que a constitui, participar do campo de questões por ela aberto e jamais encerrado. Como dele dependerá não aceitar a parceria, o conflito ou a concordância, a instigação a pensar, preferindo situar-se no abrigo da soberania que supõe ter sobre aquilo que lê e pensa. A cada um de nós encontra-se aberto o trabalho da obra e aberta a possibilidade de inventar ou não uma leitura democrática de *A invenção democrática*.

Março de 2011.

Introdução
Dialética e democracia

André Rocha

Para Zé Pedro, Laura e toda a tradição dos Quilombos.

*É feia. Mas é uma flor.
Furou o asfalto, o tédio, o nojo e o ódio.*
"A flor e a náusea", em *A rosa do povo*, Carlos Drummond de Andrade

Estes ensaios trazem consigo os sedimentos da matéria histórica que lhes suscitou. Eles foram escritos ao longo da década de 1970, quando as forças que viriam a instaurar a hegemonia do neoliberalismo começavam a assediar os políticos e os Estados ainda operavam com o princípio da regulação econômica para o bem-estar social.

Essa espessura temporal vem à tona quando nos aproximamos destes ensaios de Lefort e ela exige, como a esfinge no mito antigo, um trabalho de decifração, um trabalho de diferenciação histórica que só pode ser feito pelo leitor e pela leitora que, fincando o pé no chão das condições materiais em que se faz a história do presente, buscar encontrar no passado, em vez do mito das épocas de ouro ou da infância perdida, a compreensão do trabalho de homens e mulheres que buscaram decifrar as contradições fundamentais de sua época para contribuir com sua resolução efetiva.

Após quase quatro décadas de hegemonia neoliberal, poder-se-ia quase dizer que no fim das contas nada restava das esperanças e projetos daquele passado em que os políticos do pós-guerra puderam, ao exercer suas funções públicas nos Estados, promover a consolidação dos direitos fundamentais que passaram a ser reivindicados a partir da promulgação da carta da ONU em 1948.

Com efeito, nas últimas décadas fomos obrigados a nos acostumar com uma política de destruição dos direitos civis pela privatização dos serviços públicos fundamentais, com uma economia de monopólio e desemprego estrutural, com Estados que desmantelavam os direitos trabalhistas sob o signo da "flexibilização" e se reduziam à função policialesca de repressão dos movimentos sociais. Sob a sombra das décadas neoliberais, dir-se-ia que as questões políticas e econômicas do pós-guerra estavam liquidadas. Os ensaios de Lefort seriam relíquias para a contemplação saudosa do que poderia ter sido não fosse a miséria neoliberal...

E, no entanto, estes ensaios ganham novo alento à medida que os alicerces fincados pelas décadas neoliberais balouçam, e a história reabre as questões que os ideólogos das últimas décadas nos acostumaram a imaginar que estivessem para sempre fechadas. A própria materialidade da história reabre as questões para nosso tempo, e o fantasma da depressão e do totalitarismo que se escondia sob a fachada neoliberal está à solta, assustando a todos os que não se deixaram enlouquecer pela avareza ou pelo egoísmo ultraindividualista. Mas também renasce, nas forças sociais, a convicção de que outro futuro pode ser construído, de que as instituições econômicas estagnadas podem ser negadas e superadas, de que as instituições democráticas podem se transformar em poderosos suportes para a resolução prática das contradições sociais.

À luz dessas questões, a leitora e o leitor que souberem perscrutar estes ensaios de Lefort encontrarão as mesmas questões políticas postas em uma conjuntura diversa e poderão encontrar auxílios e instrumentos para o trabalho de interrogação prática e para a elaboração de ações efetivas no presente. Como no trabalho da obra de Maquiavel outrora lendo com Tito Lívio a história de Roma para tratar de Florença, na obra de Lefort podemos encontrar, sob as análises conjunturais, certa arte de interpretar e fazer a política que nasce do desejo de combater a tirania e lutar pela instauração das liberdades.

Democracia e partidos políticos

A partir da crítica ao Partido Comunista Francês (PCF) e ao Partido Socialista (PS), Lefort indicava como os partidos de esquerda estavam presos às ideologias que o próprio Estado da União Soviética (URSS) impusera a todas as ramificações mundiais do Partido. Cegados pela ideologia, os dirigentes dos partidos de esquerda não eram capazes de elaborar, com o materialismo histórico, uma compreensão dialética das diferenças concretas entre instituições políticas democráticas e instituições políticas totalitárias.

Os partidos de esquerda que periodicamente disputavam contra outros partidos de centro e de direita as eleições em seus respectivos Estados, não obstante fossem eles próprios instituições políticas que existiam pelas suas relações com as instituições democráticas, não conseguiam elaborar uma compreensão crítica da democracia nem, portanto, conseguiam elaborar estratégias de ação política que contribuíssem efetivamente para a resolução das contradições sociais a partir das instituições democráticas. O resultado trágico, indicado por Lefort no prefácio em que analisa a situação francesa, não era apenas que muitos políticos acabassem entrando no vale-tudo do jogo eleitoreiro e os partidos se transformassem em meras plataformas para oportunistas em busca de votos: o resultado mais trágico era a perda do *kairós*, a perda do momento oportuno quando a fortuna oferecia condições históricas para, com a força das instituições democráticas, avançar na efetivação das liberdades sociais.

E o momento oportuno parecia se tornar cada vez mais irremediavelmente perdido quando o totalitarismo, com o avançar das décadas neoliberais, ganhava novas cores: as cores do fundamentalismo religioso em alguns Estados, as cores da burocracia mistificada dos tecnocratas em outros Estados e em muitos outros as cores do monopólio na indústria cultural permitindo a homogeneização das opiniões e a manipulação indireta das eleições.

Os ensaios de Lefort pareciam direcionados para os partidos de esquerda, para os políticos, para os membros, para a militância, enfim, para todos aqueles que, diante das misérias sociais e da desolação, se reuniam em torno dos partidos que, de uma maneira ou de outra, buscavam decifrar o presente e elaborar o futuro a partir das matrizes simbólicas do materialismo histórico de Marx. Com efeito, fosse ou não lida com as lentes ofuscadas da ideologia, a dialética que se erguera com os escritos de Marx consolidou o campo simbólico que proporcionou verdadeiros instrumentos de produção para as gerações que buscaram decifrar as causas da miséria para construir a riqueza futura. As duras críticas que Lefort faz à URSS e à organização institucional do PCF, às suas lideranças e à estreiteza da interpretação totalitária da dialética e do materialismo histórico (notadamente a interpretação das relações entre economia e política) não podem ser confundidas jamais com o ataque moralista dos conservadores à esquerda, pois é crítica feita com a própria dialética, e o seu fito é a superação das ideologias e fantasmas totalitários que assustam e bloqueiam o pensamento e a ação política efetiva tanto dos políticos de esquerda como dos movimentos sociais.

A lógica totalitária

As críticas às experiências totalitárias na Alemanha e na Itália da Segunda Guerra se originaram de liberais e socialistas dos países aliados. Intelectuais dos EUA, Inglaterra e França, sob o impacto à Segunda Guerra, combateram no campo simbólico a *intelligentsia* do totalitarismo. Em geral, as críticas opunham dois modelos políticos pela sua relação com os partidos: reduziam o totalitarismo a um regime de partido único e a democracia a um regime político que opera com a pluralidade partidária. Não passavam, porém, às relações do Estado com a sociedade. A ciência política herdeira dessas construções do pós-guerra reduziu o pensamento dessa relação, no caso dos regimes democráticos, às pesquisas de intenções de voto e nichos eleitoreiros. Nessas construções dos politólogos, a diferença entre as formas dos regimes políticos e as formações sociais permanece oculta e impensável.

Durante a Guerra Fria, esse combate no âmbito simbólico se acentuou com a construção da imagem do comunismo como *essencialmente* totalitário. O regime soviético dominado por Stalin era tido como a essência mesma do regime comunista que poderia ser identificado com a essência do regime nazista de Hitler por ter causas e fins análogos.

Para combater esses prejuízos, contudo, a esquerda marxista que vivia sob os Estados democráticos não elaborou sua crítica ao totalitarismo soviético. Como se reuniam em torno dos partidos comunistas seguindo as diretrizes soviéticas, os intelectuais de esquerda preferiram acreditar que nada havia de errado com a URSS e deixaram que os liberais fizessem uma crítica que, longe de oferecer elementos para uma autocrítica produtiva, propagava a imagem de que todo e qualquer projeto socialista resultaria em totalitarismo. No campo liberal, a tese de Popper foi o paradigma desse prejuízo histórico. Lefort, porém, buscou elaborar os elementos para uma autocrítica do próprio pensamento político socialista, com o fito de conduzi-lo a pensar o fenômeno político e a diferença entre democracia e totalitarismo. Ele começava por uma crítica radical que buscou explicar o aborto da revolução iniciada nos *soviets* e a gênese histórica do totalitarismo na URSS.

Quais foram as características que conduziram o regime soviético ao totalitarismo? 1. Burocratização do poder; 2. Acirramento das desigualdades sociais; 3. Direcionamento do sistema policial para a repressão; 4. Campos de concentração [*Gulag*] que instituíam, sob nova forma, o trabalho forçado, ou seja, a alienação econômica; 5. Controle do imaginário político pelos meios de comunicação de massa: redução da consciência política dos cidadãos ao culto da personalidade de Stalin.

Diante da percepção de que a revolução social estava estancada na URSS e de que em lugar dela se instaurava uma lógica totalitária que se escondia sob o culto da personalidade de Stalin e da propaganda que veiculava identificações com todos os símbolos do marxismo, como explicar a ausência de crítica, em parte da esquerda marxista, ao totalitarismo soviético?

O problema é que a esquerda sempre operou com uma imagem acerca da sociedade, cristalizada em inúmeras teorias e ciências sociais, que restringe toda a sua compreensão ao nível econômico. Para uma grande parte da esquerda, que nisso assumia como sua posição um postulado intocável para toda a tradição do liberalismo econômico, a realidade social só revela sua essência no nível da produção econômica, isto é, na *infraestrutura*. Mais ainda: Lefort mostra como a imagem de uma revolução que criaria uma sociedade capaz de dispensar a política é análoga à ideologia da mão invisível.

> A ficção de uma organização da produção sob a direção dos trabalhadores associados [...] veio substituir a imagem de um mercado que conciliaria os interesses e satisfaria as necessidades por autorregulação.[1]

À negação abstrata da luta de classes que os liberais propunham quando lançavam a imagem de uma sociedade livre que se autorregulava, nós respondíamos com a afirmação de que era preciso tornar presente uma revolução econômica que operasse a negação real da luta de classes no futuro, sem pensar uma dialética entre os movimentos sociais e as instituições políticas, sobretudo o Estado. Restritos à imagem de que na URSS se instaurava uma "ditadura do proletariado" a preparar etapas futuras, os teóricos de esquerda não puderam elaborar um pensamento que mostrasse como os movimentos sociais se exprimem nas instituições políticas e, efetivando a superação da alienação, produzem, pela mediação da política de Estado, novas condições históricas para ultrapassar o modo de produção.

> À esquerda faltava uma teoria do Estado ou, mais profundamente, uma concepção da sociedade política [...]. Por ter circunscrito a esfera da realidade aos limites da economia, tornava-se cega à estrutura do sistema de produção quando ele se imprimia explicitamente no sistema político.[2]

A esquerda nos regimes democráticos se mobilizava politicamente contra a opressão e ajudava a conquistar direitos para os oprimidos nas condições de trabalho, seja consolidando direitos trabalhistas, seja conseguindo aumentos de salários; no entanto, alertava Lefort, não elaborava uma concepção dialética da política, uma concepção que permitisse pensar nas relações entre a sociedade e as instituições democráticas.

> Tal concepção exigiria uma reflexão sobre a natureza da divisão que se instituiu entre a sociedade civil e o Estado; uma reflexão sobre o alcance da distinção historicamente advinda entre o poder político – cujas fronteiras se veem delimitadas, cuja formação, exercício, renovação estão submetidos a regras democráticas – e o poder administrativo – cujas competências são igualmente precisas e limitadas de direito, mas sempre mais extensas, de fato, em virtude de se encarregar das necessidades da população e controlar sempre mais regularmente e mais detalhadamente a vida social.[3]

---

[1] Ver "A lógica totalitária", p. 90.
[2] Ver "A lógica totalitária", p. 91.
[3] Ver "A lógica totalitária", p. 91-92.

A divisão entre a sociedade civil e o Estado, num regime totalitário, fica oculta, pois o Estado busca dominar o social para petrificar as relações de força vigentes e impossibilitar as mudanças. As ditaduras são chamadas de regimes fechados precisamente pelo fechamento das instituições às iniciativas sociais, por não permitir que a própria sociedade seja soberana em decidir como produzirá sua história. Num regime democrático, pelo contrário, o Estado é mero mediador das mudanças, e estas não são impostas, mas surgem por iniciativa própria dos mais diversos setores da sociedade. A distinção entre o poder político e o poder administrativo, por outro lado, permite pensar certos mecanismos de exclusão política ainda operantes nos regimes democráticos e que, portanto, consistem em corrosivos germes de totalitarismo: a especialização técnico-administrativa tende a produzir uma casta de especialistas que são apresentados, segundo a ideologia da competência, como os únicos capazes de resolver certos problemas sociais e políticos. E o pior: os políticos podem se tornar tecnocratas que se apresentam como os únicos capazes de agir na política, e os intelectuais podem se tornar politólogos que se apresentam como os únicos competentes para pensar e dizer a política.

Com o aumento da burocracia e do poder técnico-administrativo sobre a sociedade e sobre o próprio poder político, opera-se um novo tipo de intimidação e exclusão política dos cidadãos. Trata-se, pois, de pensar nos limites que a sociedade e o poder político podem estabelecer ao poder técnico-administrativo para que a burocracia não abocanhe a política, e o totalitarismo não surja do interior dos regimes democráticos.

Dialética entre movimentos sociais e democracia

Como uma revolução permanente, a invenção democrática não é uma coisa completamente determinável, pois ela é um processo que atravessa os séculos. Sempre que houver afirmação da liberdade contra a violência e a alienação, encontraremos este movimento que atravessa a história e de que buscamos participar.

Lefort mostra que essa lógica de afirmação das liberdades permitiu, sobretudo a partir das revoluções na França e nos EUA, superar o Antigo Regime no campo do saber, da lei e do poder. Antes identificados e concentrados na figura do monarca, os três campos foram distinguidos e passaram a ser produzidos por poderes sociais que faziam valer seus direitos face aos governantes e ao Estado. A superação do Antigo Regime e de todo o aparato teocrático das Monarquias Absolutistas não foi apenas uma revolução radical das propriedades agrárias, ela foi também uma revolução do imaginário e das práticas políticas, uma revolução na maneira de conceber o saber sobre o político e na maneira de estabelecer as leis.

> Era nosso propósito apenas pôr em evidência a dimensão simbólica dos direitos do homem e levar a reconhecer que ela se tornou constitutiva da sociedade política. Parece-me que querer ignorá-lo, conservar somente a subordinação da prática jurídica à conservação de um sistema de dominação e exploração, ou confundir o simbólico e o ideológico, impede ver a lesão do tecido social que resulta da degeneração do princípio dos direitos do homem no totalitarismo.[4]

Distinguindo entre o campo do simbólico que é constitutivo de toda formação cultural e o campo das ideologias que se engendram e funcionam nas sociedades industriais para mascarar a divisão interna entre as classes, podemos seguir as linhas de Lefort para pensar a significação simbólica dos *direitos humanos* e sua eficácia nos regimes democráticos e verificar como, nesta revolução que atravessa os séculos, as invenções democráticas conseguem se estabelecer e se tornar hegemônicas contra a ignorância e a violência que ficam sempre à sua espreita esperando para lhe boicotar.

Duas são as ideologias que Lefort combate no primeiro ensaio: 1. A tese de que os direitos humanos seriam a expressão mais acabada da ideologia do individualismo burguês, que não passariam de formalidades vazias servindo apenas para escamotear a violência social e sacralizar os privilégios de magnatas egoístas; 2. A tese da "democracia burguesa", segundo a qual as instituições democráticas serviriam apenas para reproduzir as relações de propriedade e força vigentes e não permitiriam que as contradições sociais fossem expressas e resolvidas no campo da política.

Lefort conduziu a desmascarar essas ideologias pela elaboração de uma dialética que permite pensar as relações entre os poderes sociais e as instituições políticas: considerando ambos como processos históricos que se transformam, abriu uma reflexão sobre o político que mostra como a chamada "democracia burguesa" é apenas um momento de um processo bem mais amplo que atravessa os séculos. Mesmo as "democracias burguesas" se originaram, no interior das repúblicas oligárquicas do século XIX, não por benevolência ou astúcia burguesa: as democracias contemporâneas surgiram dos conflitos entre os burgueses e os operários das fábricas reivindicando não somente melhores salários e condições de trabalho, mas também uma legislação trabalhista que lhes permitisse se defender pela força das leis e pelo poder de Estado. Como os proprietários de fábrica exigiam dos poderes políticos a defesa de seus direitos civis, também os operários passaram a reivindicar que seus direitos fundamentais fossem defendidos pelo Estado. Quando essas reivindicações trabalhistas encontraram ecos nos chamados *direitos do homem* enunciados nas revoluções francesa e norte-americana e que inspiravam a constituição dos regimes republicanos do século XIX, as repúblicas oligárquicas não puderam mais justificar-se perante

---
[4] Ver "Direitos do homem e política", p. 75.

suas próprias leis, e acelerou-se o processo de transformação recíproca entre os trabalhadores e as instituições políticas: assim, a negação das repúblicas censitárias foi a formação das democracias modernas e, simultaneamente, a negação de exclusão política do trabalhadores foi a afirmação de seus direitos fundamentais e, em especial, de seus direitos políticos, direitos de participação nas decisões políticas.

Pela sua gênese histórica, as democracias contemporâneas escapam das condenações dos moralistas de esquerda que as classificam como os regimes de privilégio dos magnatas. Nem é mister dizer que escapam também das condenações dos moralistas de direita que, em nome de algo que chamam "realismo político", adotam o positivismo jurídico para defender a anulação dos direitos humanos. Como momentos de uma revolução permanente, as democracias contemporâneas ultrapassam esses prejuízos e podem ser pensadas dialeticamente.

Os Estados democráticos são processos históricos, não são coisas fixas e acabadas, embora assim apareçam em análises reificadas e nos "modelos" dos politólogos. Eles são instituições políticas complexas que foram constituídas historicamente pela negação de instituições anteriores, tais como as Repúblicas Aristocráticas do século XIX e as Monarquias Absolutistas do Antigo Regime. Como formações materiais historicamente constituídas, as instituições podem ser pensados dialeticamente. A transformação futura das instituições democráticas, se as forças totalitárias não conseguirem destruí-las, conservará as instituições dos Estados democráticos existentes, embora sob novas formas ainda impensáveis ...

Os movimentos sociais são processos históricos. Mesmo a classe oprimida se transforma, e os movimentos sociais que surgem do seu seio só se consolidam historicamente se suas reivindicações forem aceitas pelo Estado. Se fazem uso das instituições democráticas para exercer seus direitos, os movimentos sociais fortalecem os Estados democráticos e consolidam-se historicamente: os movimentos sociais só se concretizam politicamente se suas reivindicações se transformam em instituições, isto é, se elas se tornam direito adquiridos e protegidos pelo Estado. Se, entretanto, os movimentos adotam como tática as práticas autoritárias e violentas, as forças conservadoras sempre poderão incriminá-los, classificá-los como movimentos contrários às leis e aos Estados democráticos. Trata-se de uma interversão ideológica: as forças conservadoras, sempre simpáticas ao totalitarismo, utilizam as instituições democráticas para incriminar e destruir os movimentos sociais, reputando-os como violentos e autoritários.

Ora, as organizações sociais que reivindicam a expansão efetiva dos direitos civis e políticos são os verdadeiros poderes transformadores capazes de ampliar a democracia, capazes de instaurar cada vez mais regimes de democracia social, econômica e política. Não se trata de defender os direitos humanos por um humanismo ingênuo ou por uma moral voluntarista, nem tampouco de propagar um otimismo cego fundado em uma interpretação positivista dos direitos. Trata-se de pensar uma dialética entre o político e a sociedade, apreendendo os direitos humanos como suportes simbólicos que sustentam práticas renovadas de criação de direitos efetivados e consolidados historicamente pela realidade dos movimentos sociais. Assim, a origem social dos direitos se torna manifesta pelos movimentos sociais que fundamentam suas reivindicações nos direitos humanos.

> Esses direitos são um dos princípios geradores da democracia. Tais princípios não existem à maneira de instituições positivas das quais podemos, de fato, inventariar os elementos, mesmo que seja certo que animam instituições. Sua eficácia provém da adesão que lhes é dada, e essa adesão está ligada a uma maneira de ser em sociedade cuja medida não é fornecida pela simples conservação das vantagens adquiridas.[5]

Uma autocrítica renovada para expurgar imaginários e ideologias totalitárias, combinada com a elaboração de táticas de adesão aos direitos humanos que transformem as reivindicações em direitos civis e políticos defendidos pela própria força do Estado democrático, eis como se pode combater os conservadores que adoram criminalizar os movimentos sociais.

Todo movimento social tem suas reivindicações. As reivindicações da pauta podem se concretizar ou não. Se as reivindicações não conseguem se fazer valer como direitos civis defendidos pelas leis do Estado, elas continuam sendo carências reprimidas que, mesmo nas maiores revoltas, acabam sendo oprimidas pelas forças da lei. Se, contudo, as reivindicações da pauta se concretizam, se passam de reivindicações a direitos civis, tornam-se uma instituição política que permitirá a gerações futuras efetivar na prática os mesmos direitos. Cada movimento social, sejam quais forem suas reivindicações, poderá transformar as mesmas reivindicações em direitos exercidos no presente e garantidos para as gerações futuras, se souber, com apoio das instituições democráticas, defender sua pauta de reivindicações pela força das leis e da constituição do Estado democrático. Lefort mostra, analisando as movimentações sociais da conjuntura francesa em fins da década de 1960, como a simbologia dos direitos humanos foi um suporte político poderoso para a conquista de liberdades dos mais diversos setores da realidade social, ainda que os partidos de esquerda, presos ao economicismo e à ideologia oficial do Partido, fossem impotentes para pensar esse acontecimento de realização dos direitos e expansão das liberdades.

> A impotência em pensá-los politicamente, mais mascarada que provocada pelo medo de elevar o crédito do regime [democrático], tem esse estranho resultado:

---
[5] Ver "Direitos do homem e política", p. 76.

quer se trate da família, da mulher, da criança ou da sexualidade; quer se trate da justiça, da função dos magistrados, da condição dos detentos; quer se trate do emprego, da gestão das empresas, do estatuto dos agricultores ou da defesa da propriedade dos camponeses contra a intrusão do Estado, quer se trate da proteção da natureza, vimos, tanto a legislação se modificar, quanto surgirem novas reivindicações que, apesar de seu fracasso, testemunham novas exigências coletivas e que, pela acolhida que receberam, testemunham uma nova sensibilidade social a essas exigências.[6]

Nesta dialética entre o Estado e os movimentos sociais ambos se modificam. E a democracia é esse processo aberto que modifica dialeticamente tanto as instituições do Estado como a sociedade em toda sua complexidade com suas divisões internas. No totalitarismo, o Estado petrifica suas instituições, proíbe que elas sejam transformadas por quaisquer forças sociais que reivindiquem uma ação autônoma. Dominado por um pequeno grupo que controla este ou aquele partido político, esta ou aquela igreja, este ou aquele monopólio de empresas, o Estado se fecha à transformação interna, as instituições se petrificam para proteger os privilégios do pequeno grupo. O Estado totalitário transforma o social em coisa manipulável, coisifica o social pela repressão violenta de qualquer iniciativa de mudança. Os trabalhadores, nessas formações políticas, se acostumam com a violência e com o fechamento da política, absorvem os valores totalitários e os generalizam como se fossem imutáveis.

Um movimento social só se torna político se puder conquistar suas reivindicações com o apoio do Estado. A pauta de reivindicações só é conquistada se o movimento garantir suas reivindicações sob a forma das leis e dos direitos civis defendidos pelo Estado. Se não conseguir transformar suas reivindicações em leis e direitos, o movimento social poderá ter suas conquistas tomadas ou destruídas pela polícia e pela repressão estatal. Sem o apoio político do Estado, as conquistas dos movimentos sociais são instáveis, não se consolidam política e historicamente. Por isso, para transformar suas reivindicações em direito adquiridos, os movimentos sociais precisam estabelecer uma práxis dialetizada com o Estado democrático.

A história dos movimentos sociais no Brasil mostra que a cultura autoritária neles sedimentou-se pelas relações da hierarquizada estrutura social escravista com o Estado autoritário do período colonial. A "abertura" democrática que se iniciou nas décadas passadas não se faz apenas pela modificação das instituições políticas, não se consolida apenas pela abolição do arbítrio dos ditadores militares e pela instituição da autonomia dos três poderes. A 'abertura democrática' exige também uma reformulação da cultura política dos movimentos sociais.

---

[6] Ver "Direitos do homem e política", p. 77.

Esta transformação interna da cultura popular, esta autocrítica da cultura de autoritarismo que impregnou por séculos as classes oprimidas pela imposição da hegemonia cultural das elites coloniais (as verdadeiras fontes históricas da violência e do autoritarismo de nossa sociedade), essa dialética não apenas torna os movimentos sociais mais aptos para consolidar suas reivindicações com base nas instituições democráticas, como afeta também as próprias instituições democráticas que se abrem para os movimentos sociais.

Os setores conservadores e os meios de comunicação de massa sob seu controle são as forças que se opõem aos movimentos sociais. Ora, esses setores, embora ainda tenham arraigada consigo a herança de seus ancestrais administradores da colônia e senhores de escravos, devem obediência às leis e estão submetidos às regras do jogo democrático. Se os movimentos sociais desobedecem às regras do jogo e se põem contra as leis, os setores conservadores podem continuar se apoiando no Estado e na polícia para reprimir e controlar os movimentos sociais.

Se, contudo, os movimentos sociais lutam por seus direitos obedecendo às regras do jogo democrático, retiram dos setores conservadores os álibis que tinham para utilizar a polícia contra os movimentos sociais. As oposições entre setores conservadores e movimentos sociais continuam, mas os conflitos passam a ser resolvidos de acordo com as regras do jogo democrático, e o Estado, assim, deixa de ser manipulado pelos senhores conservadores e se abre para mediar a resolução dos conflitos entre esses senhores e as forças sociais emancipadoras.

A força das instituições democráticas não está na neutralização dos conflitos pela violência: a neutralização dos conflitos e a anulação da espontaneidade das movimentações sociais é o triunfo do totalitarismo. A força das instituições democráticas está em possibilitar a mediação política para os conflitos econômicos e sociais.

Nessa dialética entre os movimentos sociais e os Estados democráticos, ambos se fortalecem contra as ameaças totalitárias. A expansão dos direitos sociais é a consolidação mesma das instituições democráticas. A expansão da cidadania pela ação dos movimentos sociais nas instituições democráticas é a consolidação mesma da inclusão social.

Como uma rosa nascida ainda que em meio ao asfalto, pelos braços de um metalúrgico, inspirado pelo próprio Vulcano, já raiou a liberdade no horizonte do Brasil. E as invenções democráticas aqui surgem para se consolidar no interior da estrutura social violenta que resultou das exclusões extremas que marcaram seus quinhentos anos. Nosso tempo não é mais o tempo dos homens partidos, como dissera o poeta, nem tampouco o tempo do Partido: nosso tempo é um momento oportuno, tempo de homens e mulheres que não se resignam perante as negações e que desejam agir com *virtù*.

Nosso tempo é feito pelo entrelaçamento entre os movimentos sociais e as instituições democráticas: como uma grande paixão que abre tanto o risco da decepção como a possibilidade da felicidade e que nos engaja a despeito de todas as nossas hesitações, as instituições democráticas e os movimentos sociais se entrelaçaram de tal maneira que somente juntos poderão se consolidar, vencer ameaças do totalitarismo e dar um novo ânimo à revolução social que atravessa os séculos convidando a trabalhar pela emancipação humana e pela instauração das liberdades.

Os ensaios e a indeterminação do saber e do agir

A escrita política de Lefort não segue a velha lógica da determinação completa, não é obra de um intelectual que ambiciona dominar teoricamente o campo do saber. Por isso mesmo, a passagem regulada do simbólico à realidade social exige leitores e leitoras dispostos a trocar as vantagens superficiais das práticas de dominação pelos riscos e recompensas inerentes à afirmação das liberdades. A escrita destes ensaios segue uma lógica que faz sentido para leitores e leitoras que não separam o pensamento da ação e que percebem o entrelaçamento entre os campos do simbólico, do imaginário e da realidade.

Sob a análise conjuntural dos acontecimentos políticos da década de 1970, Lefort nos convida a perceber quais eram, naquele momento, as questões que Gramsci, outrora, nos conduzira a pensar como questões da *Grande Política*. Não a mesquinharia cotidiana que se reproduz estampada nos noticiários e que, nas últimas décadas, serviu apenas para criar nas classes médias a repugnância pelas questões políticas e a aceitação resignada da corrupção. Nem tampouco a exploração da vida privada dos governantes que, nos mesmos noticiários, serviu para restituir o antigo moralismo dos tempos monárquicos que substitui, no imaginário das classes médias, a discussão sobre os problemas da conjuntura e sobre os programas de governos de candidatos e políticos. Sob a análise conjuntural dos acontecimentos, Lefort nos convida a pensar as diferenças radicais entre a política democrática e a política totalitária, entre uma "lógica democrática" e uma "lógica totalitária" de organização das instituições políticas. Ora, essas "lógicas" são encarnadas, não são abstrações discursivas, elas são processos históricos particulares. Para apreendê-las, não é suficiente estudar nos compêndios de lógica, pois é preciso uma verdadeira prática interrogativa, uma prática que interroga a si mesma em seu contexto. Para compreender essas lógicas, é preciso abrir-se à indeterminação do presente, à percepção do movimento histórico que nos ultrapassa e que nos conserva pelo sentido do nosso trabalho e das nossas práticas.

A forma ensaística do discurso de Lefort permite mergulhar nessa indeterminação para decifrar, pela análise conjuntural dos acontecimentos políticos da década de 1970, duas "lógicas" contrárias de organização social das instituições e nos mostra que essa contradição era uma grande questão política urgindo resoluções efetivas.

> Política dos direitos do homem, política democrática, duas maneiras, pois, de responder à mesma exigência: explorar os recursos de liberdade e de criatividade nos quais se abebera uma experiência que acolhe os efeitos da divisão; resistir à tentação de trocar o presente pelo futuro; fazer o esforço contrário para ler no presente as linhas da sorte indicadas com as defesas dos direitos adquiridos e a reivindicação dos direitos novos, aprendendo a distingui-los do que é apenas satisfação do interesse".[7]

Decifrando as minúcias dos acontecimentos de nosso tempo, podemos escutar o eco destes escritos e agir para compreender a lógica dos processos históricos e tomar parte na invenção permanente da democracia e das liberdades humanas.

Março de 2011.

---
[7] Ver "Direito do homem e política", p. 86.

Contribuições para a compreensão do totalitarismo

Direitos do homem e política[1]

Não faz muito tempo a revista *Esprit* organizava um encontro sobre o tema: "Os direitos do homem são uma política?". A questão merece ser colocada. Mas, a nosso ver, ela suscita uma segunda: os direitos do homem dependem ou não do campo do político? Deveríamos ainda ligar essas duas questões a uma terceira, logicamente primeira: teremos nós boas razões para falar de direitos do homem e o que entendemos por isso? Se julgamos que há direitos inerentes à natureza humana podemos economizar uma definição daquilo que é o próprio do homem? É verdade que abordar frontalmente esta última ou primeira questão seria mais que temerário. Não somente correríamos o risco de embarcar numa reflexão que faria perder de vista a intenção inicial como, sem dúvida, a resposta se esconderia. O fato é que um dos pensadores mais penetrantes do nosso tempo, Leo Strauss, fincou balizas preciosas para uma reflexão como esta sem se aventurar a tirar conclusões. De seu livro *Direito natural e história* podemos tirar o ensinamento de que a questão da natureza do homem não foi de forma alguma resolvida pelo fato de terem sido abandonadas as premissas do pensamento clássico, que tal questão não cessou de perseguir o pensamento moderno e que ela se aprofunda sob o efeito das contradições engendradas pela ciência positiva e pelo historicismo. Tal ensinamento não é certamente de pequena monta, mas nos deixa na incerteza... E, no entanto, se for preciso renunciar a uma interrogação por demais exigente, corre-se o perigo de

---
[1] *Libre*, nº 7, Payot, 1980.

eliminá-la por inteiro. A questão que nos ocupa degradar-se-ia; restaria apenas perguntar se se pode explorar a ideia dos direitos do homem, as reivindicações que nela se inspiram, para mobilizar energias coletivas e convertê-las numa força suscetível de medir-se com outras forças no que se chama a arena política. Raciocinaríamos em termos de utilidade mesmo quando invocássemos o nobre motivo da resistência à opressão.

Como afastar, pois, as facilidades do pragmatismo sem ceder à vertigem da dúvida filosófica? Parece-nos que a boa maneira de abrir caminho é partir da segunda questão. Esta é, com efeito, a charneira das outras duas. Nada se pode dizer de rigoroso sobre uma política dos direitos do homem enquanto não se examinar se esses direitos têm uma significação propriamente política, e nada se pode avançar sobre a natureza do político que não ponha em jogo uma ideia da existência ou, o que dá no mesmo, da coexistência humana.

É tempo de assinalar, além disso, que essa questão surge nas condições históricas em que vivemos e testemunha uma nova sensibilidade para o político e o direito. Ela se impõe a todos aqueles que não mais se satisfazem com uma análise em termos de relação de produção, menos ainda em termos de propriedade e para quem o abandono da perspectiva do comunismo não induz de forma alguma a se refugiar numa visão religiosa ou moral do mundo, mas incita, pelo contrário, a procurar novos meios de pensamento e de ação.

A expansão do marxismo, no conjunto da esquerda francesa, caminhou por muito tempo lado a lado com uma depreciação do direito em geral e a condenação veemente, irônica ou "científica" da noção burguesa dos direitos do homem. E observemos de passagem, antes de voltarmos a esse ponto, que o marxismo, pelo menos desta vez, não foi infiel à inspiração de seu fundador: sua célebre crítica dos direitos do homem em *A questão judaica*, ainda que se trate de um ensaio de juventude, não foi desmentida nem por suas obras posteriores nem pelas contribuições de seus herdeiros. Desde há pouco o marxismo mudou de tom; ornamenta-se com uma fraseologia liberal enquanto um pequeno número de ideólogos, que antes se apresentavam como guardiães intransigentes da doutrina, voltam-se contra ele. Todos sabem de onde veio o choque. A descoberta da amplitude do sistema concentracionário na União Soviética graças a uma torrente de informações difundidas pelas vítimas do Gulag, entre as quais e primeiramente Soljenitsin, em seguida as iniciativas dos dissidentes no conjunto dos Estados socialistas tirando partido dos acordos de Helsinque para exigir o respeito aos direitos do homem semearam a maior confusão nos espíritos. Esses direitos já não parecem formais, destinados a acobertar um sistema de dominação, mas vemos investir-se neles uma luta real contra a opressão. Nessas circunstâncias, quem desaprova ou condena a repressão nos países do Leste sente-se obrigado a reconhecer-lhes um valor aqui mesmo, no quadro da democracia dita burguesa, e a proclamar que a instauração do socialismo deverá assegurar-lhes a salvaguarda.

No entanto, que ouvimos nos novos discursos em favor dos direitos do homem? Ou estes são definidos como o complemento indispensável de um bom regime, complemento que ainda falta ao socialismo mas que lhe será levado amanhã, ou vêm fornecer a prova de uma independência do espírito ou do coração face às sinistras coerções da política. Enquanto alguns não pensam senão em remodelar o socialismo para que ganhe "um rosto humano", outros não fazem senão invocar a humanidade do homem para defendê-la contra as agressões do Estado – de um Estado maléfico, seja qual for a sua natureza. Tudo se passa como se, do lado marxista, os direitos do homem tivessem permitido redescobrir as virtudes do "suplemento d'alma" e, do lado dos destruidores de ídolos socialistas, tivessem incitado a restabelecer a oposição do indivíduo e da sociedade ou a do homem interior e do homem acorrentado à cidade.

A ação dos dissidentes provocou certamente uma reavaliação dos direitos do homem, mas evitou-se sondar o seu alcance. É verdade que a maioria dos dissidentes declarou que não queria "fazer política", facilitando, assim, a tarefa daqueles que aqui não queriam ouvir. Mas o que significavam aquelas declarações? Que eles não tinham ambições políticas, que não procuravam derrubar o poder estabelecido, nem propor um novo programa de governo, nem criar um partido de oposição, nem opor ao marxismo uma nova doutrina. Seja. Eles só pediam as garantias em vigor nas nações democráticas, sem as quais não há liberdade nem segurança para os cidadãos. Contudo não há a menor necessidade de lhes atribuir intenções ocultas para descobrir o sentido político de sua ação. Pois, a partir do momento em que os direitos por ele exigidos são incompatíveis com o sistema totalitário, é mais do que claro que fazem política, sem ter objetivo, programa, nem doutrina políticas; e torna-se igualmente claro que esses direitos se revelam, através de sua ação, ligados a uma concepção geral da sociedade – do que outrora se denominava a cidade – da qual o totalitarismo constitui precisamente a negação. Observemos que o que há de mais novo na conjuntura desses últimos anos na União Soviética, na Europa do Leste e também na China não são indivíduos protestando contra o arbítrio da polícia, denunciando a sujeição dos tribunais ao Estado, exigindo liberdade definidas, mas sim colocando sua ação sob o signo da defesa dos direitos do homem; o que há de mais novo não é a perseguição que sofrem por suas opiniões, que sejam condenados sem que possam defender-se, mas sim que os direitos do homem se tornem, através deles, o alvo do poder. Além do duro fato da coerção exercida contra indivíduos e grupos, tornou-se assim manifesta uma oposição fundamental entre um modelo de sociedade totalitária (quaisquer que sejam as múltiplas variantes, stalinista ou neostalinista, maoísta ou neomaoísta) e um modelo que implica o reconhecimento dos direitos.

Essa oposição não é pensada por aquilo que se chama da esquerda na França. O Partido Comunista, em várias ocasiões, sobretudo através de Georges Marchais, protestou contra prisões ou condenações de dissidentes.

Particularmente vivas foram suas últimas declarações a respeito dos processos de Praga. Mas quando afirma que os homens não deveriam ser perseguidos por delito de opinião, quem lhe pergunta se a defesa dos direitos do homem é a expressão de uma opinião? E quando proclama sua adesão a esses direitos, quem lhe pergunta quais são as implicações políticas disso? Antes da ruptura da União de esquerda, os socialistas, encantados em apresentar seu aliado como um partido ganho para a causa da democracia, se contentaram em explorar os protestos do Partido Comunista a serviço de sua estratégia eleitoral. Mas era somente por oportunismo? A questão merece ser colocada. Acredito que sua atitude testemunha uma impotência em conceber os direitos do homem a não ser como direitos do indivíduo. Compartilham essa concepção com a maioria da esquerda francesa, quer seja marxista quer seja impregnada de marxismo. De fato, o homem de esquerda não comunista quer-se ao mesmo tempo liberal e socialista. Se liberal, invoca de bom grado os princípios de 1789 (o que não o impede, eventualmente, de admirar Robespierre) e se compraz em imaginar uma feliz *mistura* de socialismo e liberdade. Aí está a explicação para sua cegueira diante do totalitarismo. Pode descobrir, pela leitura de testemunhos cada vez mais numerosos, todos os sinais de um novo sistema de dominação, mas tirando unicamente conclusões sobre o desolador arbítrio dos poderes burocráticos. E ainda que condene os vícios desse sistema, os regimes da União Soviética, da Europa do Leste, da China ou do Vietnã não deixam de lhe aparecer como socialistas (somente o caso do Camboda o deixa perplexo). No fundamento de todos esses julgamentos há a ideia tenaz de que a realidade se define no nível das relações de propriedade e das relações de força: quanto ao direito, quando nele encontra mais do que uma racionalização dessas relações, instala-o no santuário da moral, santuário que cada indivíduo carrega consigo.

Não nos espantemos, pois, com a facilidade com que os comunistas combinam a crítica dos processos contra os dissidentes soviéticos e a defesa de um regime apresentado como "globalmente positivo". Sentem-se à vontade para fazê-lo, pois tomam emprestada uma lógica que não é a sua e habilmente dela se aproveitam. Mas ainda não basta observar que essa lógica comanda o pensamento da esquerda. Quem não vê perfeitamente de que modo se exerce fora de suas fronteiras? Por mais zeloso que seja o pensamento conservador moderno ao exaltar os valores da democracia, não põe em dúvida que relações de propriedade e relações de força constituem a essência da política. Esse pensamento tem certamente por sagradas as liberdades individuais e as garantias dadas à segurança dos cidadãos. Porém distingue cuidadosamente o que depende da moralidade e o que depende da política, isto é, do jogo da competição pelo poder, das necessidades da conservação da ordem estabelecida ou da razão de Estado.

Daí a indiferença geral perante as violações do direito cometidas por homens políticos: admite-se que podem utilizar todos os meios para defender sua posição, assim como parece ser evidente que as relações entre Estados sejam determinadas pelo interesse ou por imperativos de poder. E daí, por exemplo, a ironia com que foi acolhido o escândalo provocado nos Estados Unidos pelo caso Nixon, há alguns anos.

O Partido Comunista encontra-se, assim, ao abrigo das críticas que mais profundamente o atingiram. Quando reprova os métodos de repressão stalinista ou suas sobrevivências, uns se maravilham com suas palavras; outros reprovam-lhe declarações tardias demais, tímidas demais, raras demais; adversários, que os julgam hipócritas, inquietam-se com o seu bom efeito sobre os eleitores liberais. Todavia, ninguém o obriga a dizer se a agressão do poder soviético contra o direito é ou não uma agressão contra o corpo social. A questão não lhe é colocada porque implicaria a ideia de que o direito é constitutivo de política. Ora, na falta dessa ideia, observemos de passagem, nem mesmo se poderia dizer que a defesa de princípio das liberdades individuais seja incompatível com a justificação do stalinismo. Com efeito, basta reduzir os direitos do homem aos dos indivíduos para destacar, à distância deles, uma ordem de realidade *sui generis*. Isso feito, o único problema pertinente consistirá em saber se, nas condições históricas dadas, a conservação do Estado podia ou pode, agora, suportar o exercício de tais direitos e em que medida. Doravante, o fato decide sobre o direito. Em outras palavras: trata-se de examinar se certos métodos coercitivos de governo se deduziam ou se deduzem da necessidade de conservação de um sistema político, o socialismo, ou se eram, e ainda são, um excesso para essas necessidades. Nesse quadro de discussão, os comunistas podem, sem perigo, conceder a seus interlocutores liberais que as prisões arbitrárias por delito de opinião são condenáveis e, sobretudo, os campos de concentração, mas essa condenação é cuidadosamente medida com o critério do realismo, sob a convenção, *admitida por ambas as partes*, de que a violação dos direitos do homem é a violação de direitos individuais, de direitos que não são políticos. Assim lhes é possível demonstrar que os erros de governo de que foram vítimas indivíduos (milhões, seja) não autorizam a pôr em causa a natureza de um Estado, já que esta é distinta da natureza dos indivíduos, já que esse Estado obedece a leis, está sujeito a coerções que lhe são específicas. E lhes é ainda possível afirmar que a definição do stalinismo como figura historicamente determinada do socialismo não poderia ser questionada a partir do exame dos seus chamados excessos, já que estes são apenas os subprodutos de um primeiro excesso da autoridade política que, exigido pelos imperativos de coesão da sociedade, é inatacável. Pouco importa, porém, como se exerce a argumentação dos comunistas. É sempre eficaz, pois eles falam a mesma linguagem de seus parceiros não comunistas ou de seus adversários.

Ora, aqueles que rompem resolutamente com o realismo político para sustentar incondicionalmente a defesa dos direitos do homem não se libertam dessa linguagem, uma vez que essa ruptura é acompanhada de uma pura e simples recusa de pensar o político. Elaboram uma religião da resistência a todos os poderes, fazem dos dissidentes seus mártires modernos. Porém, ao enraizar os direitos no indivíduo, privam-se de conceber a diferença entre totalitarismo e democracia, chegando mesmo a atribuí-la a uma diferença de grau na opressão e, simultaneamente, voltam a dar crédito à concepção marxista que, em seu primeiro momento, tinha justamente denunciado a ficção do "homem abstrato" e desvendado sua função no quadro da sociedade burguesa.

Seguramente é necessário desfazer-se da problemática de Marx se se quiser dar pleno sentido à noção dos direitos do homem. Contudo, é preciso não retroceder aquém de seu pensamento; ao contrário, devemos rememorar sua crítica dos direitos do homem, a qual não era vã, para extirpar o erro ou a ilusão que fundamenta a sua argumentação e faz com que, ainda hoje, se pareça com a dos seus adversários.

Como dissemos, foi em *A questão judaica*[2] que Marx nos deu o essencial de sua interpretação dos direitos do homem; tentemos, pois, interrogá-la. Essa interpretação decorre da convicção de que a representação desses direitos apenas prevaleceu no fim do século XVIII, primeiro nos Estados Unidos e depois na França, para dar uma figura à dissociação dos indivíduos no seio da sociedade e à separação entre essa sociedade atomizada e a comunidade política. "Quem é o homem distinto do cidadão?", escreve Marx. "Apenas o membro da sociedade burguesa. Por que o membro da sociedade burguesa é chamado 'homem'? Homem em si. Por que seus direitos são chamados direitos do homem? Pelo que explicamos esse fato? Pela relação do Estado político com a sociedade burguesa. Pela natureza da emancipação política." E observa ainda: "Os direitos do homem, direitos do membro da sociedade burguesa, são apenas os direitos do homem egoísta, do homem separado do homem e da coletividade". Dessas proposições, tirava Marx uma série de consequências relativas ao estatuto da opinião, sobretudo da opinião religiosa, da liberdade, da igualdade, da propriedade e da segurança. O que dizia ele da opinião? Substancialmente, que é reconhecida como legítima no momento em que parece um equivalente espiritual da propriedade privada. Da liberdade? Que, definida como "o poder que pertence ao homem de fazer tudo que não prejudica o direito do outro", supõe que "cada indivíduo é uma mônada isolada, dobrada sobre si mesma". Da propriedade? Que, definida juridicamente como o direito que pertence a todo cidadão de fruir e dispor à vontade de seus bens, rendas, do fruto do seu trabalho e de sua indústria, faz com que cada homem encontre no outro homem "não a realização mas, ao contrário, o limite da sua liberdade". Da igualdade?

---

[2] A tradução das citações que se seguem foi tirada da edição Aubier Montaigne, 1971.

Que oferece apenas uma nova versão da teoria da mônada. Da segurança, enfim? Que é "o conceito social supremo da sociedade burguesa, o conceito da polícia, segundo o qual toda sociedade existe unicamente para garantir a cada um de seus membros a conservação de sua pessoa, de seus direitos e de sua propriedade". E, em resumo, que "é a garantia de seu egoísmo". Ora, a experiência do totalitarismo lança uma luz sinistra sobre as fraquezas dessa interpretação. O totalitarismo se edifica sobre a ruína dos direitos do homem. Entretanto, o homem se encontra, sob esse regime, dissociado do homem e separado da coletividade como jamais o estivera no passado. Mas não porque supostamente figure o indivíduo natural; não, é porque supostamente figura o homem comunista, porque sua individualidade deve se dissolver num bom corpo político, o povo soviético ou o partido. Dissolução que é ao mesmo tempo a da diferença do homem com o homem e a diferença do homem com a coletividade. Não é porque está circunscrito aos limites de uma vida privada, ao estatuto da mônada, porque goza do direito de ter opiniões, liberdades, propriedades e segurança, mas porque esse gozo lhe é interdito. Enfim, não é porque a sociedade civil presumidamente está dissociada do Estado, mas porque o Estado supostamente detém o princípio de todas as formas de socialização e de todos os modos de atividade.

É verdade que a interpretação de Marx pretende dar conta de um grande acontecimento histórico, a passagem do feudalismo à sociedade burguesa. A seus olhos, o feudalismo designa um tipo de sociedade em que todos os elementos, materiais e espirituais, possuíam um caráter político, estando impressos em conjuntos organicamente ligados com as senhorias, os estamentos, as corporações, os corpos de ofício. Pondo fim a esse sistema, observa Marx, "a revolução política aboliu o caráter político da sociedade civil. Fez explodir a sociedade civil em seus elementos simples, de um lado, os indivíduos, do outro, os elementos materiais e espirituais que formam o conteúdo da vida, a situação desses indivíduos na sociedade civil. Rompeu os liames do espírito político que de alguma maneira estava desmembrado, despedaçado, diluído nos impasses da sociedade feudal. Pôs fim a essa dispersão reunindo-o, libertou-o de sua fusão com a vida civil e constituiu-o em esfera da comunidade, do que concerne ao povo em geral numa independência ideal com respeito a esses elementos particulares na vida civil". Entretanto a análise histórica da passagem do mundo feudal ao mundo burguês escreve-se numa teoria da emancipação humana que determina o sentido daquela análise. Disso nos persuade a obra inteira que evocamos e, em particular, sua conclusão. Marx retém da revolução burguesa o que ele chama de "emancipação política", isto é, a delimitação de uma esfera da política como esfera do universal, à distância da sociedade, ficando esta reduzida, ao mesmo tempo, à combinação de interesses particulares e de existências individuais, decompostos em elementos. Faz dessa emancipação política um momento necessário e transitório no processo da emancipação humana. E visto que esse momento é concebido pela burguesia como exatamente o da realização da emancipação humana, faz dele o momento por excelência da "ilusão política". Nesse sentido, "emancipação" e "ilusão" políticas mostram-se indissociáveis a seus olhos" e "visto que, simultaneamente, os elementos particulares da vida civil se destacam como se fossem independentes, a ilusão política coincide, para ele, com a ilusão da independência desses elementos, ou com a representação ilusória dos direitos do homem que têm por fim mantê-la. Em outros termos, a política e os direitos do homem constituem os dois polos de uma mesma ilusão.

Se é este o arcabouço teórico da análise da revolução democrático-burguesa, estamos autorizados a nos perguntar se ele pode sustentar a da revolução totalitária. Ora, convenhamos que seria necessário revirar a maioria dos termos daquele para dar conta desta. Com efeito, o totalitarismo tende a abolir todos os signos de autonomia da sociedade civil, a negar as determinações particulares que a comporiam. Aparentemente, o *espírito político* se propaga então em toda a extensão do social. O partido, como representante do espírito político, consagra-se a compor uma fusão entre o Estado, que supostamente encarna o povo em geral, e todas as instituições da vida civil. Entretanto, nenhum leitor de Marx, se de boa fé, concluirá que o totalitarismo dá a fórmula do que ele chamava de "emancipação humana". Entre todas as razões que o impedem, retenhamos apenas uma: o processo de destruição da sociedade civil implica um formidável alargamento da esfera do político, mas não certamente a sua desaparição; em outras palavras, a propagação do espírito político é proporcional à consolidação do poder que supostamente representa a comunidade e decide sobre "o que concerne ao povo em geral". À luz de Marx, o totalitarismo aparece como o regime onde a "ilusão política" é levada ao auge, materializada num Estado que detém a onipotência (ou que, ao menos, se esforça para detê-la). Aqui, porém, os direitos do homem são destruídos, apaga-se a relação da "política" e dos "direitos do homem" que Marx fizera dois polos da mesma ilusão. Destarte, impõe-se uma primeira constatação: a problemática de Marx foi posta em xeque pelos acontecimentos do nosso tempo. Mas então se impõe uma segunda: sua crítica dos direitos do homem, alojada na análise da revolução democrático-burguesa, já se encontrava mal fundada. O que não anula necessariamente o conjunto da crítica. Aquele que se apressasse em afirmá-lo negligenciaria, entretanto, um fato notável: Marx limita-se várias vezes a comentar, parafraseia mesmo, textos extraídos das Constituições americanas ou das Declarações de 1791 ou de 1793. É preciso levar os detratores de Marx a maior moderação, campeões dos direitos do homem que nada querem saber sobre a ambiguidade desses direitos, nada querem conservar das formulações que se prestavam ou se prestam ainda às objeções, não apenas de Marx ou dos marxistas, como também daqueles que não se satisfazem em fazer do egoísmo a regra de conduta dos homens em sociedade. Com efeito, grande número dessas formulações, na Declaração de 1791, que serviu de modelo na Europa, dá crédito à imagem de um indivíduo soberano cujo poder de agir ou empreender, de falar ou escrever, de possuir, seria limitado apenas pelo de outros indivíduos para exercê-lo igualmente. Além disso, não é arbitrário considerar o direito de propriedade, enunciado no último artigo, único qualificado de sagrado, com sustentáculo de todos ou outros. Do mesmo modo, o que deveria suscitar nossas críticas não é tanto o que Marx lê nos direitos do homem, mas o que ele é impotente para aí descobrir. Com efeito, Marx cai e nos joga numa armadilha que em outras ocasiões e para outros fins foi bastante hábil em desmontar: a da ideologia. Deixa-se aprisionar pela versão ideológica dos direitos, sem examinar o que significam na prática, que reviravolta fazem na vida social. E, por isso, torna-se cego ao que no próprio texto da Declaração aparece à margem da ideologia.

Voltemos a esse texto. Seja o argumento que o artigo sobre a liberdade lhe inspira. O artigo estipula: "a liberdade consiste em poder fazer tudo que não prejudica outro". Marx comenta: esse direito faz do homem uma "mônada", não está fundado sobre a relação do homem com o homem, mas, ao contrário, sobre a separação do homem com o homem: "de direito ele está votado a essa separação, o direito do indivíduo limitado a si mesmo". Assim, ele circunscreve a função negativa "não prejudicar" subordinando-lhe a função positiva "poder fazer tudo que...", sem levar em conta que toda ação humana, no espaço público, seja qual for a constituição da sociedade, liga necessariamente o sujeito a outros sujeitos. Sendo esse vínculo um dado primeiro que não depende de mecanismos institucionais ou políticos ou, o que dá no mesmo, o isolamento, o monadismo do indivíduo sendo estritamente impensáveis – visto que mesmo onde ele está de fato separado de seus semelhantes ainda se trata de uma modalidade de sua relação com os outros –, a única questão deveria ser esta: nessa ou naquela sociedade – nessa ou naquela formação social – quais são os limites impostos à ação de seus membros, as restrições ao seu estabelecimento, ao seu deslocamento, a que frequente certos lugares, à sua entrada em certas carreiras, à mudança de suas condições, ao seu modo de expressão e de comunicação? Em vez de colocá-la, Marx, estranhamente, ignora a supressão das múltiplas interdições que pesavam sobre a ação humana antes da revolução democrática, sob o Antigo Regime, ignora o alcance prático da Declaração dos Direitos, cativo da imagem de um poder ancorado no indivíduo e podendo se exercer apenas até encontrar o poder de outrem. Ele não a inventa, certamente. Essa imagem desponta no artigo sobre a liberdade; é verdade; mas não é menos verdade que ela mascara um novo modo de acesso ao espaço público. No entanto, quão mais significativa é a resistência de Marx em apreciar os dois artigos relativos à liberdade de opinião dos quais o segundo é, entretanto, o mais preciso possível. Na verdade, não os comenta na passagem consagrada ao exame dos direitos do homem, e essa omissão mesma merece ser assinalada, pois testemunha seu preconceito; mas, no essencial, o argumento de *A questão judaica* é destinado a demonstrar, contra a tese de Bauer, que o direito a exprimir convicções religiosas – mesmo as dos judeus, que imaginam pertencer a um povo à parte, cujas crenças estão aparentemente em contradição com o fato de pertencerem a uma comunidade política –, esse direito manifesta apenas a cisão advinda, santificada pelos direitos do homem entre o elemento individual, particular, privado, constitutivo da sociedade civil, e a vida do Estado, entre o membro da sociedade burguesa e o cidadão. Seguramente não há porque deduzir desse argumento que Marx seja contra a liberdade religiosa, nem mesmo, como alguns imprudentes ou tolos sustentaram, que se mostra antissemita. Porém deve-se convir que a liberdade de consciência é, a seus olhos, apenas o indício mais eloquente da ficção democrática – ficção que marca, repitamos, um momento necessário, porém transitório, da emancipação humana. Ora, que dizem os artigos que o autor silencia? Recordemos. O artigo 10: "Ninguém pode ser hostilizado por suas opiniões, mesmo religiosas, desde que sua manifestação não perturbe a ordem pública estabelecida pela lei". O artigo 11: "A livre comunicação dos pensamentos e das opiniões é um dos direitos mais preciosos do homem, podendo pois todo cidadão falar, escrever, imprimir livremente, ficando sujeito a responder pelo abuso dessa liberdade nos casos determinados pela lei". Precisaria Marx estar obcecado por seu esquema da revolução burguesa para não ver que a liberdade de opinião é uma liberdade de relações, como é dito neste caso, uma liberdade de comunicação? De acordo, em outros escritos de juventude ele defendeu a liberdade de imprensa. Porém, não é nosso assunto examinar as variações do seu pensamento; importa-nos apenas a coerência de uma argumentação cujos efeitos sempre podemos medir, em nossa época, naqueles que não têm certamente as intenções generosas do fundador. Ora, a crítica toma como alvo a representação burguesa de uma sociedade composta de indivíduos, visa a representação da opinião como propriedade privada do indivíduo entendido como indivíduo pensante. Essa representação se deixa bem apanhar, porém não é adequada ao sentido da transformação que advém, nem mesmo pode traduzir-se na linguagem da declaração sem ser desmentida. Supondo que o primeiro dos dois artigos mencionados não exceda a metáfora da propriedade, o segundo, com efeito, dá a entender que é direito do homem, um dos seus direitos mais preciosos, sair de si mesmo e ligar-se aos outros pela palavra, pela escrita, pelo pensamento. Melhor, dá a entender que o homem não poderia ser legitimamente confinado aos limites do seu mundo privado, que tem por direito uma palavra, um pensamento públicos. Ou, melhor ainda, como essas últimas fórmulas correm o risco de reduzir a comunicação às operações de seus agentes, os indivíduos, definidos um a um como exemplares do homem em si, digamos que o artigo dá a entender que há uma comunicação, uma circulação dos pensamentos e das opiniões, das palavras e dos escritos que escapam por princípio, salvo nos casos especificados pela lei, à autoridade do poder. Na afirmação dos direitos do homem trata-se da independência do pensamento e da opinião face ao poder, da clivagem entre poder e saber e não somente, não essencialmente, da cisão entre o burguês e o cidadão, entre a propriedade privada e a política. Por que Marx não via isso? Por que encontrava na legitimação da opinião apenas o indício de uma ficção que converte o homem em mônada? Por que, visto que sabia melhor que muitos outros que, na realidade, a sociedade não era redutível a uma justaposição de indivíduos e, consequentemente, era capaz de compreender que os direitos imputados aos indivíduos se inscreviam num registro social do qual o discurso burguês não podia dispor a seu bel-prazer? Deixemos a questão em suspenso por um momento para voltarmos ao debate do nosso tempo sobre a liberdade de opinião.

Nos Estados socialistas não são os direitos individuais que se encontram violados quando os homens são condenados por delito de opinião. E não se trata de erros nem de enganos, nem de golpes acidentais na legalidade que dependeriam de um exercício defeituoso do poder. Esses acontecimentos testemunham um modo de constituição da sociedade, a especificidade de seu sistema político. A vocação do poder totalitário é, com efeito, levar o pensamento e a palavra públicos de volta a seu polo; cercar o espaço público – certamente um objetivo impossível de atingir e para o qual apenas tende – para convertê-lo em seu espaço privado: espaço que coincidiria idealmente com o "corpo" do povo soviético e que seria só dele ao mesmo tempo que definiria a sua lei de organização. Deveríamos, assim, inverter o argumento comum: quando os burocratas soviéticos deixam, por um momento, publicar os depoimentos dos antigos prisioneiros do Gulag ou toleram que Sakharov se exprima perante jornalistas estrangeiros, é aí que há violação de um princípio, o princípio totalitário, e que talvez haja erro ou engano. Em todo caso, há um cruel compromisso com o princípio de realidade. Mas, quando os direitos do homem são violados, a violação existe apenas aos olhos das vítimas; o poder age conforme a essência do regime; não cede ao arbítrio, não experimenta qualquer retorno da febre stalinista, não dá uma lição aos opositores – não é o medo do povo que lhe ordena, como aos tiranos, fazer medo ao povo – não, simplesmente a lógica do sistema lhe proíbe acolher qualquer opinião que dê sinal de uma exterioridade da vida social com relação ao poder ou de uma alteridade no social.

Voltemos a Marx – Marx que tinha sob os olhos apenas a sociedade burguesa, Marx que punha toda a sua energia em conceber "a emancipação humana" e a quem não sonharíamos em fazer o reparo de tolice ou hipocrisia. De onde vem sua cegueira perante os direitos do homem? De onde vem sua captura pela ideologia burguesa dos direitos do homem? Tiremos melhor a medida dessa cegueira: ele ironiza a segurança fundamentando-se num artigo da Constituição de 1795: "A segurança é o conceito social supremo da sociedade burguesa, o conceito da polícia segundo o qual a sociedade existe apenas para garantir a cada um de seus membros a conservação de sua pessoa, de seus direitos e de suas propriedades". De fato o comentário altera o sentido do texto.

Este estipula que a segurança consiste na proteção concedida pela sociedade para conservação de cada um de seus membros, etc. Não menos notável é a negligência da Declaração de 1791 que, por outro lado, ele explora abundantemente, e cujos artigos são os mais precisos. Artigo 7: "Nenhum homem pode ser acusado, preso, detido a não ser nos casos determinados pela lei e nas formas por ela prescritas. Quem solicitar, expedir, executar ou mandar executar ordens arbitrárias deve ser punido; porém todo cidadão chamado ou preso em nome da lei deve obedecer imediatamente: torna-se culpado de resistência". Artigo 8: "A lei não deve senão estabelecer penas estrita e evidentemente necessárias; e ninguém pode ser punido a não ser em nome de uma lei estabelecida e promulgada anteriormente ao delito e legalmente aplicada". Artigo 9: "Todo homem é considerado inocente até que tenha sido declarado culpado; caso se julgue indispensável prendê-lo, todo rigor desnecessário à vigilância de sua pessoa deve ser severamente reprimido pela lei".

Que o leitor me perdoe por lembrar-lhe textos por demais conhecidos, mas é bom confrontá-los com a interpretação de Marx. Este não se inquieta em demonstrar que os princípios enunciados são transgredidos na prática, nem mesmo que seu enunciado pode autorizar a transgressão. Em suma, não opõe forma e conteúdo como fará, por exemplo, em *O 18 Brumário*, analisando a Constituição de 1848. Ignora a função reconhecida da lei escrita; o estatuto que ela adquire na sua separação da esfera do poder, estatuto que a põe ao abrigo da exploração das circunstâncias por legisladores submetidos à pressão dos governantes e lhe confere a autoridade necessária para aplicar-se a estes mesmos ou a seus agentes. Rebaixa a lei ao nível da realidade empírica concebida como realidade das relações individuais, e assim faz dela um artifício destinado à conservação delas. Ora, direis, Marx denuncia a definição utilitarista da lei que tem por fundamento a ideia do homem egoísta. Certamente. Porém, no mesmo movimento, explora-a fundando sua própria crítica na ideia da vida genérica ou do ser genérico. Longe de limitar-se a rejeitar uma interpretação burguesa da lei, apaga a dimensão da lei como tal. O direito, ao qual se refere a Declaração, a seus olhos só tem o sentido que ele lhe atribui na representação burguesa. É necessário ainda insistir em lembrar: Marx não pensa certamente em defender as prerrogativas do poder, em liberá-lo de todo entrave, em pôr os indivíduos à sua mercê; dedica-se a conceber uma sociedade libertada da opressão e da exploração do homem pelo homem; mas, nessa sociedade, não dá lugar a nenhuma instituição determinada, nem aos direitos do homem, porque os homens lhe parecem, então, imediatamente imersos na vida social, numa vida plenamente humana, ou porque lhe parecem respirar o mesmo ar de liberdade. Tal visão impede Marx, por exemplo, de pôr os olhos na fórmula "todo homem é considerado inocente até que tenha sido declarado culpado" e de nela reconhecer uma aquisição irreversível do pensamento político. Ignora-a porque essa fórmula supõe que há inocentes, culpados e terceiros, susceptíveis de confundir arbitrariamente uns e outros ou de saber distingui-los; porque ela supõe distinções que não são da ordem da vida, mas simbólicas. Sem dúvida, aparece para Marx, a ponto de cegá-lo, como muito mais impressionante que a garantia dada ao inocente, a noção de culpabilidade, a imagem de uma posição de onde são enunciados o verdadeiro e o falso, o justo e o injusto, posição que faz aparecer, ao mesmo tempo em conjunção e disjunção, poderio e justiça.

Não nos deixemos, pois, enganar pelo processo da sociedade burguesa como sociedade do egoísmo. É verdade que em Marx a crítica dos direitos do homem é guiada pelo pensamento de uma decomposição da sociedade em indivíduos, decomposição que seria efeito do desencadeamento dos interesses privados, da dissolução dos vínculos de dependência que eram ao mesmo tempo econômicos, sociais e políticos e formavam conjuntos quase orgânicos; Marx, porém, compartilha esse pensamento com grande número de seus contemporâneos, está no coração do discurso conservador, anti-individualista e antiburguês; encontramo-lo mesmo nos escritos de liberais. Sabemos, enfim, que elaboração encontrou em Hegel, a quem Marx se refere expressamente em *A questão judaica*. Inútil assinalar o que distingue Marx de Burke ou de Bonald, de Maistre ou de Guizot, de Hegel ou de Tocqueville e o que o aproxima deles; a nosso ver, o que lhe pertence propriamente – e que, paradoxalmente, lhe permitirá talvez decifrar uma realidade que os outros ignoram ou apenas entreveem, a das relações de produção e das relações de classes – é sua rejeição do político (e quão sensível), antes mesmo de ter conquistado seu domínio de interpretação. A crítica do indivíduo exerce-se imediatamente nos horizontes de uma teoria da sociedade na qual se encontram abolidas a dimensão do poder e, com esta, a dimensão da lei e a do saber (dando a esse termo a sua mais ampla acepção, abarcando opiniões, crenças, conhecimentos). Tal teoria não permite conceber o sentido da mutação histórica na qual o poder se encontra confinado a limites e o direito plenamente reconhecido em exterioridade ao poder: essa dupla aventura torna-se ilegível, simples sinal de ilusão.

Contudo, a ilusão não está na sociedade onde Marx a precipita, está no seu próprio espírito, condenando-o a uma reconstrução imaginária da formação do Estado moderno. Lembrávamos que faz desse Estado o complemento da sociedade burguesa, para opor o novo sistema ao do feudalismo. Ora, é sua recusa em pensar o político que o impede de examinar a filiação que seria necessário analisar, a do Estado monárquico – um Estado que desde muito antes da revolução se afirmou arruinando a organização e o espírito do feudalismo. Se o tivesse feito não teria nunca podido dizer que o advento do Estado democrático marcava o momento da instituição de uma "comunidade ideal". Teria sido obrigado a admitir que a figura da Nação, a do Povo, a da instância que garante sua unidade se esboçam desde o século XIV, que a clivagem entre o universal e o particular, de que fala, se opera pela primeira vez na Europa como consequência da formação da monarquia apoiada sobre uma teoria da soberania e não como consequência do parcelamento dos interesses privados; teria sido obrigado a admitir que longe do Estado sair da emancipação da sociedade burguesa, extraindo-se do mundo feudal, foi muito mais o estabelecimento de reinos territoriais, unificados pela vassalagem comum dos súditos ao monarca e pouco a pouco nivelados pelo poder estatal, que criou as condições para o desenvolvimento da burguesia. E, a partir daí, teria sido conduzido, na esteira de Hegel, a interrogar-se sobre a modalidade da divisão Estado-sociedade, ao mesmo tempo que sobre a da divisão das classes e sobre a da articulação do poder e do direito. O fato é que tão logo nos engajamos numa tal interrogação, o primeiro desenvolvimento do Estado democrático e a instituição dos direitos do homem se iluminam com nova luz. Pois, se marcam uma mutação do político, esta se opera nas fronteiras singulares de uma história que é a do Estado de direito. Como esquecer que esse Estado se instituiu, por um lado, graças a uma secularização dos valores cristãos – e, num primeiro tempo, a uma transferência da representação do Cristo mediador entre Deus e os homens para a do rei mediador entre a comunidade política e seus súditos –, por outro lado, graças a uma reelaboração religiosa da herança romana, à transcrição numa problemática da transcendência e à mediação de valores jurídico-racionais que sustentavam já uma definição da soberania do povo, do cidadão, da distinção do público e do privado, etc. Face a essa história, que significa a "revolução política" moderna? Não a dissociação da instância do poder e da instância do direito, pois esta estava no princípio do Estado monárquico, mas um fenômeno de desincorporação do poder e de desincorporação do direito acompanhando a desaparição do "corpo do rei", no qual se encarnava a comunidade e se mediatizava a justiça; e, simultaneamente, um fenômeno de desincorporação da sociedade, cuja identidade, apesar de já figurada na nação, não se separava da pessoa do monarca.

Em vez de falar da "emancipação política" como do momento da ilusão política, melhor seria, pois, perscrutar o acontecimento sem precedentes constituído pelo desintrincamento do poder e do direito, ou, se bem apreciamos o que o direito põe em jogo, o desintrincamento simultâneo do princípio do poder, do princípio da lei e do princípio do saber. Desintrincamento não quer dizer cisão; ou, se o termo cisão convém, é com a condição de não apagar o modo de articulação que se institui como efeito da ruptura. O poder não se torna estranho ao direito, pelo contrário, sua legitimidade é mais que nunca afirmada, torna-se mais que nunca o objeto do discurso jurídico e, da mesma maneira, sua racionalidade é mais que nunca examinada. Porém, doravante, a noção de direitos do homem dá sinal em direção a um foco indomável; nele o direito vem figurar *vis-à-vis* do poder uma exterioridade indelével. Sem dúvida, o príncipe, no Estado monárquico cristão, precisava respeitar direitos múltiplos e particulares que eram direitos adquiridos – por exemplo, os do clero, da nobreza, das cidades e dos Estados, das corporações –, e tratava-se de direitos que dependiam de uma espécie de pacto, que se enraizavam num passado cuja memória ele não tinha a faculdade de abolir. Mas esses direitos, esse pacto, supostamente constituíam a própria monarquia de tal maneira que o príncipe estava-lhes submetido apenas porque se conformava à sua própria natureza, como por um exercício de sua liberdade, como se os carregasse em si mesmo, como se tivesse contratado apenas consigo mesmo. Limitado, o poder do príncipe, contudo, não conhecia limites de fato, na medida em que o direito parecia consubstancial à sua pessoa. Submetido ao direito no sentido de que a origem deste se encontrava em Deus ou na Justiça, seu poder estendia-se, entretanto, para além de toda fronteira na medida em que se ocupava apenas consigo mesmo nas relações que mantinha com seus súditos. É, pois, todo um outro modo de exterioridade ao poder que se instaura a partir do momento em que não há mais ancoradouro para o direito.

Essa última fórmula pode parecer extremada. Um novo ancoradouro é fixado: o homem. E fixado, além disso, em virtude de uma Constituição escrita: o direito encontra-se categoricamente estabelecido na natureza do homem, uma natureza presente em cada indivíduo. Mas que ancoradouro é este? Tão logo posta a questão nos defrontamos com um triplo paradoxo. Primeira figura do paradoxo: a sociedade é concebida doravante como uma sociedade de homens livres e iguais, sociedade idealmente una nesse sentido e homogênea. Entretanto, dissemos, para além do enunciado dos direitos naturais e no seu próprio enunciado, uma mutação essencial é indicada, pois essa sociedade revela-se doravante impossível de ser circunscrita, pelo fato de que não poderia se relacionar consigo mesma em todos os seus elementos e representar-se como um só corpo, uma vez que foi privada da mediação de um poder incorporado. Em outras palavras, acham-se reconhecidos modos de existência, modos de atividade, modos de comunicação cujos efeitos são indeterminados; e, pela mesma razão, saem da órbita do poder. Segunda figura do paradoxo: os direitos do homem são enunciados; eles o são como direitos que pertencem ao homem; porém, simultaneamente, o homem aparece através de seus mandatários como aquele cuja essência é enunciar seus direitos. Impossível separar o enunciado da enunciação a partir do momento que ninguém poderia ocupar o lugar, à distância de todos, de onde teria autoridade para outorgar ou ratificar direitos. Assim, os direitos não são simplesmente o objeto de uma declaração, é de sua essência declarar-se. Terceira figura do paradoxo: os direitos do homem aparecem como os dos indivíduos, os indivíduos aparecem como tantos soberanozinhos independentes, cada qual reinando sobre seu mundo privado, como tantas microunidades desfeitas do conjunto social; mas essa representação destrói outra: a de uma totalidade transcendente às suas partes. Leva a descobrir uma dimensão transversal das relações sociais das quais os indivíduos são os termos, mas que conferem a estes sua identidade tanto quanto são produzidas por eles. Por exemplo, o direito de um de falar, escrever, imprimir livremente implica o de outro de ouvir, ler, conservar e transmitir a coisa impressa. Em virtude do estabelecimento dessas relações, constitui-se uma situação na qual a expressão é suscitada, na qual a dualidade do falar e do ouvir no espaço público é multiplicada em vez de se imobilizar na relação de autoridade ou de se confinar em espaços privilegiados. Mesmo considerando as garantias enunciadas sobre o princípio da segurança, não poderíamos nos ater à ideia de uma proteção do indivíduo. É necessário dizer novamente que se encontram assim postas em xeque a noção de uma sociedade que englobaria, ou melhor, incluiria os homens como membros e a de um órgão que decidiria sobre seus próprios movimentos. Mais uma vez encontra-se desfeita a imagem de uma absorção do particular pelo espaço social.

Tiremos as consequências desses paradoxos. Uma vez declarados os direitos do homem diz-se que surge a ficção do homem sem determinação. Toda crítica de inspiração marxista, mas também conservadora, precipita-se sobre essa frágil cidadela para demoli-la. Joseph de Maistre proclamava assim: encontrei italianos, russos, espanhóis, ingleses, franceses, não conheço o homem; e Marx julgava que só havia homens concretos, histórica e socialmente determinados, modelados por sua condição de classe. Com menos talento grande número de nossos contemporâneos continua a zombar do humanismo abstrato. Ora, a ideia de homem sem determinação não se dissocia da do *indeterminável*. Os direitos do homem reenviam o direito a um fundamento que, a despeito de sua denominação, não tem figura, dá-se como interior a ele e nisso se dissimula perante todo poder que pretendesse se apoderar dele – religioso ou mítico, monárquico ou popular. Consequentemente, há neles excesso face a toda formulação efetivada: o que significa ainda que sua formulação contém a exigência de sua reformulação ou que os direitos adquiridos são necessariamente chamados a sustentar direitos novos. Enfim, a mesma razão faz com que não sejam confináveis a uma época, como se sua função se esgotasse na função histórica que viriam preencher a serviço da ascensão da burguesia, e que não poderiam ser circunscritos *na* sociedade, como se seus efeitos fossem localizáveis e controláveis.

A partir do momento que os direitos do homem são postos como referência última, o direito estabelecido está destinado ao questionamento. Ele é sempre mais questionável à medida que vontades coletivas ou, se se prefere, que agentes sociais portadores de novas reivindicações mobilizam uma força em oposição à que tende a conter os efeitos dos direitos reconhecidos. Ora, ali onde o direito está em questão, a sociedade, entenda-se a ordem estabelecida, está em questão. Por mais eficazes que sejam os meios de que dispõe uma classe para explorar em proveito próprio e denegar às outras as garantias do direito, ou aqueles de que dispõe o poder para subordinar a si a administração da justiça ou sujeitar as leis aos imperativos da dominação, esses meios permanecem expostos a uma *oposição de direito*. Esse último termo, me parece, deveria ser bem pesado. O Estado de direito sempre implicou a possibilidade de uma oposição ao poder, fundada sobre o direito – oposição ilustrada pelas admoestações ao rei ou pela recusa em submeter-se ao imposto em circunstâncias injustificáveis, até mesmo pelo recurso à insurreição contra um governo ilegítimo. Mas o Estado democrático excede os limites tradicionalmente atribuídos ao Estado de direito. Experimenta direitos que ainda não lhe estão incorporados, é o teatro de uma contestação cujo objeto não se reduz à conservação de um pacto tacitamente estabelecido, mas que se forma a partir de focos que o poder não pode dominar inteiramente. Da legitimação da greve ou dos sindicatos ao direito relativo ao trabalho ou à segurança social, desenvolveu-se assim sobre a base dos direitos do homem toda uma história que transgredia as fronteiras nas quais o Estado pretendia se definir, uma história que continua aberta.

É necessário precisar que nada nessas observações invalida as críticas justamente levantadas contra a aplicação de fato dos direitos do homem – mais geralmente contra a elaboração de fato das leis que pretensamente neles se inspiram – ou mesmo contra a representação que leva a acreditar numa liberdade e numa igualdade que valeriam para todos, para além dos acidentes da vida social. Enquanto essas críticas se exercem sobre o terreno dos fatos, atingem sua finalidade, quer denunciem os vícios da legislação nesse ou naquele campo, as iniquidades no funcionamento da justiça, opondo-se aos interesses e às paixões que as comandam, quer desmontem os mecanismos graças aos quais a opinião é manipulada ou fabricada, quer mostrem como a sacralização da propriedade é eficaz para mascarar a oposição do Capital e do Trabalho. Era nosso propósito apenas pôr em evidência a dimensão simbólica dos direitos do homem e levar a reconhecer que ela se tornou constitutiva da sociedade política. Parece-me que querer ignorá-lo, conservar somente a subordinação da prática jurídica à conservação de um sistema de dominação e de exploração, ou confundir o simbólico e o ideológico, impede ver a lesão do tecido social que resulta da denegação do princípio dos direitos do homem no totalitarismo.

Podemo-nos arriscar a repor agora a questão da qual tínhamos partido. Mas talvez seja conveniente reformulá-la mais prudentemente: a luta pelos direitos do homem torna possível uma nova relação com a política? – preferiríamos assim perguntar para sugerir que se trata somente de interrogar-se a respeito das condições de um pensamento e de uma ação políticos em ruptura com a ideologia.

Parece que se deve dar uma resposta positiva a essa questão e sustentá-la sem hesitar face às sociedades democráticas em que vivemos. Impossível, com efeito, limitar o argumento à observação do totalitarismo, como parecíamos fazer de início. Ali, vemos bem que os direitos do homem são anulados e que, lutando para fazê-los reconhecer, dissidentes atacam o fundamento político do sistema. Porém seria alimentar ainda um equívoco afirmar: aqui onde estamos esses direitos existem. Com efeito, quanto mais estivermos fundados para julgar que é da essência do totalitarismo recusá-los, tanto mais devemos abster-nos de lhes conferir uma *realidade* na nossa própria sociedade. Esses direitos são um dos princípios geradores da democracia. Tais princípios não existem à maneira de instituições positivas das quais podemos, de fato, inventariar os elementos, mesmo que seja certo que animam instituições. Sua eficácia provém da adesão que lhes é dada, e essa adesão está ligada a uma maneira de ser em sociedade cuja medida não é fornecida pela simples conservação das vantagens adquiridas. Em suma, os direitos não se dissociam da consciência dos direitos: esta é nossa primeira observação. Mas não é menos verdade que essa consciência dos direitos se encontra tanto melhor partilhada quando são declarados, quando o poder afirma garanti-los, quando as marcas das liberdades se tornam visíveis pelas leis. Assim, a consciência do direito e sua institucionalização mantêm uma relação ambígua. Esta implica, por um lado, a possibilidade de uma ocultação dos mecanismos indispensáveis ao exercício efetivo dos direitos pelos interessados, em decorrência da constituição de um corpo jurídico e de uma casta de especialistas; por outro lado, fornece o apoio necessário à consciência do direito. De resto, vemos até sob a dominação totalitária, particularmente na União Soviética, que utilização os dissidentes souberam fazer das leis estabelecidas e da Constituição, a despeito de seus vícios. Observação que sozinha mereceria todo um desenvolvimento, pois ensina que, numa sociedade moderna, a partir do momento em que os fundamentos religiosos do direito são destruídos, o poder pode denegar o direito, porém é incapaz de se privar de sua referência. Entretanto, já que falamos da sociedade democrática, observemos que a dimensão simbólica do direito se manifesta ao mesmo tempo na irredutibilidade da consciência do direito a toda objetivação jurídica, o que significaria sua petrificação num corpo de leis, e na instauração de um registro público em que a escrita das leis – como escrita sem autor – só tem por guia o imperativo contínuo de um deciframento da sociedade por ela mesma.

Desse ponto de vista, reenviar o problema do direito aos termos da crítica marxista, opor a forma e o conteúdo, denunciar a linguagem que transpõe e mascara as relações burguesas e a realidade econômica que seria o fundamento dessas relações significa, ignorando essa dimensão simbólica, privar-se dos meios de compreender os sentidos das reivindicações cuja finalidade é a inscrição de novos direitos, assim como as mudanças que se operam na sociedade e, não menos, na representação social da diferença dos modos de existência legítimos graças à disseminação dessas reivindicações; significa, enfim, manter intacta a imagem do poder de Estado na convicção tenaz de que somente a sua conquista seria a condição do novo. Podemos medir essa cegueira e também as tarefas de uma política dos direitos do homem quando se considera quer as transformações que afetam a sociedade francesa, quer os modos de contestação que ela viu nascer desde a última guerra e, bem mais ainda, desde 1968. A impotência em pensá-los politicamente, mais mascarada que provocada pelo medo de elevar o crédito do regime, tem este estranho resultado: quer se trate da família, da mulher, da criança ou da sexualidade; quer se trate da justiça, da função dos magistrados, da condição dos detentos; quer se trate do emprego, da gestão das empresas, do estatuto dos agricultores ou da defesa da propriedade dos camponeses contra a intrusão do Estado; quer se trate da proteção da natureza, vimos tanto a legislação se modificar, quanto surgirem novas reivindicações que, apesar de seu fracasso, testemunham novas exigências coletivas e que, pela acolhida que receberam, testemunham uma nova sensibilidade social a essas exigências. E, no entanto, os partidos ou as pequenas vanguardas de esquerda nada souberam fazer de melhor a não ser explorar febrilmente os sinais dessas transformações e exigências a serviço de sua estratégia, introduzi-las a título de ingredientes no seu programa tradicional, sem cessar de proclamar que apenas o socialismo tinha o poder de mudar a vida.

Ora, não é em nome de seus direitos que operários e empregados contestam a uma direção de empresa o direito de privá-los de emprego, que se encorajam até a assegurarem para si a gestão da empresa, como no caso da Lip, que se rebelam, aqui e acolá, contra as condições de trabalho que lhes são impostas, que exigem novas medidas de segurança; não é em nome de seus direitos que camponeses, os do Larzac, por exemplo, resistem a uma expropriação julgada indispensável pelo poder de Estado; não é ainda em nome de seus direitos que mulheres pretendem que sua condição seja reconhecida em igualdade à dos homens, que homossexuais se insurgem contra as proibições e contra a repressão de que são objeto, ou que os consumidores se coligam, ou ainda que habitantes das cidades e do campo pretendem opor-se à devastação do meio natural? Esses direitos diversos não se afirmam devido a uma consciência do direito, sem garantia objetiva e, igualmente, em referência a princípios publicamente reconhecidos que, em parte, se imprimiram nas leis e que se trata de mobilizar para destruir os limites legais contra os quais se chocam? E, enfim, não se vê que sob o impulso desses direitos a trama da sociedade política tende a modificar-se ou aparece cada vez mais como modificável?

Se procurarmos conceber uma nova relação com o político, devemos começar por reconhecer que ela se esboça sob nossos olhos. Por isso, a primeira tarefa não é inventar; é interpretar, elevar à reflexão uma prática que não é certamente muda, mas que, necessariamente difusa, ignora seu alcance na generalidade do social e cujas formações políticas não podem, por natureza, extrair a verdade, que elas se empenham somente em utilizar e, em parte, não sem sucesso, em desarmar. Que há de novo no caráter e no estilo dessas reivindicações? Em primeiro lugar, não fazem esperar uma solução global dos conflitos pela conquista ou a destruição do poder estabelecido. Seu objetivo último não é essa famosa derrubada que colocava os dominados em posição de dominantes e preparava a dissolução do Estado. Não pensemos que a existência do poder seja por isso ignorada. Em certo sentido, é o contrário que é preciso reconhecer. Que se considere, por exemplo, a forma que adquiriram desde há pouco as lutas contra as demissões em massa e nos enganaríamos se quiséssemos reduzi-las à sua significação econômica; elas valorizam um direito social ao trabalho cuja noção é, aliás, muito antiga, mas que ganha um novo vigor face à potência adquirida pelo poder de Estado. Este pode cada vez menos impunemente deixar a particulares, por mais poderosos que sejam, a inteira faculdade para decidir sobre a sua estratégia ao sabor das circunstâncias e das relações de forças. Está por demais implicado na gestão da produção nacional, diretamente como empresário e indiretamente como regulador do sistema econômico e estabilizador dos conflitos sociais, e por demais dependente de coerções de todo tipo criadas pela sua inserção no mundo. Assim, vemos formar-se um *poder social* no qual se combina em torno do poder político uma multiplicidade de elementos, aparentemente distintos e cada vez menos formalmente independentes. Ora, é esse poder social que vem abalar o direito ao emprego, tal como se articula em reivindicações dispersas, surgidas em um ramo da produção, uma região, uma localidade ou alguma empresa resolvida a livrar-se de seus trabalhadores supérfluos. À legalidade de iniciativas patronais ou burocráticas, de que o Estado, segundo a imagem convencional, supostamente garante o exercício, como se estivesse instalado acima das partes, opõe-se uma ideia nova do que é socialmente legítimo: ideia de uma tal força que às vezes dá ao protesto um caráter próximo da insubmissão enquanto os símbolos da autoridade são de preferência tomados como alvo (como constatamos pela ocupação do espaço "sagrado" da direção na empresa ou pelo sequestro de seus representantes). A maneira pela qual a legalidade é recusada no decorrer das manifestações assinala a contestação de uma legitimidade estabelecida; tende a fazer aparecer a presença do poder social ali onde ele existia, embora invisível. E, no mesmo lance, tende a fazer aparecer um polo do direito do qual o poder corre o risco de ser dissociado. O Estado pode sempre, sem dúvida, prevalecer-se do monopólio da violência legítima e recorrer a seus meios tradicionais de coerção. Ele o faz aqui e quando o perigo lhe parece suficientemente circunscrito. Porém são notáveis as concessões do governo; é porque, a partir do momento em que o Estado penetra mais no detalhe da vida social, o fundamento legítimo da violência parece cada vez mais ameaçado, o risco que comporta o uso da violência sempre mais forte. Uma violência que apenas se exercesse ao rés da legalidade teria como consequência minar a base do regime. A partir desse exemplo podemos medir as contradições que a democracia contém na nossa época e apreciar as oportunidades de mudança que oferece. A acentuação das coerções que pesam de alto a baixo sobre o detalhe das atividades e das relações sociais é inegável. Porém, simultaneamente, propagam-se, por assim dizer, transversalmente, reivindicações que não são simples sinais de resistência de fato a essas coerções, mas que testemunham um sentido difuso da justiça e da reciprocidade ou da injustiça e da ruptura da obrigação social. Eis porque uma exclusão do circuito do emprego aparece aos indivíduos como muito mais que um prejuízo, muito mais que um sinal do poderio arbitrário do patronato: como uma denegação do direito, de um direito social.

Procurar-se-iam em vão nas lutas suscitadas pela crise da siderurgia, por exemplo – anteriormente pela da relojoaria ou do têxtil –, os primeiros indícios de uma situação revolucionária ou apenas de uma reviravolta política que levaria ao poder os partidos que reivindicam o socialismo. Ainda que estes últimos possam tirar benefício disso (e viu-se pela derrota da união de esquerda quanto essa hipótese é precária), há motivos para pensar que, em caso de sucesso, enfrentariam as mesmas dificuldades que os governos estabelecidos, ou melhor, que acenderiam, com esperanças, reivindicações muito mais intensas. Estas deitam raízes na consciência do direito. Sejam quais forem sua amplitude e as modificações que seriam susceptíveis de introduzir no sistema de gestão das empresas e em todas as esferas da administração, não tendem a encontrar solução por uma ação do poder. Procedem de um foco que este não pode ocupar. São constantemente avivadas pela exigência de que as aspirações de minorias ou de categorias particulares da população sejam socialmente reconhecidas. Essas minorias, observemos, podem ser o produto de circunstâncias: quer se trate de trabalhadores despedidos de uma empresa, dos trabalhadores de uma região ameaçados de perder sua principal fonte de subsistência com o desaparecimento de uma indústria, de agricultores atingidos pelos efeitos de uma colheita desastrosa, de pescadores e comerciantes atingidos por uma maré negra – essas minorias e essas categorias podem descobrir sua identidade própria, quer seja de ordem étnica ou fundada sobre uma afinidade de costumes ou sobre uma similitude de condição, ou podem se constituir em função de um projeto de alcance geral (proteção dos consumidores, defesa do meio ambiente...). São tão variados seus modos de formação e seus motivos que à primeira vista acreditaríamos que nada as une. Num dos extremos da cadeia viram-se objetores de consciência que pretendiam subtrair-se a uma obrigação nacional definida e reivindicar um estatuto particular, ou homossexuais que não queriam senão fazer respeitar uma maneira de ser: é então serem diferentes sob algum aspecto o que une; no outro extremo da cadeia viu-se protestar aqueles que a sorte privava subitamente de meios normais de subsistência: sua preocupação é, de alguma forma, achar-se semelhantes aos outros. Considerando a heterogeneidade dos registros e das reivindicações mal ousaríamos falar de uma cadeia. Há, porém, a despeito dessa variedade, um parentesco nas iniciativas das minorias porque combinam, de uma maneira que parece paradoxal, a ideia de uma legitimidade e a representação de uma particularidade. Essa conjunção, seja qual for o motivo, sejam quais forem as circunstâncias de seu desencadeamento, atesta a eficácia simbólica da noção de direitos. De uma ordem diferente são as reivindicações fundadas sobre o interesse: chocam-se umas contra as outras e regulam-se em razão de uma relação de força. O poder apoia-se sobre interesses, afirma-se mesmo explorando suas divisões, tirando partido das vantagens obtidas e dos prejuízos infligidos, uns e outros sempre relativos, para aumentar o círculo de sua autonomia. Em contrapartida, face à exigência ou à defesa de um direito, é-lhe necessário dar uma resposta que dê a razão de seus princípios, que produza os critérios do justo e do injusto e não mais somente do permitido e do proibido. À falta dessa resposta a lei arrisca-se a decair no plano da coerção; e, enquanto perde sua transcendência, o poder, que parece dela dispor, corre o risco de abismar-se na trivialidade. Sublinhemos novamente: o direito que é afirmado contra as pretensões do poder de decidir, segundo seus imperativos, sobre seu aumento de poderio não ataca o poder de frente, atinge-o obliquamente, por assim dizer, contornando-o, toca-o no núcleo do qual tira a justificação de seu próprio direito para requerer adesão e obediência de todos.

O que precisaríamos, portanto, pensar é o sentido de conflitos que, ao mesmo tempo, supõem o fato do poder e a busca de uma consideração das diferenças no direito. Esses conflitos constituem cada vez mais a especificidade das sociedades democráticas modernas. Nestas, a instância do poder é indelével e sua intervenção cada vez mais ampla. Haveria ingenuidade ou má fé em imaginar que se tornou possível uma abolição do poder ou somente que foi invertida a tendência ao reforço do aparelho de Estado graças a uma substituição dos detentores da autoridade. Somos tentados a pensar o contrário: que sob a capa do socialismo acentuar-se-ia a concentração dos meios de produção, de informação, de regulamentação e de controle das atividades sociais, a utilização de todos os instrumentos de natureza a fazer prevalecer a unidade do povo. Se o desenvolvimento dessa tendência puder falhar, não será a partir do lugar do Estado onde ela se engendra. Desde que esse lugar se fixou plenamente destacando-se do lugar-outro metassocial do qual a religião fornecia antes a referência, desenhou-se a virtualidade de uma objetivação do espaço social, de uma determinação inteira das relações entre seus elementos. Essa aventura, aliás, não é o resultado de um golpe de força operado por aspirantes ao despotismo: a delimitação de um espaço propriamente social, sensível como tal, legível como seu espaço, constitutivo de uma identidade comum para os grupos que o habitam relacionando-se uns com os outros, sem mascaramento sobrenatural, caminha lado a lado com a referência a um poder que, ao mesmo tempo, surge dele e, como que à distância, o garante. Devemos igualmente reconhecer que o projeto que agora obceca o poder e que, para atualizar-se, tira benefício de recursos da ciência e da técnica outrora desconhecidos e insuspeitados não é mais imputável a uma categoria de homens ou a algum instinto de dominação. É necessário antes constatar que ele mobiliza a seu serviço as energias e molda as mentalidades dos que estão em posição de efetuá-lo. Entretanto essa conclusão somente nos confirma na convicção de que é do seio da sociedade civil, sob o signo da exigência indefinida de um reconhecimento mútuo das liberdades, de uma proteção mútua de seu exercício, que pode afirmar-se um movimento antagônico ao que precipita o poder estatal em direção ao seu objetivo.

Façamos, pois, aparecer um segundo traço das lutas inspiradas pela noção dos direitos: nascendo ou desenvolvendo-se a partir de núcleos diversos, às vezes por ocasião de conflitos conjunturais, não tendem a fundir-se. Sejam quais forem suas afinidades e convergências, não se ordenam sob a imagem de um agente da história, a do povo-Uno, e recusam a hipótese de uma realização do direito no real. É, pois, necessário nos decidirmos a abandonar a ideia de uma política que comprimiria as aspirações coletivas num modelo de uma sociedade-outra ou, o que dá no mesmo, a ideia de uma política que sobrevoaria o mundo em que vivemos, para deixar cair sobre ele os raios do juízo final. Sem dúvida, parece difícil resolver-se a esse abandono, tanto está a fé num futuro libertado das amarras do presente profundamente enraizada no espírito daqueles que estão convencidos do logro do reformismo. Mas dever-se-ia sondar essa fé e perguntar-se se o revolucionarismo não alimenta ilusões gêmeas das do reformismo. Ambos, com efeito, eludem por um argumento diferente a questão da divisão social, tal como se coloca na sociedade moderna, a questão da origem do Estado e de sua função simbólica assim como a da natureza da oposição dominante-dominado trabalhando em toda a extensão e em toda a espessura do social. O reformismo deixa supor que o Estado, por seu próprio movimento, ou em consequência do desenvolvimento das reivindicações populares – nos dois casos graças ao aumento da produção, das riquezas e das luzes –, pode se fazer o agente da mudança social e o promotor de um sistema cada vez mais igualitário. O revolucionarismo deixa supor que a conquista do aparelho de Estado pelos dominados ou pelo partido que os guia cria as condições para uma abolição da dominação. Tanto um quanto o outro parecem impotentes para conceber, ao mesmo tempo, dois movimentos no entanto indissociáveis: aquele pelo qual a sociedade se circunscreve, se reúne, adquire uma identidade definida em favor de uma separação interna que instaura o polo do poder como o polo do alto, polo quase separado do conjunto e aquele pelo qual, a partir desse polo, sob o efeito dessa quase separação, se acumulam meios de dominação de todos os gêneros (recursos materiais, conhecimentos, direitos de decisão) a serviço dos que detêm a autoridade e procuram consolidar sua própria posição. Reformistas e revolucionaristas são cegos no tocante à função simbólica do poder e obcecados pela apropriação de sua função de fato, a de um domínio do funcionamento da organização social. E essa cegueira e essa obsessão não somente têm as mesmas causas como os mesmo efeitos: as lutas que se desenvolvem a partir dos diversos núcleos da sociedade civil só são apreciadas em função das oportunidades que oferecem, a curto ou a longo prazo, de modificar ou de subverter as relações de forças entre os grupos políticos e a organização do Estado. Ora, pensamos que são essas lutas que se tratam de libertar da hipoteca que fazem pesar sobre ela os partidos que têm vocação para o poder, pondo em evidência a ideia de uma transformação da sociedade por movimentos apegados à sua autonomia.

Autonomia, eis aí certamente uma grande palavra descuidada e que convém justamente pesar para não ceder a ficções que no momento desarmam mais do que mobilizam as energias. Digamos imediatamente que a autonomia só pode ser relativa. Reconheçamos, porém, que é igualmente vão querer fixar ou querer apagar seu limite na realidade empírica. Essas duas tentações são observadas no debate sobre a autogestão, conceito que não tem o mesmo valor que o de autonomia, mas que se beneficia de um favor significativo numa sociedade dominada pelo fato da produção e ainda mais pelo da organização. Ou se denuncia como inconsistente a ideia de uma sociedade inteiramente regida pelo princípio da autogestão, ou não se teme em imputar a um desejo de conservação das velhas estruturas de dominação todas as resistências ou críticas que ela suscita. Ora, os argumentos trocados são feitos para dissimular a questão do político. Aqueles invocados em nome do realismo são bem conhecidos; inútil desenvolvê-los... Os imperativos da produção e mais largamente da organização moderna tornariam inviáveis a participação de todos nas responsabilidades públicas; imporiam um esquema de divisão do trabalho que reforçaria as hierarquias fundadas sobre a competência, colocando-a cada vez mais no fundamento da autoridade; além disso, a dimensão de nossas sociedades, a complexidade das tarefas requeridas pela mobilização dos recursos para objetivos de interesse geral, a coordenação dos setores de atividade, a satisfação das necessidades sociais de todos os gêneros, a proteção da ordem pública e a defesa nacional só poderiam estar de acordo com um processo de centralização das decisões, ou melhor, combinado com a multiplicação de órgãos representativos, rigorosamente distintos da massa instável de seus mandantes; face a essas necessidades, o ideal de uma autogestão se efetuando nas fronteiras de múltiplas células sociais seria quimérico. Tais argumentos não são nem fracos nem sempre hipócritas, como é dito às vezes ligeiramente. Procedem simplesmente de uma leitura da estrutura social tal como adveio e apreendem-na como natural. Ao fazê-lo, confundem noções que deveriam ser distinguidas se nos evadíssemos dos horizontes da nossa vida social. Confundem principalmente o exercício do poder com o da competência. Que esta confira uma autoridade não vemos que experiência invocar que o contradiga; mas que secrete poder, só se pode afirmar para uma sociedade da qual se destacou uma instância geral de poder e onde esta se vê delimitada e se arroga uma posição de conhecimento e de domínio do conjunto social: então se oferece a possibilidade de identificações em cadeia dos indivíduos que detêm competência e autoridade com o poder (entenda-se: seu ponto de vista). Essa objeção não é puramente formal; permite descobrir o que fica mais frequentemente dissimulado pelo argumento realista, a saber, que há uma diferença entre o exercício da competência e o do poder. É a imagem do poder que mobiliza a seu serviço a da competência e isso, certamente, à medida que o desenvolvimento técnico e científico aumenta a importância desta última. Como explicar, por exemplo, que, na realidade, os homens que dispõem de uma formação técnica ou científica ou seja qual for o campo, de um capital de conhecimentos que os distingue da maioria se beneficiam, na sua escala, de uma liberdade e de meios de decisão que os inserem no sistema do poder político? É ainda mais notável que a maioria deles se enterre nas trevas das Organizações. O que somente é verdadeiro mas completamente diferente é que a competência (real ou simulada) fornece o critério de uma hierarquia das remunerações e que esta constitui um sólido apoio para a conservação da estrutura sociopolítica. Mas, precisamente, convém observar que a disposição dessa hierarquia não se deduz do princípio de distinção das competências, que procede de uma interpretação no sentido político mais lato. A mesma sujeição às condições da ordem estabelecida proíbe, enfim, imaginar uma sociedade cuja marcha não seja comandada por um aparelho de Estado ultracentralizado; leva a esquecer, em larga medida, que as causas são também efeitos, que as escolhas das tecnologias, dos recursos energéticos, das produções privilegiadas, dos sistemas de informação, dos modos de transporte, dos modos de implantação das indústrias, dos programas de urbanismo, etc. precipitam o processo social de massificação assim como o da centralização administrativa e o da concentração do poder. Simultaneamente, a crítica do ideal da autogestão induz a desconhecer todas as possibilidades de iniciativas coletivas contidas nos espaços governáveis pelos que os povoam, as possibilidades de novos modelos de representatividade, assim como a possibilidade de novos circuitos de informação que mudariam os termos da participação nas decisões públicas.

Inversamente, fica-se surpreso ao ver a indigência do pensamento autogestionário a partir do momento em que pretende inscrever seus objetivos no real. Uma vez desfeito o argumento do adversário, o limite da autonomia se esvai. Tudo se passa como se a ideia de estar junto, produzir junto, decidir e obedecer junto, comunicar plenamente, satisfazer as mesmas necessidades ao mesmo tempo aqui e acolá e em toda parte simultaneamente se tornasse possível tão logo retirada a alienação que a ata o dominado ao dominante; tudo se passa como se somente uma vontade maléfica e uma servidão cúmplice tivessem desde há séculos ou milênios escondido aos povos esta verdade inteiramente simples: que eram os autores de suas instituições e, mais ainda, de sua escolha de sociedade.

A partir daí, não há mais preocupação em enfrentar os problemas postos nas fronteiras da história que vivemos. Paradoxalmente, a ideia de que nenhum sistema estabelecido seja suscetível de ser questionado novamente perde-se nestas afirmações: que não há outro peso do passado a não ser pesos de fato, que a humanidade sempre se encontrou, como se encontra agora, perante um possível radical – maneira de dizer que não há história. Também não há mais preocupação em se interrogar sobre a igualdade e a desigualdade: a ideia justa de que esta última não se exprime no real senão ao preço de uma elaboração social e política perde-se nesta afirmação: que ela é apenas um engodo a serviço do projeto de dominação.

Não haveria mistério na obediência ao poder tal como ele se condensa em instituições materiais, tal como se encontra figurado por homens, simplesmente amáveis ou odiáveis se a *altura* fosse apenas engodo; se não testemunhasse um movimento geral de elevação ao mesmo tempo que um movimento geral de abaixam que ele se dobrava sobre si mesmo, respondendo, por um crescimento de sua força, e um peso redobrado de sua massa, à necessidade de uma destituição do social. Não haveria, notadamente, essa espantosa conversão da liberdade em servidão, não haveria enigma da servidão voluntária – segunda a forte expressão de La Boétie –, de uma servidão que fosse contrária ao desejo de liberdade sem ser estranha, se o sinal do que cai do alto não mantivesse alguma relação com uma aspiração.

Pensar assim o limite da autonomia não significa resumir a questão do político aos termos da relação geral da sociedade com o poder. Não substituímos a ideia de um poder maléfico ou a de um poder benéfico pela ideia de um poder ambíguo. Procuramos fazer entrever uma dimensão do espaço social mascarada no mais das vezes. Por que o é, senão, paradoxalmente, por uma fantástica atração pelo Um e uma irresistível tentação de precipitá-lo no real? Quem sonha com uma abolição de poder conserva à mão a referência do Um e a referência do Mesmo: imagina uma sociedade que estaria espontaneamente de acordo consigo mesma, uma multiplicidade de empreendimentos que seriam transparentes uns aos outros, se desenvolveriam num tempo e num espaço homogêneos; uma maneira de produzir, de morar, de comunicar, de se associar, de pensar, de sentir, de ensinar que traduziria como que uma só maneira de ser. Ora, o que é esse ponto de vista sobre tudo e sobre todo, esse amoroso abraço da boa sociedade senão um equivalente do fantasma de onipotência que o exercício de fato do poder tende a produzir? Que é o reino imaginário da autonomia senão um reino governado por um pensamento despótico? Eis sobre o que seria conveniente meditar. O que não impede de julgar que os sábios reformadores, predizendo o advento de um poder racional que saiba encerrar as experiências de autonomia dentro de justos limites, que saiba combinar, como se ouve dizer, a autoridade do plano com as virtudes da autogestão, decidiram medir o valor das iniciativas coletivas com o critério de sua conformidade com as decisões do Estado; não querem deixar aos locatários do edifício socialista senão a liberdade de se entenderem para obedecer às prescrições do poder proprietário.

Desfazer-se do revolucionarismo não significa ir ao encontro do reformismo; dizemos somente que de nada serve ignorar a atração pelo Um, de nada serve denegar a distinção entre o Baixo e o Alto; que mais vale obstinar-se a resistir à ilusão de um poder que coincidiria realmente com a posição que lhe é figurada e que ele tenta ocupar assim como à ilusão de uma unidade que se faria sensível, real e que dissolveria nela as diferenças. Dupla ilusão no momento em que se confunde o simbólico e o real e cuja consequência é ocultar de uma maneira ou de outra a pluralidade, a fragmentação, a heterogeneidade dos processos de socialização e igualmente o caminhar transversal das práticas e das representações, o reconhecimento mútuo dos direitos. O que desafia a imaginação realista é que a sociedade se ordene em busca de sua unidade, que testemunhe uma identidade comum latente, que se relacione consigo própria pela mediação de um poder que a excede e que, simultaneamente, haja formas de sociabilidade múltiplas, não determináveis, não totalizáveis. Não nos espantemos: a imaginação à qual, na nossa época, se rendem homenagens barulhentas é impotente para nos fazer enfrentar a contradição, a verdadeira contradição compreenda-se, a que resiste obstinadamente à sua solução, porque é o indício da interrogação que habita a instituição do social. E, notemos de passagem, sempre lhe é necessário trair a marca daquilo que recalca: imaginação do Um, ela veicula secretamente a representação do poder (o Outro por quem o Um se nomeia), sinal da divisão social; imaginação do livre brotar e do livre desabrochar das energias coletivas, veicula secretamente a representação do Mesmo, sinal da não divisão. No final das contas, o que se esconde da imaginação, apesar de aí encontrar recursos desconhecidos, é a democracia. Com o seu advento erigem-se, pela primeira vez, ou numa luz inteiramente nova, o Estado, a Sociedade, o Povo, a Nação. E gostaríamos de, em cada uma dessas formas, conceber plenamente o singular, defendê-lo contra a ameaça de divisão, rejeitar tudo o que o induz à falha como sintoma de decomposição e de destruição e visto que a obra da divisão parece se desencadear na democracia, gostaríamos quer de jugulá-la, quer de nos desembaraçarmos dela. Porém, Estado, Sociedade, Povo, Nação, na democracia, são entidades indefiníveis. Carregam a marca de uma ideia de Homem que mina sua afirmação, ideia aparentemente derrisória face aos antagonismos que dilaceram o mundo, mas em cuja ausência a democracia desaparecia; e permanecem numa perpétua dependência da expressão de direitos rebeldes à razão de Estado e ao interesse sacralizado da Sociedade, do Povo e da Nação. Que não se acredite, pois, que o desejo da revolução, como advento do comunismo, o desejo de uma boa sociedade nos faça romper amarras com as figuras imaginárias que obcecam a democracia; modifica-as, porém reforça fantasticamente a crença de que se alimentam; serve o culto da unidade, o culto de uma identidade enfim encontrada no singular e não é por acidente, mas segundo sua lógica, que abole o pensamento do direito. É antes necessário consentir em pensar e agir nos horizontes de um mundo onde se oferece a possibilidade de um depreciamento da atração pelo Poder e pelo Um, onde a crítica contínua da ilusão e a invenção política são feitas à prova de uma indeterminação do social e do histórico.

Política dos direitos do homem, política democrática, duas maneiras, pois, de responder à mesma exigência: explorar os recursos de liberdade e de criatividade nos quais se abebera uma experiência que acolhe os efeitos da divisão; resistir à tentação de trocar o presente pelo futuro; fazer o esforço ao contrário para ler no presente as linhas da sorte indicadas com a defesa dos direitos adquiridos e a reivindicação dos direitos novos, aprendendo a distingui-los do que é apenas satisfação do interesse. E quem disser que a tal política falta audácia, que volte os olhos para os soviéticos, para os poloneses, os húngaros, os tchecos ou os chineses em revolta contra o totalitarismo: são eles que nos ensinam a decifrar o sentido da prática política.

Maio de 1979.

A lógica totalitária[1]

O fascismo italiano foi o primeiro a vangloriar-se de construir um Estado totalitário, *uno stato totalitario*. É a ele que se deve a invenção de uma fórmula à qual devia fazer eco, alguns anos mais tarde na Alemanha, a do *totale Staat*. Seríamos, pois, tentados a pensar que a crítica do totalitarismo veio replicar à sua apologia. Porém, embora sem negar essa articulação, duvido que ela seja de natureza a nos esclarecer sobre a fortuna do conceito.

Entre as duas guerras, os socialistas e os liberais que denunciaram os regimes de Hitler e de Mussolini colocaram sua luta sob o signo do antifascismo. Apenas uma *enquête* minuciosa nos ensinaria que lugar davam ao tema totalitário, mas, que eu saiba, não foi importante. Em contrapartida, deve-se convir que esse tema inspirou ideólogos de direita que associaram na mesma reprovação fascismo, nacional-socialismo e bolchevismo. De maneira significativa o *Petit Robert* ilustra sua definição do vocábulo francês "totalitário" com uma citação tirada de um livro de Jacques Bainville sobre a Alemanha, publicado em 1933. "Doravante", escreve o autor, "um só partido tem direito à existência na Alemanha. É evidente que se trata do partido nacional-socialista. Do mesmo modo, o fascismo na Itália, o bolchevismo em Moscou. É uma nova forma de sociedade política. O Estado-Deus não suporta dissidência pois é representado por uma minoria que possui todos os poderes, o resto da população compondo-se de

---

[1] Artigo publicado na *Kontinent Skandinavia*, Ed. Dreyer, 1980, p. 3 e 4. Revista antitotalitária, dirigida por Tore Stubberud.

cidadãos passivos. A concepção totalitária acaba, aliás, no expurgo." Pensador conservador, nacionalista, Jacques Bainville tinha sido um dos fundadores da *Action française*. Seu julgamento não é isolado, ainda que seja verdade que uma grande parte da direita tenha exaltado as maravilhas do fascismo antes de a ele aderir sob a autoridade de Pétain. Contudo, parece-me ainda mais instrutivo o impulso que a crítica do totalitarismo tomou após a última guerra mundial. Certamente que no decurso desta a propaganda dos aliados não deixou de apontar o empreendimento totalitário de seus inimigos. Mas não foi senão mais tarde, num momento em que se desencadeou o conflito ideológico entre as potências ocidentais e a URSS – o que se chamou de Guerra Fria – que a denúncia do totalitarismo adquiriu uma nova amplitude e mobilizou uma larga corrente da opinião liberal. A partir daí o comunismo se via definido como um sistema totalitário, o mais elaborado, o mais acabado, o que havia resistido à destruição do fascismo e do nacional-socialismo, mas que procedia das mesmas causas e perseguia fins análogos. Não se tratava, então, de uma simples transferência para o comunismo dos traços imputados ao fascismo. Na minha opinião, não houve constituição de uma nova categoria política, não houve passagem do epíteto especificando Estados inimigos ao substantivo feito para designar um novo tipo sócio-histórico a não ser quando o comunismo soviético pareceu ameaçar a existência das democracias.

Se não é inútil interrogar-se sobre as condições nas quais se esboçou outrora e desabrocha há alguns decênios a representação do totalitarismo, é porque esclarecem, em parte, as resistências da opinião de esquerda. O novo conceito foi considerado como um conceito de direita, forjado a serviço de um desígnio reacionário. A luta contra o totalitarismo apareceu como uma manobra diversionista cuja finalidade era levar a esquecer a realidade do imperialismo ocidental e desarmar a crítica do sistema capitalista. Mas é ainda necessário se perguntar por que a esquerda não comunista, marxista ou marxizante, tinha deixado a conservadores ou a liberais a iniciativa da formulação do problema totalitário; por que análises como as de Hannah Arendt tiveram tão pequeno eco. Não se poderia com efeito esquecer que o regime soviético tornou-se, desde os anos 1930 e sobretudo após a guerra, objeto de múltiplas críticas por parte de indivíduos isolados ou de pequenos grupos revolucionários, atentos à formação de uma camada burocrática, ao desenvolvimento das desigualdades sociais, ao aperfeiçoamento do sistema policial, à extensão dos campos de concentração, ao culto de Stalin. Sem dúvida, o que permanece mais espantoso é que testemunhos, documentos, julgamentos que hoje não mais parecem contestáveis não tenham sacudido a opinião da maior parte da esquerda, que esta tenha podido continuar a dividir o mundo em dois campos, um essencialmente mau apesar das vantagens que acarretava ao movimento socialista, o outro essencialmente bom, a despeito dos vícios do stalinismo. Todavia, é também surpreendente e, para o nosso propósito, mais instrutivo que, entre aqueles mesmos que desmontavam a mistificação do comunismo soviético, a maioria sentia repugnância em aproximar stalinismo e fascismo evitando falar de um Estado totalitário na URSS. Acumulavam elementos para uma interpretação, mas se esquivavam perante a exigência de uma nova conceituação. Nesse aspecto o caso dos trotskistas é exemplar. Por menos numerosos que fossem não há dúvida nenhuma de que exerceram uma influência considerável sobre os intelectuais de esquerda na Europa ocidental. Ora, eles não variaram no seu julgamento: o fascismo foi e continua sendo, para eles, um meio que o Grande Capital se deu, em condições históricas determinadas, de reafirmar sua dominação sobre o proletariado, enquanto o stalinismo lhes apareceu e aparece sempre como o produto monstruoso de uma situação na qual a derrota da revolução mundial havia dissociado da infraestrutura socialista uma superestrutura burocrática em que uma casta parasitária se tinha enxertado sobre o Estado proletário. Este caso bem que merece reter a atenção pois o *maître à penser*, o guia do qual todos os argumentos eram tirados tinha, no que lhe diz respeito, no final da sua vida, dado os sinais de uma reapreciação do sistema soviético como sistema totalitário. Nas últimas linhas de sua obra sobre Stalin, que a morte não lhe permitiu acabar, Trotski ousou escrever: *"L'État c'est moi!*"[2] é quase uma fórmula liberal em comparação com as realidades do regime totalitário de Stalin. Luís XIV se identificava apenas com o Estado. Os papas de Roma se identificavam ao mesmo tempo com o Estado e com a Igreja, mas somente durante as épocas do poder temporal. O Estado totalitário vai muito além do césaro-papismo, pois abarca a economia inteira do país. Diferentemente do Rei-Sol, Stalin pode dizer a justo título: *La Société c'est moi!*".[3]

Paradoxalmente, é do lado do teórico da revolução desfigurada mas sempre viva, do Estado operário degenerado mas sempre pronto a se restaurar que se pode encontrar uma fenda em direção a uma análise do totalitarismo. Simples fenda, podendo-se duvidar de que nela perseverasse, a lembrarmos o papel que teve na formação da ditadura bolchevique. Resta que, em poucas palavras, dá muito a entender. Ao observar que o Estado abarca a economia, sugere que a distinção do político e do econômico se apagou; ao imputar a Stalin a fórmula *La Société c'est moi!* deixa entrever a especificidade do totalitarismo face ao absolutismo e a força dos mecanismos de identificação que fazem com que nada, doravante, escape ao Poder. Todavia, tudo se passou como se, para seus próprios êmulos, Trotski nada tivesse dito.

---

[2] "O Estado sou eu!" Frase atribuída a Luís XIV, momento culminante da monarquia absoluta, sob cujo reinado a centralização do Estado chegou ao máximo. Conservamos a expressão no original, por se tratar de uma frase célebre. (N.T.).

[3] "A Sociedade sou eu!". Grifado no original. (N.T.).

Para encontrar o caminho de uma nova reflexão sobre a natureza da URSS, teria sido necessário que a esquerda marxizante consentisse em abandonar a visão da realidade social que sustém todas as suas análises – quer sejam de inspiração reformista ou revolucionária. Essa visão, é bom lembrar, formou-se em oposição à do liberalismo num mundo revolvido pela expansão do capitalismo. O liberalismo havia forjado a ficção de uma sociedade que se ordenava espontaneamente graças a uma livre concorrência entre proprietários independentes e na qual o Estado se limitava a fazer respeitar as regras do jogo e a proteger as pessoas e os bens. Denunciando essa ficção, pondo em evidência a polarização da sociedade em classes antagônicas, encontrando as condições dessa polarização nas relações de propriedade, dirigindo toda a sua crítica à irracionalidade do sistema capitalista, o pensamento socialista não se libertou da problemática na qual se desenvolvera a teoria liberal. Demonstrou que a dinâmica efetiva do mercado desmentia as leis da economia política clássica, que as crises não eram de modo algum acidentais mas estruturais, que não havia harmonia entre o Capital e o Trabalho, mas uma radical oposição de interesses entre os que dispunham dos meios de produção e os que deles se encontravam despossuídos. Contudo, ao fazê-lo, não se desligou de forma alguma da ideia de que a realidade se desvelava no nível da economia. A ficção de uma organização da produção sob a direção dos trabalhadores associados, isto é, de fato, de seus representantes, veio substituir a de um mercado que conciliaria os interesses e satisfaria as necessidades por autorregulação. Assim, à denegação liberal do antagonismo das classes na realidade efetiva do capitalismo respondeu a ilusão de uma abolição desse antagonismo num futuro mais ou menos próximo, graças a uma revolução ou à abolição progressiva da propriedade privada. O recalcamento da questão do político foi levado o mais longe possível. Enquanto o liberalismo econômico pretendia, pelo menos, combinar-se com um liberalismo político, enquanto às vezes induzia este último a procurar em si mesmo seus próprios fundamentos (na França os esforços de Benjamin Constant, de Guizot ou de Tocqueville dão testemunho disso no começo do século XIX), os socialistas, por mais ardentes que fossem em defender a liberdade, a igualdade e a justiça, privaram-se dos meios de conhecer os perigos que abriga um Estado que se tornasse senhor da economia e privaram-se dos meios de pensar até onde se enraíza a democracia. O que certamente não os impediu de medir a ameaça que o fascismo fazia pesar sobre as suas instituições. Opuseram-se-lhe tanto mais resolutamente porque contradizia abertamente seu ideal humanista e porque lhes apareceu como um produto do capitalismo. Mas uma coisa é mobilizar-se face a um inimigo intolerável porque este exalta os valores do nacionalismo e mesmo do racismo, porque prática abertamente o culto da força e do chefe, e outra, poder elevar à reflexão os princípios da sua crítica. O que se verifica quando se mede a impotência dos socialistas para conceber a natureza do regime soviético. A partir do momento em que viam a propriedade privada abolida, em que o antagonismo de classe não se deixava mais decifrar no quadro conhecido do capitalismo, seu pensamento encontrava-se desarmado. Podiam julgar o Estado soviético carregado de vícios; mas, justamente, não sabiam senão localizar os vícios para imputar-lhes a origem aos acidentes da história. À esquerda faltava uma teoria do Estado ou, mais profundamente, uma concepção da sociedade política. E, simultaneamente – fato muito pouco notado –, revelava-se impotente para interpretar os sinais manifestos da exploração dos operários e dos camponeses, os sinais da divisão de classe que se engendrava a partir das novas relações de produção. Por ter circunscrito a esfera da realidade aos limites da economia, tornava-se cega à estrutura do sistema de produção quando ele se imprimia explicitamente no sistema político.

Por que, perguntávamos, repugnou à esquerda empregar o conceito de totalitarismo? Respondíamos de início: porque foi inventado pela direita. Seja. Mas perguntávamos ainda: por que não ultrapassou seus adversários? Ousaríamos dizer agora: porque esse conceito é *político*, e a esquerda não pensa em termos de política. Essa proposição parece paradoxal. Os socialistas são resolutamente partidários da intervenção do Estado em todos os domínios da vida social para diminuir ou suprimir as desigualdades que surgem no quadro da sociedade civil, para atenuar os efeitos da apropriação da riqueza por uma minoria ou torná-la impossível. É a eles que se deve atribuir, no decorrer dos últimos cem anos, todos os esforços feitos para uma repartição menos desigual do imposto, todas as proposições ou as medidas mais eficazes para defender os assalariados contra o arbítrio patronal, para assegurar a estabilidade do emprego, para melhorar as condições de trabalho e a segurança. É a eles que se devem as iniciativas mais radicais em favor da educação, da higiene pública, da moradia ou dos lazeres. Em uma palavra, se a ideia de progresso não nasceu com o movimento socialista, se antes mobilizou uma corrente liberal, humanitarista, encontrou, contudo, em seu seio a expressão mais firme, associando-se à da intervenção do Estado. Independentemente do projeto comunista que faz de uma inteira transformação do aparelho de Estado a condição da mudança social, a noção de um combate político esteve sempre no coração do empreendimento da esquerda socialista. Entretanto, não devemos confundir a capacidade de agir politicamente, com vistas à formação de um Estado reformador ou revolucionário, com a capacidade de conceber a sociedade como sociedade política.

Tal concepção exigiria uma reflexão sobre a natureza da divisão que se instituiu entre a sociedade civil e o Estado; uma reflexão sobre o alcance da distinção historicamente advinda entre o poder político – cujas fronteiras se veem delimitadas, cuja formação, exercício, renovação estão submetidos a regras democráticas – e o poder administrativo – cujas competências são igualmente precisas e limitadas de direito, mas sempre mais extensas, de fato, em virtude de se encarregar das necessidades da população e controlar sempre mais regularmente e mais detalhadamente a vida social. Em compensação, enquanto nos contentarmos em definir o Estado como um simples órgão da sociedade, dela se diferenciando para exercer funções de interesse geral, podemos escolher apenas entre duas versões. De acordo com a primeira, o Estado não se destaca da sociedade senão parcialmente, seu poder é totalmente dependente da classe dominante, sua única tarefa é assegurar as condições de funcionamento de um sistema econômico que obedece à sua própria lógica dando crédito à imagem de uma identidade coletiva comum e mascarando em interesse geral o interesse particular das camadas beneficiárias do capitalismo. De acordo com a segunda, graças à sustentação das forças populares, o Estado pode elevar-se acima dos particulares e, assim, tornar-se cada vez mais consubstancial à sociedade, dar verdadeiramente figura a um interesse geral no qual são dissolvidos os interesses privados; aparece, então, como o grande órgão que decide sobre todos os movimentos do corpo social e, simultaneamente, não faz senão um com ele. Estas duas versões, a do Estado burguês e a do Estado socialista, não permitem discernir a natureza do poder político, a dinâmica própria da burocracia de Estado. Em primeiro lugar, desconhece-se o sentido de uma mutação que está na origem da democracia moderna: a instauração de um poder limitado de direito, de tal sorte que, fora do espaço político (no sentido estrito, convencional do termo), se circunscrevem espaços econômico, jurídico, cultural, científico, estético, obedecendo cada um a suas próprias normas. Acontecimento cujo alcance último não é nada menos que a separação entre a sociedade civil e o Estado. Ora, se devidamente apreciado, dever-se-ia inverter a tese que comanda a interpretação marxista e admitir que o Estado moderno, longe de ser um produto do capitalismo, criou-lhe as condições de seu desenvolvimento assegurando a possibilidade de relações de produção e de troca relativamente autônomas. Dever-se-ia sobretudo reconhecer o caráter simbólico do poder em vez de reduzi-lo à função de um órgão, de um instrumento a serviço de forças sociais que lhe preexistiriam. Na falta dessa perspectiva não se vê que a delimitação de uma esfera do político é acompanhada de um modo novo de legitimação, não somente do poder mas das relações sociais como tais. A legitimidade do poder funda-se sobre o povo; mas à imagem da soberania popular se junta a de um lugar vazio, impossível de ser ocupado, de tal modo que os que exercem a autoridade pública não poderiam pretender apropriar-se dela. A democracia alia estes dois princípios aparentemente contraditórios: um, de que o poder emana do povo; outro, que esse poder não é de ninguém. Ora, ela vive dessa contradição. Por pouco que esta se arrisque a ser resolvida ou o seja, eis a democracia prestes a se desfazer ou já destruída. Se o lugar do poder aparece, não mais como simbolicamente mas como *realmente* vazio, então os que o exercem não são mais percebidos senão como indivíduos quaisquer, como compondo uma facção a serviço de interesses privados e, simultaneamente, a legitimidade sucumbe em toda a extensão do social; a privatização dos agrupamentos, dos indivíduos, de cada setor de atividade aumenta: cada um quer fazer prevalecer seu interesse individual ou corporativo. No limite não há mais sociedade *civil*. Porém, se a imagem do povo se atualiza, se um partido pretende se identificar com ele e apropriar-se do poder sob a capa dessa identificação, desta vez é o princípio mesmo da distinção Estado-sociedade, o princípio da diferença das normas que regem os diversos tipos de relações entre os homens, mas também dos modos de vida, de crenças, de opiniões que se encontra negado – e, mais profundamente, é o princípio mesmo de uma distinção entre o que depende da ordem do poder, da ordem da lei e da ordem do conhecimento. Opera-se, então na política uma espécie de imbricação do econômico, do jurídico, do cultural. Fenômeno que é justamente característico do totalitarismo.

A mesma necessidade faz com que a esquerda socialista desconheça a dinâmica da burocracia de Estado. Esta permanece invisível enquanto o Estado parece surgir da sociedade como o órgão no qual se condensam a vontade e a força das camadas dominantes ou a vontade e a força do povo. Contudo, a história ensina que o Estado moderno, como centro de decisão, de regulamentação, de controle, tende cada vez mais a submeter o detalhe da vida social. Mas o sentido desse processo é ignorado quando é imputado à perversidade dos homens que povoam suas burocracias. Numa sociedade cuja homogeneidade aumenta em consequência da dissolução das antigas hierarquias "naturais", que se encontra cada vez mais às voltas com o problema de sua organização, que não dispõe mais do socorro de uma garantia transcendente da ordem, que não encontra mais na linguagem da religião uma justificação para as suas desigualdades, só o Estado aparece a todos e se representa a si mesmo como o princípio instituinte, como o grande ator que detém os meios da transformação social e do conhecimento de todas as coisas. É o advento desse "ponto de vista do Estado" – de um Estado virtualmente no centro da potência e da ciência – que torna possível a formidável expansão das burocracias, cujos membros podem cultivar seu interesse próprio, cada um tirar para si o máximo de poder e de vantagens alegando a sua soberana distância face aos administrados. Ora, cega a essa evolução e às suas causas, ganha para a ideia de uma boa estatização, a esquerda socialista ignora que trabalha sob a aparência de nobres motivos, para uma separação sempre maior entre o poder administrativo, regulamentar, policial e a sociedade da qual ela se encarrega, que precipita o processo de formação de uma camada de burocratas que, a despeito de suas diferenças e de seus conflitos internos, se destaca do restante da população. Com isso o fenômeno totalitário lhe escapa de novo, uma vez que está essencialmente ligado à ideia de um Estado que seria onipresente graças à sua rede burocrática.

É preciso insistir nisso? Nós não insinuamos de maneira alguma que o movimento socialista carrega os germes do totalitarismo. Como o diríamos? É muito claro que este último implica a destruição dele. Procuramos apenas compreender porque esse movimento, a despeito de seu apego de fato às instituições democráticas, às liberdades públicas, aos direitos do homem, permanece incapaz de conceber a natureza do novo sistema social cujo modelo a URSS criou. Por que não cessou de manter uma relação suspeita com o movimento comunista principalmente na França, na Itália, na Espanha e por que, mesmo onde se encontra em conflito aberto com ele, sua análise teórica não vai longe? Por que, por exemplo – para fazer alusão a um acontecimento recente que se esfuma, mas que ainda não está esquecido –, bastou que se espalhasse uma fraseologia nova sobre o eurocomunismo para que dirigentes e militantes socialistas fundassem esperanças em Berlinguer, Carillo e Marchais, como se suas organizações tivessem mudado de caráter? Responder-se-á que em vários países os comunistas gozam de uma forte implantação na classe operária e, mais largamente, nas camadas assalariadas, que travam combates (outra coisa é saber como e para que fins) cujos objetivos imediatos coincidem com os dos socialistas? Nós não discordamos desse fato, porém em nada explica o desfalecimento na crítica ao totalitarismo. Seria extravagante supor que essa crítica permanece informulada por simples cuidado tático. A verdade é, mais simplesmente, que ela requereria uma nova conceituação que abalaria os fundamentos do pensamento socialista, uma conceituação política.

Já que utilizamos várias vezes o termo "política", sem defini-lo, é tempo de tentar precisar-lhe o sentido. Assinalávamos que a esquerda não pensava em termos políticos porque desconhecia a natureza simbólica do poder na sociedade democrática e a do Estado moderno. Entretanto, sugeríamos imediatamente que esse desconhecimento dirigia-se, no mesmo lance, à estrutura da sociedade, ao mesmo tempo à divisão do Estado e do conjunto social, à divisão interna e à relação mantida por certa articulação do poder, da lei e do conhecimento com a ordenação das relações sociais (começando pelas que se estabelecem no quadro da produção). Colocávamos, assim, uma baliza. A nossos olhos, o fenômeno do poder está no centro da análise política, mas não porque há uma autonomia da relação de poder (esta reduzida a sua mais simples expressão de dominação de um homem ou de um grupo sobre uma coletividade não nos ensina nada); é porque a existência de um poder suscetível de obter a obediência e a fidelidade generalizadas implica certo tipo de divisões e de articulações sociais, ao mesmo tempo que certo tipo de representações, em parte explícitas e, em maior parte, implícitas, concernentes à legitimidade da ordem social. Não nos contentemos sequer em dizer que não há poder que não requeira procedimentos de legitimação pois seria forjar a ficção de um poder nu que teria de produzir imagens ou ideias suscetíveis de vesti-lo e de o fazer reconhecer como necessário e desejável. Esse trabalho de legitimação ocorre, é operado pelos detentores do poder, pelos agentes religiosos ou pelos legistas a seu serviço. Mas, antes de apreciá-lo, é necessário decifrar as condições que o tornaram possível, perguntar-se em cada caso dado que mudança nos princípios de legitimidade, que remanejamento no sistema de crenças, no modo de apreensão da realidade permitiram que uma nova figura de poder se desenhasse. E dizemos "figura" para dar a entender que é da essência do poder fazer-se ver e tornar visível um modelo de organização social.

Nesse sentido, nada mais instrutivo do que examinar a formação do Estado totalitário na URSS. Ora, é seguramente necessário pôr em evidência os acontecimentos políticos (tomando a palavra na sua acepção restrita) que dela dão conta. Com efeito, como todos sabem, mas como é frequentemente esquecido, a perturbação da economia se efetuou apenas a partir dos anos 1929-1930; foi precedida pelo estabelecimento de um novo modo de dominação, esboçado nos dias que se seguiram à Revolução já no tempo mesmo de Lênin. Entretanto, não basta salientar os sinais da conquista do poder e de sua apropriação pelo partido bolchevique, nem tampouco os de uma burocratização nas múltiplas instituições saídas da Revolução, cujo efeito foi cristalizar em torno do Partido uma camada de quadros indispensáveis à transformação do Estado. A estratégia do Partido retém, legitimamente, sem dúvida, a atenção: elimina todas as formações políticas rivais, depois subordina a si, quando não os suprime, todos os órgãos revolucionários – sovietes, comitês de fábrica, comitês de bairro, comitês de soldados, milícias operárias, jovem guarda vermelha – até concentrar nas suas mãos, ou melhor, nas mãos da direção, todos os meios de decisão e de coerção. Sem dúvida importa ainda captar, no contexto pós-revolucionário de desordem e de penúria, uma espécie de seleção espontânea, no seio da população, de dirigentes que, consolidando sua função, não tirando vantagens materiais, criam novas solidariedades de uma instituição a outra e se ligam ao polo de autoridade mais firme. Assim Marc Ferro analisou magistralmente o processo de burocratização por baixo, que vem duplicar o de uma burocratização pelo alto e favorecer a constituição de um novo aparelho de Estado ditatorial.[4] Resta que esses fenômenos, por mais importantes que sejam, estão longe de dar o sentido da situação. De fato, o partido bolchevique, como observa ainda Ferro, não era o único a aliar a manobra à demagogia, a manipular as assembleias e excluir seus adversários das posições-chave, assim não era o único a poder ganhar para a sua causa elementos procurando fazer carreira numa sociedade livre da anarquia. O que precisamos compreender é que sua força de atração não se mede por sua força real. O que o distingue e explica seu sucesso é a capacidade que tem de se identificar com a Revolução, como movimento irreversível, como poder de ruptura radical com o passado e de fundação radical de um novo mundo; a capacidade que tem de condensar

---

[4] Marc Ferro, *La Révolution de 1917*, Aubier-Montaigne, 1976. – *Des Soviets à la bureaucratie*, Coleção Archives, Gallimard-Julliard, 1980.

a reivindicação de uma transformação social com a de um saber absoluto sobre a história e a sociedade; enfim, a capacidade que tem de se conceber e de aparecer como o depositário da legitimidade e da verdade socialistas. Esses traços, rigorosamente ligados, dão-lhe uma figura singular e dão conta de sua influência sobre elementos que não têm formação política, nem cultura e sobre uma *intelligentsia* sem experiência dos problemas de organização e dos problemas econômicos. O partido encarna o polo do saber e da ação, atrai para si os que não têm o que fazer com a teoria porque ele *é* a teoria e os que não têm o que fazer com a prática porque ele *é* a prática.

De homens rudes e incultos faz os depositários da grande teoria; de intelectuais (os que não destrói) faz militantes, organizadores, depositários da práxis revolucionária. E, mesmo quando ainda deixa lugar para debates internos e quando navega através dos compromissos com esse grupo contra aquele, em suma, mesmo quando não é ainda partido monolítico nem partido único, conjuga potencialmente essas duas naturezas porque figura o partido-Uno, não um partido entre outros (que apenas seria mais forte e mais audacioso), mas aquele partido que tem como vocação agir graças a uma única vontade e nada deixar fora da sua órbita, isto é, confundir-se com o Estado e a sociedade.

Em suma, a análise não iria longe caso parasse na observação da conquista do poder, das modalidades de seu exercício, do estabelecimento de uma hierarquia de burocratas capaz de sustentar e de difundir suas normas e regulamentos. Obriga-nos a interrogar a mutação que se produz com o advento de um novo tipo de partido. Esta é de ordem simbólica. Não se poderia apontá-la no registro dos acontecimentos; testemunha um novo sistema de representações que determina o próprio curso dos acontecimentos.

É verdade que esse sistema não faz senão esboçar-se no tempo de Lênin. Para conceber sua lógica é preciso considerar o período no qual o novo poder se estabilizou, a nova burocracia se constituiu plenamente, os fundamentos materiais do regime foram colocados graças à abolição da propriedade privada dos meios de produção, à coletivização e à instalação dos instrumentos de intervenção do Estado, isto é, da planificação.

Por que, então, estamos fundamentados para falar de totalitarismo? Não porque a ditadura atingiu sua maior força, porque é capaz de exercer sua coerção sobre todas as categorias da população e de editar regulamentos que valem como normas em todos os domínios da vida social. É certamente assim que acontece. Mas parar nos traços da ditadura significa permanecer no nível da descrição empírica. Impõe-se o modelo de uma sociedade que se instituiria sem divisões, disporia do domínio de sua organização, se relacionaria consigo mesma em todas as suas partes, seria habitada pelo mesmo projeto de edificação do socialismo.

Apenas é possível distinguir a causa do efeito no encadeamento das relações que tendem a apagar os traços da divisão social. Em primeiro lugar, o poder afirma-se como *o poder social*, figura de alguma maneira a própria Sociedade como potência consciente e atuante: entre o Estado e a sociedade civil a linha de clivagem torna-se invisível. E, simultaneamente, torna-se também invisível a que separa o poder político do poder administrativo: o aparelho de Estado perde toda independência face ao partido comunista e à sua direção. Paradoxalmente, como muito bem mostra Hannah Arendt, as diversas burocracias estatais perdem as fronteiras que fazem de cada uma delas, na sociedade moderna, um universo distinto cujas prerrogativas e atribuições são fixadas, assim como seus membros cessam de se articular no seio de hierarquias regularmente constituídas. O poder político circula através de seus agentes – os funcionários do partido e da polícia secreta – em todas as esferas da burocracia, tendendo a dissolver as relações particulares fundadas sobre a divisão do trabalho e as solidariedades de clã, para deixar apenas subsistir uma relação geral entre o órgão dirigente (e o dirigente supremo) e seus executantes os quais, como indivíduos, dispõem de um estatuto e de uma existência sem garantia. Simultaneamente, no vértice do Partido e do Estado, o poder se confunde com a posição daquele ou daqueles que detêm a autoridade. Essa confusão não é acidental, não é efeito do comportamento do ou dos governantes. A mesma necessidade faz com que o Estado se solde à sociedade, o poder político ao aparelho de Estado e os chefes a um e outro. Em outros termos, por uma inversão da lógica democrática que evocávamos, o poder cessa de designar um lugar vazio, vê-se materializado num órgão (ou, no limite, num indivíduo), supostamente capaz de concentrar nele todas as forças da sociedade.

Em segundo lugar, encontra-se denegado o princípio de uma divisão interna à sociedade. Todos os sinais desta, que não desapareceu de forma alguma, são referidos à existência de camadas sociais (*kulaks*, burgueses) provenientes do Antigo Regime ou à existência de elementos acusados de trabalhar por conta do imperialismo estrangeiro. A nova sociedade está encarregada de tornar impossível a formação de classes ou de agrupamentos cujos interesses seriam antagônicos. Entretanto, a afirmação da totalidade requer não menos imperativamente a denegação da diferença das normas em função das quais se define cada modo de atividade e cada instituição onde se exerce. No limite, a empresa de produção, a administração, a escola, o hospital ou a instituição judiciária aparecem como organizações especiais, subordinadas aos fins da grande organização socialista. No limite, o trabalho do engenheiro, do funcionário, do pedagogo, do jurista, do médico, escapa à sua responsabilidade e se vê submetido à autoridade política. Enfim, é a noção mesma de uma heterogeneidade social que é recusada, a noção de uma variedade de modos de vida, de comportamento, de crença, de opinião, na medida em que contradiz radicalmente a imagem de uma sociedade de acordo consigo mesma. E ali onde é assinalado o elemento mais secreto, mais espontâneo, mais inapreensível da vida social, nos costumes, gostos, ideias, o projeto de dominação, de normalização, de uniformização vai o mais longe possível.

Ora, que se considerem estes dois momentos do empreendimento totalitário de fato indissociáveis: a anulação dos sinais da divisão do Estado e da sociedade e a da divisão social interna. Implicam uma desdiferenciação das instâncias que regem a constituição de uma sociedade política. Não há mais critérios últimos da lei, nem critérios últimos do conhecimento que sejam subtraídos ao poder. Essa observação é a que melhor permite apanhar a singularidade do totalitarismo. Pois, sem chegar a falar da monarquia absolutista europeia que manifestamente sempre comportou uma limitação do poder do príncipe-limitação ligada ao reconhecimento dos direitos adquiridos pela nobreza ou pelas cidades, porém mais fundamentalmente comandada pela imagem de uma Justiça de origem divina –, nunca o despotismo (esse famoso despotismo oriental no qual se gosta de encontrar uma prefiguração do regime stalinista) apareceu como um poder que tiraria de si mesmo o princípio da lei e o princípio do conhecimento. Para que tal acontecimento se produza, é necessário que seja abolida toda referência a potências sobrenaturais ou a uma ordem do mundo e que o poder tenha acabado por se mascarar em poder puramente social.

O totalitarismo supõe a concepção de uma sociedade que se basta a si mesma e, já que a sociedade se significa no poder, a um poder que se basta a si mesmo. Em suma, saímos dos quadros tradicionais do absolutismo, do despotismo ou da tirania quando a ação e a ciência do dirigente não se medem senão pelo critério da *organização*, quando a coesão ou a integridade do corpo social se revelam como exclusivamente dependentes da ação e da ciência do dirigente. O processo de identificação entre o poder e a sociedade, o processo de homogeneização do espaço social, o processo de fechamento da sociedade e do poder encadeiam-se para constituir o sistema totalitário. Fica assim restabelecida a representação de uma ordem "natural", mas essa ordem é suposta social-racional e não tolera divisões nem hierarquias aparentes.

No fundamento de tal sistema devemos apanhar certas representações-chave que compõem sua matriz ideológica. Em certo sentido elas não são novas, derivam de uma experiência do mundo que a democracia moderna inaugurou, porém deixam de ser latentes, veem-se carregadas de uma potência de afirmação do ser do social que as faz alcançar uma eficácia completamente nova e as expõe também a um destino novo.

Notável é, com efeito, o desdobramento de cada uma delas sob o efeito de sua atualização. O que aparece em primeiro lugar é a imagem do povo-Uno. Pouco importa que, durante certo período, o povo se confunda com o proletariado: este é então concebido miticamente como a classe universal na qual se fundem todos os elementos que trabalham na edificação do socialismo; propriamente falando, não é mais uma classe no interior de uma sociedade estratificada, é o povo na sua essência e, principalmente, inclui a burocracia. Ora, essa imagem combina-se com a de um poder-Uno, poder concentrado nos limites do órgão dirigente e, finalmente, num indivíduo que encarna a unidade e a vontade populares. São duas versões do mesmo fantasma. Pois o povo-Uno não pode ser ao mesmo tempo figurado e enunciado senão por um grande Outro; no primeiro período, não pode sê-lo senão por esse grande indivíduo que Soljenitsin tão bem nomeou o *Egocrata*. Mas, por outro lado, a mesma imagem se combina com a do elemento estranho ao povo, com a do seu inimigo. É preciso compreender que esta última não é secundária. A definição do inimigo é constitutiva da identidade do povo. E, desse ponto de vista, a metáfora do *corpo*, em vigor no tempo do próprio Lênin, retém a atenção. A campanha contra os inimigos do povo vê-se posta sob o signo da profilaxia social: a integridade do corpo dependendo da eliminação de seus *parasitas*.

Não menos determinante nos parece a representação da organização. Não nos contentemos, com efeito, em observar que organizações proliferam em toda a extensão do social. A novidade consiste em que a sociedade é percebida no seu conjunto como uma vasta organização compreendendo uma rede de micro-organizações. Ora, essa representação se desdobra, por sua vez. Enquanto se impõe a imagem dessa organização geral na qual os indivíduos estão inscritos, na qual encontram predeterminados seu estatuto e sua função, enquanto prevalece a noção de uma racionalidade imanente ao social, a sociedade aparece como uma matéria amorfa a organizar, como organizável, como alguma coisa que se oferece à intervenção incessante do engenheiro, do construtor comunista. Nesse sentido, a estrutura de cada organização particular, o lugar e a função de cada um de seus agentes não são nunca estabelecidos nem seguros. Enfim, assim como a identidade do povo e a integridade do corpo dependem de uma luta constante contra os elementos estrangeiros ou os parasitas, a virtude da organização supõe a ideia de uma desorganização, de um caos, sempre ameaçadores, e a de perturbadores, sabotadores das leis do socialismo. Se perscrutarmos essas duas representações teremos a medida da contradição que persegue o militante ou o dirigente da sociedade totalitária. Por um lado, confunde-se com o povo, o proletariado, o partido, está incorporado nele, encontra-se dissolvido como indivíduo no "Nós" comunista, ou então é uma peça ou uma correia de transmissão na Organização, na Máquina e, por outro lado, ocupa a posição do Senhor, daquele que vê e nomeia tudo, ou a do organizador, do ativista, do mobilizador das massas.

É necessário ainda discernir duas outras representações que, por mais próximas que estejam das precedentes, nem por isso são menos distintas. Uma é a da criação social-histórica, outra a da transparência da sociedade para si mesmo. A primeira sustenta-se sobre o mito de uma matéria social oferecida ao poder do organizador, porém tem raízes mais profundas pois, antes mesmo de ter sido formado o modelo da racionalização burocrática (industrial), desde a época da Revolução Francesa, tinha-se visto nascer a ideia da criação de uma sociedade inteiramente nova, de um homem novo, como se fosse possível e necessário construir sobre tábula rasa. Agora afirma-se a fé em uma edificação permanente do socialismo, a visão de um "futuro radioso" que justifica todas as ações presentes e, principalmente, os sacrifícios impostos às gerações do tempo da transição. O contraponto dessa idealização também não nos deve escapar. A ideia da criação, ou melhor, de uma autocriação da sociedade é acompanhada por uma prodigiosa recusa de toda inovação que transgredisse os limites de um futuro já sabido, de uma realidade em princípio já dominada. Nesse sentido, a imagem de uma história que se faz a todo momento revela-se absolutamente contradita pela de uma história fixada. O desconhecido, o imprevisível, o indeterminável são as figuras do inimigo.

A última representação surge ainda do fato da democracia moderna; porém, sua transformação, no contexto do totalitarismo, é mais notável. A partir do momento que o Estado tende a se confundir com a sociedade, deixa de haver apenas presunção de um ponto de vista de racionalidade sobre o conjunto das atividades, e esse ponto de vista torna-se o do poder que, por intermédio de seus agentes políticos, policiais, planificadores, possui o conhecimento inteiro do detalhe da realidade social. E, simultaneamente, esse conhecimento se quer como o da sociedade sobre si mesma. Assim se desenvolve uma intensa atividade destinada a tornar manifestos os objetivos e os resultados do empreendimento socialista. Seu melhor testemunho é a fantasmagoria do Plano. Tudo se passa como se o poder tivesse a capacidade de exibir a obra social comum ou como se, por seu intermédio, a sociedade se exibisse diante de si mesma. Entretanto, a mirada da transparência revela-se contraditoriamente como sendo a da opacidade. Pois o "todo" não admite deixar-se desdobrar através de articulações conhecendo cada uma sua função. O "todo" deve permanecer fora de suas articulações e, logo, um segredo. Ao evocarmos as belas análises de Hannah Arendt notávamos a insegurança, a incerteza, é preciso que se diga agora, que se liga à posição do militante, do burocrata na administração, do engenheiro ou do diretor da indústria: uma incerteza radical para cada um, seja qual for sua posição, a respeito das razões das decisões tomadas pela cúpula e dos limites da autoridade de que esta dispõe. Ora, esse fenômeno não é apenas o indício de um poder tirânico tanto mais temível porque ninguém conhece nem pode prever seus desígnios. A verdade é que uma sociedade que assegurasse à ação social sua maior inteligibilidade seria aquela em que cada campo passasse pela prova da realidade, pelo conhecimento do possível e do impossível, pela consideração das resistências dos homens e das coisas e, consequentemente, por uma apreensão das condições singulares dos diversos modos de relação e de trabalho. Tal sociedade seria, por princípio, rebelde ao empreendimento totalitário. Este não pode desenvolver-se senão obstinando-se em destruir toda garantia de competência no espaço mesmo da burocracia, senão embaraçando a meada das responsabilidades, mantendo nas trevas o núcleo do poder onisciente. É assim que o ideal do segredo se revela gêmeo do do conhecimento (e seria necessário acrescentar que o ideal da polícia secreta se faz gêmeo de uma exibição política de tudo o que é realizado).

Para apreciar a eficácia do sistema de representação que acaba de ser esboçado, seria necessário abandonar o nível de abstração em que nos situamos e levar em consideração todas as molas que lhe permitem inscrever-se na vida social. A primeira dessas molas é, evidentemente, o Partido. Após ter sido a forma do empreendimento totalitário, torna-se, uma vez o regime estabelecido, o agente privilegiado do processo de identificação entre o poder e o povo e do processo de homogeneização do campo social. Porém, não preenche essas funções senão combinando-se com inúmeros organismos de massa. Assim, enquanto por um lado penetra em todo o edifício do Estado até deslocar dele as articulações convencionais e utilizá-lo como uma simples fachada do poder político, por outro lado faz surgir microcorpos às dezenas e às centenas, sendo essencial que a natureza deles pareça distinta da sua, de maneira a simular a especificidade e a autonomia de relações puramente sociais, isto é, não políticas, mas que lhe são consubstanciais. Sindicatos de todo tipo, agrupamentos de auxílio mútuo, agrupamentos culturais de trabalhadores de diversas categorias, organizações de jovens, de crianças, de mulheres, círculos de escritores, de artistas, de cientistas, academias, toda uma rede de "coletivos" na qual circulam as normas comunistas se vê instalada. Em cada um desses coletivos é refeita a imagem de uma identidade social comum e de uma direção que dela é depositária, a imagem da boa organização e do ativista-organizador; em cada um é novamente representado o mecanismo de eliminação dos parasitas, dos sabotadores, dos desviantes; em cada um se conjugam o imperativo da inovação e o do mais estrito conservadorismo; em cada um o da exibição dos objetivos e dos resultados e o de uma ocultação dos centros de decisão. E, por isso, toda relação social, toda troca, toda comunicação, toda reação que testemunhassem iniciativas particulares, imprevistas, desconhecidas, situadas fora do espaço domesticado do coletivo torna-se um alvo. À obra de *incorporação* dos indivíduos nos agrupamentos legítimos corresponde a obra de decomposição das relações livremente estabelecidas; à obra de uma socialização artificial, a destruição das formas de sociabilidade natural.

Quem não prestasse atenção ao imenso dispositivo edificado para dissolver em toda parte onde pode afirmar-se o sujeito em um "nós", para aglomerar, fundir esses "nós" no grande "Nós" comunista para produzir o povo-Uno, privar-se-ia de compreender como se exerce a lógica totalitária. Poderia denunciar a desmedida de um poder ditatorial, a expansão da burocracia, a proliferação dos aparelhos que reduzem à função de puros executantes aqueles que se supõe participarem da vida das instituições, ainda não veria que ditadura, burocracia, aparelhos precisam de um novo sistema de corpos.

Ora, talvez toquemos aqui na causa mais profunda da cegueira da esquerda face à variante comunista do totalitarismo. Enquanto não sente senão nojo por todas as formas de organização criadas pelo fascismo, nas quais reconhece um desígnio de arregimentação e de mistificação porque o culto do chefe e da disciplina aí é praticado abertamente, permanece a maior parte das vezes estúpida perante o processo de associação, de mobilização, de animação de massa, porque se desenvolve sob o signo aparente da *democracia real*. Como o ideal da democracia real é o seu, limita-se a deplorar que seja desnaturado nos fatos pela ação de manipuladores. Curiosamente retoma por sua própria conta a acusação de parasitismo ou de sabotagem para aplicá-la aos burocratas, sem nunca se perguntar se a ideia do bom "coletivo" pode ser extraída do sistema de representações totalitário. Paralisada pela justa crítica do individualismo burguês, pela da separação dos papéis e das atividades engendrada pelo capitalismo, não sabe acrescentar-lhe a crítica inversa: desmontar a ficção da unidade, da identidade, da substância do social e mostrar que ela conduz ao isolamento dos indivíduos levado ao seu mais alto grau, à dissolução do Sujeito, à destruição forçada da sociabilidade humana. E é tal sua impotência que a vemos desarmada quando os comunistas da nova onda, sobretudo, os italianos, proclamam os méritos da "democracia de massa", como se esse conceito não fosse o melhor para cobrir a invasão de todos os setores da cultura – antes os da economia – por grupos apaixonados pela sua coesão, votados ao conformismo, cimentados pelo ódio dos desviantes.

Tentar discernir as grandes linhas do empreendimento totalitário é uma coisa. Seria outra perguntar-se o que acontece com seus efeitos na realidade. Seria necessário observar a desordem em vez da ordem; a corrupção para além da imagística do corpo são; a luta pela sobrevivência ou pelos lugares à espera do "futuro radioso", a virulência dos antagonismos burocráticos sob a férula do poder. Essa tarefa, nós não a empreendemos. Pelo menos não deixemos o leitor duvidar de nosso pensamento: o sistema totalitário não alcança seus fins. Mais que qualquer outro se choca contra o desmedido da experiência. Importa ainda apreciar sua coerência fantasmática.

Stalin e o stalinismo[1]

A convite dos organizadores de nosso encontro, temos de nos interrogar sobre o que foram Stalin e o stalinismo. Entendo, de minha parte, que se trata de uma única questão que diz respeito, ao mesmo tempo, ao papel de homem e a uma *forma política*. Sem dúvida, concordaremos facilmente ao julgar que esta não foi o produto da vontade e da ação pessoal de Stalin; mas talvez seja mais difícil dar o justo lugar a este último. Com efeito, é grande a tentação, quando estamos ocupados em detectar uma *forma*, de reter dela apenas os traços aparentemente objetivos e apagar os outros, ou de abandonar o resíduo à competência do psicólogo – como se fosse preciso, a qualquer preço, raciocinar em termos de necessidade e de contingência e decidir entre uma e outra. Convido-os a observar que se cedêssemos, contudo, a essa tentação, não seria apenas o fenômeno Stalin que negligenciaríamos, mas o fenômeno stalinismo na medida em que esse conceito carrega a marca de um nome próprio. É também minha intenção dar pleno sentido à articulação desses dois fenômenos, ou ainda justificar o emprego do conceito de stalinismo no qual se encontram combinados a referência a um indivíduo e uma significação política.

Como, pois, apreender este objeto: *Stalin e o stalinismo*? Parece-me que a questão comanda nosso debate e que, deixando de colocá-la, arriscar-nos-íamos a nos extraviar em discussões vãs. Parece-me, principalmente, que este debate

---

[1] Intervenção no Colóquio organizado em Genebra, em janeiro de 1980, pela Faculdade de Letras e o Instituto Universitário dos Altos Estudos Internacionais, sobre o tema: "Stalin e o stalinismo".

seria cego se agitássemos argumentos para opor ou confundir a era stalinista e a era pré-stalinista ou pós-stalinista, ou para opor ou confundir marxismo, leninismo e stalinismo, sem ter de antemão definido os princípios de uma interpretação que tornam pertinentes os problemas colocados. Desse ponto de vista, começarei por evocar dois procedimentos que me parecem igualmente votados a nos fazer perder nosso objeto, de maneira a melhor pôr em evidência a exigência de uma nova conceituação. O primeiro procedimento concerne à historiografia tradicional que pretende ater-se à observação empírica, na ausência de todo pressuposto teórico. O estudo de Stalin e do stalinismo confunde-se então com o de um período que começa no momento em que se afirma plenamente a autoridade do ditador e se encerra com a sua morte. Leva certamente em conta as mudanças ocorridas nos métodos de governo e a natureza ou o funcionamento das instituições, mas implicando-as sempre na narração dos acontecimentos. Tal estudo choca-se contra o obstáculo que encontram todos os do mesmo gênero. É impotente para justificar o recorte do período, pois nada lhe permite considerar que a duração da vida política de Stalin delimite uma fatia significativa de história: a noção de reino de Stalin pode ser julgada tão arbitrária quanto a do reino desse ou daquele monarca. No presente caso, a dificuldade consiste, além disso, em circunscrever exatamente o dito período. Com efeito, não há coroação, golpe de Estado, acontecimento notável que sirva de baliza. Supondo que a morte do ditador fixe um limite natural – de tal maneira que a ideia de um stalinismo sem Stalin seja por princípio banida ou tenha apenas significação metafórica – coloca-se a questão de saber se a era stalinista começa com a morte de Lênin, em 1927, nos anos 1920 e 1930, em 1934 ou mesmo mais tarde. Como assinalávamos, o historiador empirista está, sem dúvida, sempre exposto a essa indeterminação e pretende resolvê-la organizando a sua narração. Mas, além de lhe faltar aqui o sinal que lhe asseguraria uma mudança manifesta no estatuto ou na situação do seu personagem (as funções exercidas por Stalin não informam sobre o grau de seu poderio), o problema da datação está imbricado em um outro que escapa à perspectiva do simples observador. É preciso assinalar que o termo "stalinismo" não designa o governo de Stalin nem seu "reino"; serve para pôr em evidência, pelo menos, um exercício singular do poder e, na medida em que este afeta a sociedade inteira e o detalhe da vida social, um modo de organização e de disciplina, um conjunto de comportamentos, de atitudes, de valores que deram sua fisionomia ao regime dito soviético. Não apenas Stalin, mas o próprio Kruschev, a despeito das críticas que este dirigiu àquele, evitaram falar de stalinismo. O termo foi forjado, se não me engano, pelos trotskistas e reinventado por Medvedev com uma intenção crítica, para denunciar um desvio do marxismo e uma ruptura com o leninismo. Perdoem-me esta observação que parece inútil tanto ela é evidente: se se ativer à simples descrição das políticas que caracterizam a era stalinista, o historiador não encontra o stalinismo.

Para introduzir esse conceito é preciso que assuma a linguagem dos opositores, mas então, a menos que a explore como um simples dado de fato, impõe-se-lhe uma exigência teórica. Se, contudo, me demoro nessa constatação banal é porque o ponto de vista da historiografia tradicional pode muito bem coexistir – e coexiste efetivamente às vezes – com o de uma historiografia comunista, ao preço de uma dissimulação de seus pressupostos quando esta tem a audácia de criticar os métodos stalinistas afastando o conceito de stalinismo. Diluída na narração dos acontecimentos, essa crítica não menciona a aparição de um estilo político novo a não ser para melhor desarmar a reflexão política.

A segunda via que evocava, como acabamos de entrever, é a dos opositores que tomam como dupla referência o marxismo e a prática leninista. O fato é que lhes devemos o conceito de stalinismo. Mas em que sentido? No fundo, quer se consulte Trotski quer Medvedev, um mesmo esquema é sensível, a despeito de múltiplas diferenças: considerando a teoria de Marx, impossível ignorar a perversão introduzida pela doutrina implícita de um poder burocrático; considerando a ação de Lênin, impossível confundir o que foram um comando autoritário, medidas arbitrárias ditadas pelos imperativos da revolução com métodos deliberados de coerção, um governo pelo terror a serviço de uma ambição pessoal. O conceito de stalinismo não se definiria, pois, senão no quadro da problemática marxista-leninista, sob a condição de imaginar uma história regida pelo advento do socialismo cujas peripécias atrasando sua realização tiveram como efeito engendrar uma formação monstruosa. Inútil desenvolver longamente este esquema; ele é familiar a vocês. Importa-me apenas sublinhar que o conceito de stalinismo é rigorosamente comandado por uma teoria da filiação e da desnaturação. Tanto do ponto de vista dos princípios quanto do da prática, o stalinismo aparece como um filho socialista que as vicissitudes do real teriam resguardado da dinâmica revolucionária e que estaria ocupado apenas com a sua própria conservação, à custa de todas as forças que põem a sua sobrevivência em perigo. Uma teoria desse gênero combina, pois, as duas ideais do stalinismo como sistema e como produto das circunstâncias. Ou, prefiro dizer, implica um compromisso entre a exigência de conceituação e a perspectiva da história factual, única capaz de revelar as famosas vicissitudes do real. Para evocar apenas Trotski, recordarei que esse compromisso guia o desenvolvimento de uma interpretação em dois momentos. Quando se trata de dar conta da ascensão de Stalin, as circunstâncias fornecem o essencial da interpretação. A guerra civil, a intervenção estrangeira, o refluxo das forças revolucionárias na Europa, o isolamento da URSS e suas consequências – o desmoronamento da produção, a desorganização da economia, o antagonismo cidade-campo, a diminuição do proletariado industrial e seu desencorajamento, a entrada em massa no Partido de elementos que lhes são estranhos e que procuram apenas segurança e promoção social: eis o cenário histórico. Stalin parece irresistivelmente levado pelo curso das coisas, o homem que responde às aspirações dos medíocres, dos tímidos, dos arrivistas. É certo que a descrição sustenta a ideia de uma ruptura na edificação do socialismo, da passagem de uma política revolucionária que leva o nome de Lênin a uma política a serviço da consolidação de um aparelho burocrático que leva o nome de Stalin. Mas essa ruptura, essa passagem estão bem inscritas num processo objetivo, anônimo, que parecem escapar aos atores e, em resumo, ser inevitáveis. Assim, vemos Trotski obstinar-se em mostrar que a derrota da Oposição não é imputável a seus erros, mas efeito de circunstâncias que esta não podia modificar. O stalinismo parece emergir de uma aventura fatal. E, observemos de passagem, é tal a eficácia dessa visão da história que tende, então, a anular a crítica. De fato, quantos intelectuais que se vangloriavam de fundar sua adesão ao comunismo sobre uma apreciação lúcida dos acontecimentos não encontraram em Trotski a prova de que qualquer outra política que não a de Stalin era condenada pela história e, logo, condenável, e que era necessário, para lutar contra o capitalismo, aceitar as condições reais nas quais o regime tinha podido sobreviver? O segundo momento da interpretação trotskista assinala-se, em contrapartida, pela tentativa de pôr em evidência a finalidade específica do sistema stalinista – tentativa sustentada na análise dos métodos empregados pelo poder para se reforçar, uma vez tendo triunfado sobre seus inimigos, e na análise, também, da mentalidade dos dirigentes e dos novos quadros que se tornaram insensíveis aos interesses das massas na Rússia e no mundo. A partir daí os acontecimentos não figuram mais como causas, são antes tratados como efeitos da política stalinista. Não entrando no detalhe da argumentação, digamos brevemente que tudo o que se passa na cena internacional desde 1926 ou 1927, principalmente na China, na Alemanha quando da ascensão do nazismo ou na Espanha, assim como as perturbações catastróficas sobrevindas em consequência da coletivização forçada e da industrialização carregam a marca das malfeitorias da estratégia stalinista. O stalinismo, nesta perspectiva, não é mais moldado pela história, mas imprime nela seu curso singular. De consequência, torna-se princípio.

Resta que esse ponto de vista não apaga o precedente; eles se justapõem. De tal maneira que, se se adotou o primeiro, se pode sempre subordinar-lhe o segundo. Se se compartilhou a visão fatalista, pode-se objetar a Trotski que a política interior e exterior de Stalin nos anos 1930 continua imposta pelas circunstâncias que provocaram o enfraquecimento do proletariado russo, arruinadas as oportunidades de uma oposição no Partido e favorecido o surgimento de uma burocracia em ruptura com a dinâmica revolucionária, enfim, coagido o poder a ziguezagues para preservar as aquisições do socialismo.

Observei que o conceito de stalinismo, na sua primeira acepção, procedia de um compromisso entre uma exigência teórica, qual seja a de uma reflexão sobre a natureza do regime e a história descritiva. Esse compromisso efetua-se acobertado pelo marxismo. Mas não o deixa intacto. Este pretende esclarecer o caminhar da revolução a partir de uma teoria do modo de produção e da luta de classes; o que não lhe proíbe explorar as vias da contrarrevolução e decifrar que figuras assume em resposta aos movimentos que, segundo o esquema estabelecido, são julgados como não tendo atingido a sua maturidade. Ora, o que Trotski (mas a observação aplica-se igualmente a Medvedev) poderia a rigor explicar, reconstituindo uma sequência de acontecimentos, seria a derrota da Revolução Russa e a formação de um regime contrarrevolucionário de uma nova espécie, regime anti-socialista, sustentado por uma classe cujos interesses são opostos aos do proletariado; mas os limites da interpretação marxista são transpostos quando a análise histórica é explorada para inscrever num contínuo temporal uma formação política a qual se julga, no entanto, que possui uma coerência própria e levanta obstáculos à revolução.

Gostaria de fazer uma segunda observação sobre esse ponto. Se se aceitar ainda por um momento em lembrar-se da argumentação de Trotski, parece-se que ela conduz a duas conclusões: a primeira seria que, dadas as circunstâncias, não havia mais na URSS – digamos: a partir de 1923 – política revolucionária possível. Concepção fatalista, observávamos, que não autoriza, no melhor dos casos, senão a busca de um trabalho teórico à espera de novos acontecimentos que modificassem o estado das relações de forças no país ou no mundo. A segunda, cuja hipótese me parece justificada ao ver seus constantes esforços para formular, em cada etapa, uma política diferente da de Stalin, seria que, à falta de poder realizar uma revolução de acordo com o esquema sugerido por Marx e retomada por Lênin em o *Estado e a revolução*, teria sido possível compor com o real conservando inteiramente em vista os objetivos últimos e assegurando ao proletariado uma participação na vida do Partido. Que me compreendam bem, não me pergunto se Trotski vencedor de Stalin teria sido capaz de levar a cabo essa política. De fato, sua prática, quando exerceu altas responsabilidades políticas, torna pouco crível sua crítica da burocracia. O que me interessa é que o stalinismo aparece, desse ponto de vista, não mais como um desvio direto do marxismo, mas como um desvio de um caminho que, de toda maneira e, de fato, já no tempo de Lênin, se afastava da via régia da política revolucionária. Medvedev, mais uma vez, nos inspiraria o mesmo comentário. Condena os excessos do stalinismo ou, mais precisamente, julga que o stalinismo se define por seus excessos, impostos pelas circunstâncias, porém os caracteriza face aos justos excessos leninistas. Certamente ninguém pensa que Marx havia excluído a violência da política revolucionária. Mas entrevemos nos autores que reivindicam seu ensinamento contra Stalin uma sutil distinção entre a violência proletária por um lado, sempre imposta pela luta contra o inimigo de classe e, por outro lado, uma violência extraordinária, exigida em uma situação limite, quando a revolução explodiu num país onde o proletariado é fraco demais para conduzi-la a seu termo e o mundo se liga contra ela e, enfim, uma violência parasitária que confunde os interesses do novo poder com os da revolução.

Por que essa observação? Porque me parece que os adversários do stalinismo são incapazes de defini-lo uma vez tendo admitido um transbordamento da política revolucionária pelo real (o curso dos acontecimentos após 1917) e imaginado uma política de substituição (um prolongamento do leninismo sem Lênin) – esta conduzida por bons dirigentes e um bom aparelho apenas sustentado por uma magra fração proletária. Em outros termos, a definição do stalinismo como excesso revela-se inconsistente, se se concedeu que já há excesso antes da era stalinista e que nos vemos, assim, reduzidos a distinguir excessos "normais" e excessos "excessivos".

Localizamos aqui, novamente, a função da história descritiva e verificamos que é construída para eludir toda questão que dissesse respeito, ao mesmo tempo, à validade da teoria marxista da revolução e do leninismo e à lógica do sistema stalinista. Ali onde seria preciso interrogar os fundamentos da teoria, contenta-se em "mostrar" que é deformada no contato com os acontecimentos; ali onde seria preciso perguntar por que o terror, sob Lênin, foi desencadeado *antes* e *após* a guerra civil, isto é, em épocas em que não poderia se deixar deduzir de uma situação de perigo extremo, atribui-se indistintamente todos os seus episódios a uma dinâmica de resistência aos inimigos da revolução; ali onde se observa uma mutação, a instauração da ditadura stalinista, que faz da violência generalizada um princípio de governo, descobre-se um produto monstruoso das circunstâncias.

Mas é ainda perscrutar a contradição entre a conceituação e a narração que mina o compromisso de que falávamos. Por que se quer tão obstinadamente manter uma continuidade entre o marxismo e o stalinismo? Não é porque a propriedade coletiva dos meios de produção vem fornecer o índice do socialismo? Estranho argumento, na verdade, cuja consequência é a de que o momento culminante do "desvio" stalinista, o da coletivização forçada associada ao terror de massa, momento que prepara a industrialização acelerada e a instalação de uma economia estatizada, é exatamente o momento que aparece como o da criação das "bases do socialismo". Medvedev não é menos eloquente que Trotski nesse ponto. Os anos 1929 e 1930 marcam, a seus olhos, uma virada decisiva: o stalinismo encontra então seu verdadeiro rosto. Mas como, por outro lado, faz da abolição da propriedade privada a pedra de toque da teoria, devemos admitir que a inauguração do curso do socialismo coincide com o seu desvio, que a norma coincide com o excesso.

Até agora não evocamos senão os oponentes marxistas do stalinismo. Porém, considerando seu procedimento, não nos surpreenderemos de que autores antimarxistas possam dele se apropriar unicamente invertendo-lhe a direção. Mencionarei apenas Soljenitsin. Argumento é o que não lhe falta para ridicularizar os que falam de desvio stalinista ou de marxismo degenerado. A ideia de uma coletivização que passasse ao largo dos excessos do terror parece-lhe derrisória. Mas não faz senão tomar a contrapartida da análise de seus adversários; conserva suas premissas combinando como eles a descrição dos acontecimentos com a referência a Marx. De filho monstruoso do marxismo o stalinismo torna-se seu produto natural, autenticado pela História. Aos trotskistas que acusavam Stalin de desfigurar o ensinamento do fundador, replica que é o revelador do conteúdo real. Mas, ao fazê-lo (ao menos no momento da polêmica, pois suas análises sobre o funcionamento do sistema stalinista são, na maior parte das vezes, de uma lucidez notável), toma, por sua vez, ao pé da letra, o discurso oficial que reivindica o marxismo, toma também como uma mesma coisa o socialismo e a destruição da propriedade privada e imprime igualmente o stalinismo na continuidade de uma história inaugurada por um movimento de ideias – com a única diferença de que vê nele a realização deste último.

Os dois procedimentos que acabo de resumir são instrutivos pois, ao desvendar o que dissimulam, reconhecemos a necessidade de tornar explícitos os princípios de uma interpretação. Em primeiro lugar, deveríamos admitir que um ponto de vista histórico-descritivo não permite nunca conceber a natureza de uma formação política. Não que seja ilegítimo nos perguntarmos de que modo ela surge; mas a reconstituição da trama dos acontecimentos de que procede revela-se sempre comandada, quer se confesse ou não, por uma hipótese, pela suposição de que se lida com uma configuração de traços significativa. Em resumo, a noção que formamos da identidade específica de certos fenômenos precede e guia a tentativa de descrever sua gênese. A hipótese deve ser estabelecida, a ideia elaborada e enunciada para que possam ser submetidas rigorosamente à prova da interpretação. Exigência banal, dir-se-á, desde que Max Weber a formulou e que, aliás, tinha sido reconhecida por todos os verdadeiros pensadores no passado e que foi seguramente a de Marx. Entretanto, essa exigência torna-se de novo audaciosa num campo particularmente enevoado pela ideologia. Impõe-nos, no caso presente, afastar provisoriamente ou pôr entre parênteses a gênese do stalinismo a partir do leninismo ou da Revolução Russa. Não que essas questões não possam revestir-se de um grande interesse, mas porque não devemos acreditar que são inocentemente postas.

Em segundo lugar, deveríamos nos libertar do discurso dos atores, quer stalinistas quer antistalinistas, para tentar elucidar o sistema no qual se alojam suas representações e suas ações e cuja lógica lhes escapa na maior parte das vezes. Esse imperativo, tão bem posto em evidência por François Furet no seu último livro sobre a Revolução Francesa,[2] parece tanto mais indispensável quanto, no caso presente, a prática e o discurso dos atores têm por constante referência

---
[2] F. Furet, *Penser la Révolution Française*, Gallimard, 1978.

o marxismo, uma teoria da História, da Sociedade, da Revolução, e que somos tentados a acreditar que os guia, que sabem o que fazem, que são julgados por ela ou que ela se faz julgar através deles. Permitam-me, a esse respeito, lembrar-lhes uma observação de Trotski que me ficou para sempre na memória tanto me pareceu exemplar. Stalin, declara em resumo, na obra que lhe consagrou, *se apoderou de uma máquina que era produto da luta do bolcheviques, ela mesma produto de ideias*.[3] Espanta que um escritor que faz profissão de fé materialista não hesite em afirmar que o partido é um produto de ideias, porém indica bem a armadilha em que cai e em que nos joga a leitura marxista da realidade "socialista". Que se note: nessa perspectiva, Stalin, pondo a máquina a serviço de suas ambições, continua a manter, através desse produto de ideias, um elo com a criação marxista; desvia-a de seus fins, porém continua impressa na sua criatura. Por princípio, o partido não poderia ser percebido como uma peça essencial do sistema estabelecido e sua função referida à lógica própria deste; é proveniente da teoria, e o seu devir revela unicamente um desvio dos efeitos da teoria.

Deixemos este exemplo para assinalar que as mais difundidas análises sobre o stalinismo aliam ao mais extremo objetivismo o mais extremo subjetivismo. O modo de produção dito socialista, o Estado dito proletário, assim como o partido dito revolucionário são apreendidos como entidades marxistas vindas encarnar-se, bem ou mal, na realidade. Por um lado, é considerando a infraestrutura que se designará o regime como socialista; por outro lado, é a ideia da distinção entre infra e superestrutura que conferirá a coletivização da agricultura e às nacionalizações sua determinação revolucionária. Desse ponto de vista, o poder de Stalin será concebido sempre conforme a representação marxista que dá de si mesmo, ou a representação marxista dos opositores, isto é, como expressão adequada ou viciada de alguma coisa que lhe dá sentido fora dele, uma realidade conceituada ou uma ideia realizada.

O que não quer dizer que devamos ignorar o discurso dos atores. Se o afastássemos sem nos preocuparmos em desvendar os esquemas de representação que, na maior parte das vezes à sua revelia e para além dos enunciados marxistas, comandam sua apreensão da sociedade e da História, bem que poderíamos descrever numerosos fatos de opressão, de exploração, condutas manifestamente regidas pelo apetite de poder e o interesse privado, porém permaneceríamos incapazes de voltar à sua fonte e de conceber a especificidade do stalinismo.

Qual é, pois, o procedimento que proponho em ruptura com os precedentes? O stalinismo é, aparentemente, o nome dado à maneira pela qual Stalin exerce o poder e, por extensão, à maneira pela qual este é exercido, acobertado pela sua autoridade e, segundo seu modelo, em toda a extensão da sociedade.

---

[3] L. Trotski, *Staline*, Grasset, 1948, p. XIII-XIV.

Entretanto, tal exercício testemunha uma determinação e uma figuração singulares do lugar do poder – uma não existindo sem a outra, porque não se poderia, quando se trata do poder político, dissociar o fato da representação (na qual se combinam, aliás, a visão dos que o detêm, e a visão dos que lhe estão submetidos). Além disso, a noção desse lugar implica ela mesma uma determinação e uma figuração singulares do espaço social, de suas divisões internas e de suas articulações, principalmente das classes; e também das dimensões simbólicas segundo as quais esse espaço se ordena; quer dizer, se diferencia e se relaciona consigo mesmo – entendo por isso dimensões políticas (na acepção particular do termo), econômica, jurídica e cultural. Ora, eis o que deveria constituir o objeto da análise. Esta, repitamos, não poderia surgir da simples observação. É guiada por uma ideia do político que foi largamente apagada pelo desenvolvimento do que se chama ciência política, a qual não se interessa senão pelo que toca direta ou indiretamente as relações de poder tratando-as como um setor particular das relações sociais. Quanto a nós, pensamos – não somos os únicos a pensá-lo hoje e, aliás, reatamos assim com uma tradição muito antiga – que o conhecimento do político é o dos princípios geradores das sociedades e que põe em jogo uma reflexão sobre o destino ou os destinos do homem; pensamos, mais precisamente, que se o poder constitui o objeto privilegiado do conhecimento do político, é no sentido de que a definição que adquire aqui e acolá condiciona a *formação* (*mise en forme*) e a *encenação* (*mise-en-scène*) de um conjunto social.

É preciso dizer que isso não desacredita, de modo algum, uma análise dos modos de produção, das relações de classe, do direito, da cultura ou dos costumes, apenas nos faz julgar que as relações de ordem econômica ou socioeconômica, jurídica, cultural ou moral e seus efeitos são singularmente moldadas pelo fato de estarem inscritas no que eu chamaria, de bom grado, uma matriz política e que, desta, o poder é constitutivo. Enfim, se falo de *formação* (*mise en forme*) e de *encenação* (*mise-en-scène*), é para dar a entender que essa matriz não se deixa apreender como o resultado de um processo histórico-natural, mas que testemunha uma elaboração coletiva ainda que não possamos imputá-la a agentes determinados e, por outro lado, que esta última tende a produzir uma visão da sociedade ou a exibi-la perante si mesma, como a melhor sociedade.

Sem dúvida poderão objetar-me que não recuso os pressupostos marxistas a não ser para introduzir outros, porém, insisto nisso, o problema não é raciocinar sem pressupostos; convém explicitá-los e ver se resistem ao trabalho da interpretação. Acrescentarei que devo a concepção do político aqui esboçada à experiência do stalinismo ou, mais genericamente, do totalitarismo; que é o advento de um sistema de dominação inédito, de um poder paradoxalmente pessoal e impessoal, de um partido-Estado que aparece simultaneamente no centro de todas as atividades sociais e como fazendo corpo com o povo, que é, além disso, a formação desse modelo antes mesmo que a estrutura da economia tenha sido revirada que, a meus olhos, induzem a uma nova problemática.

Como caracterizar o lugar do poder sob a ditadura de Stalin? A bem dizer, não poderíamos fazê-lo sem fixar as balizas de outras formas políticas. Mas é inútil explicitar os termos da comparação, eles estão presentes para cada um de nós. Reduzirei, pois, o argumento ao essencial.

Em primeiro lugar, a ditadura stalinista não se apresenta, nem é percebida como transitória. Não esqueço, certamente, que a ditadura do proletariado na qual se imprime a do guia supremo evolui supostamente para sua supressão. Mas essa supressão é definida como histórico-natural; o mesmo movimento conduz supostamente à expansão e ao deperecimento dessa ditadura. Recordemos a fórmula feliz de Stalin, lançada em 1934 no Plenum do TSK: "o deperecimento do Estado produzir-se-á pelo fortalecimento máximo do poder de Estado". O enunciado marxista cobre a verdade profunda do totalitarismo: o mais alto grau de potência do Estado coincide com uma indivisão da sociedade e do Estado; quanto mais este invade a sociedade, menos dela se distingue. Nenhuma dúvida: o ditador não é um transgressor das leis estabelecidas que pretende salvar a nação e devolver-lhe, num prazo determinado, o exercício de seus direitos. Sua posição está ligada à afirmação de uma nova legitimidade supostamente detida pelo partido comunista, o proletariado, o povo soviético graças à edificação do socialismo. Segunda observação: a autoridade de Stalin parece inscrita na essência do regime a ponto de ele se apresentar como um simples executante; seu estatuto não é o de um fundador. Contudo, é na qualidade de indivíduo que manda e é obedecido e não como depositário de uma autoridade que, para ser a de um só, não residiria na sua pessoa, mas se transmitiria segundo uma regra de sucessão. Terceira observação que se combina com a precedente: o poder ao qual Stalin se encontra, assim, *soldado,* não constitui uma mediação entre uma potência transcendente e o povo; não se choca com limites que lhe seriam impostos pela religião, o direito, valores intemporais. Trata-se de um poder puramente social investido em um indivíduo. O que mostra bem em que se distingue do poder tal como se define nas sociedades democráticas. Aí se mostra, já, social no sentido de que a origem da soberania está colocada no povo; mas a manifestação dessa soberania está rigorosamente submetida a procedimentos fixados pelo direito. Logo, não há povo – na acepção política do termo – que não seja definido pelo direito, um direito que escapa ao poder. Simultaneamente, não há poder cujas atribuições não estejam circunscritas por uma constituição, nem Constituição que não imponha aos governantes o respeito pelas condições nas quais se encontram garantidas a justa manifestação da vontade popular pelo sufrágio, as modalidades da representação que dela emanam e sua renovação.

A mesma razão faz com que o poder seja limitado, de direito, e não possa se confundir com a potência dos que o exercem; e a mesma razão faz com que não haja povo em ato fora da operação regulamentada do sufrágio e com que não haja poder susceptível de encarná-lo. O *lugar do poder* encontra-se, assim, tacitamente reconhecido como um lugar vazio, por definição inocupável, um lugar simbólico, não um lugar real.

Em contrapartida, o stalinismo designa a tentativa de uma apropriação efetiva desse lugar em favor da plena afirmação da potência e da vontade do dirigente, a qual supostamente coincide com a plena afirmação da potência e da vontade do povo. Seja. Dizendo isso, negligencio a Constituição soviética, mas ela é puramente formal e não valeria a pena interessar-se por ela a não ser para sublinhar este fato significativo: ali mesmo onde o direito é destituído permanece a impossibilidade teórica para o ou os detentores da autoridade se absterem de uma linguagem jurídica e enunciar cruamente: eu sou ou nós somos o soberano. É mais importante observar que a legitimação do poder stalinista repousa sobre a imagem do povo soviético como presente de uma maneira permanente, com uma presença manifesta a cada momento, mesmo quando essa manifestação, para ser desvendada, requer o olho atento de seus dirigentes.

A ideia de uma permanência do povo é, na verdade, muito antiga. Creio que aparece, ou melhor, reaparece no fim da Idade Média, no quadro das monarquias europeias, sem se ligar então, contudo, à sua existência política. O advento da democracia dá-lhe seu sentido moderno. Porém, estamos em presença de uma mutação quando a permanência caracteriza a existência contínua do sujeito *Povo* na duração empírica. A noção de uma intemporalidade do povo que implicava a conservação de sua identidade a despeito da sucessão das gerações combina-se, então, com a de uma temporalidade singular tal que sua identidade reveste uma expressão incessante.

Minha última observação, como veem, nos conduz desde já a localizar os traços da nova determinação-figuração da sociedade. Não poderíamos, com efeito, definir o poder stalinista sem apreciar sua referência ao povo em ato e, em primeiro lugar, ao povo-Uno. No que este consiste, idealmente? Num Grande Vivente, na sociedade concebida com indivíduo coletivo, agindo, fazendo-se, tomando posse de todas as suas faculdades para se realizar, desembaraçando-se de tudo o que lhe é estranho: um *corpo* que tem o recurso de controlar os movimentos de cada um de seus órgãos e de cada um de seus membros. A esse respeito o fato democrático nos esclarece ainda. Pois se é verdade que contém a noção de unidade do povo, ligada à de sua soberania, esta forma apenas um polo da representação. No outro polo encontram-se reconhecidos a dispersão dos indivíduos, a fragmentação das atividades, o antagonismo dos interesses particulares, a clivagem das classes. É esse segundo polo que o stalinismo, acobertado pela teoria do socialismo, abole, enquanto leva a seu mais alto grau de expressão, a uma fantástica atualização, a ideia da unidade do corpo social. E, apenas preciso assinalar, a formulação ruidosa, incessante, dos imperativos das lutas de classes não significa, de forma alguma, a aceitação da divisão social. Em um tal regime a divisão não parece mais constitutiva da sociedade; toma a figura de uma divisão externa que separa a verdadeira sociedade, o povo, o proletariado soviéticos de seus inimigos, isto é, das classes que obtêm sua existência e sua potência de um sistema estrangeiro – o despótico-feudal da época dos tzares ou o do capitalismo internacional. O princípio de uma divisão, de uma alteridade internas é abolido enquanto o *outro* se vê lançado para fora. Os próprios camponeses perseguidos, como todos aqueles sobre quem se abate a repressão, são qualificados, sejam quais forem os motivos do poder, com representantes desse *outro*. A intolerância absoluta para com toda forma de associação, de solidariedade, de expressão que testemunhe iniciativas coletivas ou individuais independentes, ao mesmo tempo que é o indício de uma vulgar vontade de dominação por parte do Senhor e da burocracia dirigente, carrega assim a marca de uma construção ideológica. Por um lado, a sujeição do conjunto da população às normas e aos regulamentos do poder, a operação de nivelamento que este conduz; por outro lado, a afirmação de uma sociedade consagrada a se relacionar consigo mesma em todas as suas partes, a combinar numa mesma marcha os movimentos de seus membros, coletividades e indivíduos, e a falar uma mesma linguagem: esses dois fenômenos são indissociáveis.

Além disso, não é apenas a denegação da divisão social que se revela no princípio do sistema (digo "denegação" uma vez que, nos fatos, é preciso lembrá-lo, uma burocracia, nova camada ou nova classe, cinde-se da população; uma vez que novas hierarquias, novas desigualdades, novas oposições de interesses se multiplicam): vê-se também vacilar as balizas simbólicas da experiência. Já aludi a esse acontecimento: o poder que pretende condensar nele as forças vitais do povo soviético, que se apresenta e aparece como consubstancial à sociedade, esse poder stalinista não tem fronteiras definidas; não reconhece nenhum imperativo fora dele, nem os da economia, nem os do direito e da justiça, nem os do conhecimento científico, nem os da informação, nem os da arte. Nem mesmo reconhece, por mais próximos da atividade governamental, os imperativos da administração ao passo que esta se distingue da política. Simultaneamente, são os critérios do justo e do injusto, do legal e do ilegal, do verdadeiro e do falso, do normal e do patológico, do imaginário e do real que se tornam indetermináveis enquanto a sorte das crenças, opiniões, atividades parece, na sociedade, depender da apreciação e da decisão supremas do Senhor. A esse respeito, a qualidade de arbítrio também não é suficiente. Pois esse arbítrio não se separa de uma legitimidade que escapa a toda medida: em Stalin manifesta-se o povo-produtor, o povo-cientista, o povo-juiz, o povo-artista.

Resumindo: o poder não detém apenas uma potência de fato; o fato está alojado na representação. Não há separação entre a posição dos dirigentes e o poder, nem entre o poder de Estado e a sociedade. A noção de uma sociedade civil apaga-se. Não há diferenciação de princípio entre domínios de competência no interior daquilo que fomos acostumados a pensar como Estado. No interior da sociedade não há valores, normas independentes em função das quais se ordenariam setores específicos de atividade. Dir-se-á talvez que, nos fatos, acontece de outra maneira. Certamente, porém limito-me a descrever uma forma política. Parece-me vão insistir no fato de que ela não pode nunca coincidir com a realidade. Contudo, o esquema que esboçamos exige um complemento essencial, pois a cadeia das identificações – entre Povo, Proletariado, Estado, Órgão dirigente, Stalin – e a lógica de redução ao *Uno* supõem a operação de um medidor: o partido comunista. É por seu intermédio que se estabelece e se organiza o sistema totalitário; é através dele que este último se distingue como uma formação histórica singular. Não consegue realizar essa operação senão na medida em que é ambíguo, participando da natureza dos termos que faz fundir. Implicado em todos os meios e em todas as práticas, parece depender do conjunto do tecido social e, inteiramente ativo, parece o agente onipresente da sua produção. Vemos, sem dúvida, restabelecer-se nas suas fronteiras divisões internas, uma clivagem entre setores de atividade, compartimentações, hierarquias; mas essas divisões estão, no melhor dos casos, dissimuladas sob a representação da unidade do Partido, sob a do "*Nós*" comunista. O partido é o órgão no qual não poderia haver lugar para um modo de ação, de conhecimento, de julgamento independentes. Impresso na sociedade inteira, dela se faz a expressão geral. Assim assegura ao poder uma força única e contínua de irradiação ao mesmo tempo que investe no órgão dirigente a potência reunida do social.

Eu havia invocado a imagem do corpo para sugerir que o indivíduo Stalin oferecia a réplica de um corpo social e que, simetricamente, este se definia, à distância de tudo o que era rejeitado como estranho, em referência ao corpo do ditador. Convém precisar agora que esse dispositivo só tem plena eficácia graças ao Partido que é, por excelência, máquina de incorporação: os sujeitos são constantemente submersos no coletivo, as determinações particulares da prática e do conhecimento aniquiladas e a dimensão da própria realidade apagada enquanto reinam a certeza da visão socialista e o gozo narcisista da onipotência do corpo político.

Ao fim desta breve análise é necessário concluir pela inconsistência de teoria dos "excessos" de Stalin ou do "desvio" stalinista. Com efeito, os traços que descrevemos exigem outros, comumente levados em conta para caracterizar o stalinismo e que formam sistema com eles. É tal a posição do poder que, no momento em que desaparece a distinção entre o Estado e a sociedade civil, ele se erige com proeminência, adquire uma fantástica pretensão a decidir sobre tudo e a comandar todos sem tolerar obstáculo algum; e é tal a lógica da encarnação do povo no órgão dirigente que tende a produzir um indivíduo que ao mesmo tempo exerce a função de garantia da unidade da sociedade e se destaca dela, encontra a medida de seus atos na sua desmedida. Soljenitsin forjou o feliz termo *Egocrata* para designar esse senhor que não é, de acordo com a acepção conhecida da palavra, nem ditador, nem déspota, nem tirano, e que, idealmente confundido com a sociedade, encontra no seu Eu a lei de todas as coisas, ou não reconhece nada fora dele.

É tal, por outro lado, a imagem do povo como povo-Uno e de todo representante da divisão social como estranho que o *Egocrata*, sua encarnação, é incitado a conceber todo indivíduo ou todo o grupo, pelo simples fato de que escapa ou escapou por um momento ou poderia escapar a seu controle – no limite, pelo simples fato de que existe independentemente dele – como um inimigo potencial. Stalin encarna, assim, o Povo, o Proletariado, o Partido, porém, os incorpora assimilando sua substância e devorando-os. É tal ainda a função do Partido e a impossibilidade em que se encontra de admitir o princípio de uma divisão interna ou, o que dá no mesmo, a ideia de uma indeterminação nas coisas, que o dirigente supremo torna-se o leitor incondicionado daquilo que é, que unicamente seu imaginário privado estabiliza a representação comunista do "real" e fornece ao Partido o critério do verdadeiro e do falso, do possível e do impossível.

É tal, finalmente, a natureza da classe dominante, a burocracia, sua dependência face ao poder político a despeito de seu enraizamento econômico que Stalin pode-se fazer o garantidor de sua dominação, de sua integridade de classe e, entretanto, destroçar seus membros, aniquilar carreiras, quebrar indivíduos. O que aparece para inúmeros observadores como o mais inexplicável – a liquidação arbitrária dos quadros do regime em certas épocas – depende ainda de uma lógica que não foi percebida: a burocracia afirma-se acima dos burocratas sob o efeito da violência stalinista; dá provas de sua essência de classe enquanto todos tremem pela sua segurança – isso, pelo menos, até que o poder sem freio do Senhor faça pesar uma ameaça intolerável sobre todos.

Eis o que nos leva a compreender que o sistema totalitário não se organiza a não ser pela intervenção de um indivíduo que o *excede*. Dissemos que, em certo sentido, este é seu produto. Mas esse produto é engendrado de tal maneira que se destaca, *se desacorrenta*. Ou, em outros temos, se é verdade que o sistema é regido pela representação da não divisão, pelo fantasma do Um, requer, à distância, a figura de Alg-*Um*, uma figura que assegura à sociedade sua identidade, seus contornos, sua homogeneidade; requer um nome próprio pelo qual esta se ache enunciada; e essa figura, esse nome são os de um *Outro*, de um indivíduo que, possuído pelo corpo social, é simultaneamente enclausurado na sua existência privada, de um indivíduo cujos fantasmas são desencadeados pelo fantasma totalitário.

Concebendo nesses termos a posição de Stalin, nada nos proíbe de nos interessarmos pela sua biografia. Ela pode seguramente instruir-nos e esclarecer inúmeros episódios de seu reinado. Sua brutalidade, seu delírio de perseguição, sua obstinação em fazer desaparecer seus próximos, sua repetida necessidade de campanhas de expurgo são igualmente traços que constituem a sua personalidade. Mas o estudo do homem Stalin não levaria longe se não localizássemos o lugar onde se aloja, o do poder totalitário, se não inscrevêssemos sua violência numa violência simbólica.

Imagino uma objeção: o totalitarismo sobrevive ao stalinismo, dir-se-á, e não será porque a função dada aqui ao *Egocrata* não fornece a chave do sistema? Responderia que a "solução" encontrada para fazer a economia *Egocrata* não nos dispensa de reconhecer que este era indispensável à formação do regime, que seus sucessores tiveram que esperar seu desaparecimento para uma modificação do sistema, que, enfim, as críticas póstumas que lhe endereçaram, a começar por Kruschev, não alcançaram sua função e que eles não libertaram a sociedade de seu fantasma. Acrescentaria, enfim, que não há hoje formação totalitária – da China a Cuba – que não tenha feito nascer um *Egocrata*.

Sei que é tenaz a resistência a um gênero de análise que não se satisfaz unicamente com considerações históricas ou socioeconômicas exatamente no momento em que marxismo já não granjeia a convicção. E, no entanto, foi um dos mais intransigentes teóricos marxistas quem, há muito, fincou uma baliza para uma nova reflexão sobre Stalin e o stalinismo. Trata-se de Trotski de quem eu evocava, ainda há pouco, as interpretações para criticá-las. As últimas linhas de sua obra sobre Stalin marcam uma surpreendente transgressão de sua problemática. Não resisto ao prazer de citá-las à guisa de conclusão:

> *L'État c'est moi!* É quase uma fórmula liberal em comparação com as realidades do regime totalitário de Stalin. Luís XIV identificava-se apenas com o Estado. Os papas de Roma identificavam-se ao mesmo tempo com o Estado e com a Igreja – mas unicamente durante as épocas do poder temporal. O Estado totalitário vai muito além do césaro-papismo, pois abarca toda a economia do país. Diferentemente do Rei-Sol, Stalin pode dizer a justo título: *La Société c'est moi!*.[4]

---
[4] L. Trotski, *op. cit.*, p. 584.

O impensado da União da Esquerda[1]

O ímpeto da União da Esquerda nas eleições municipais, as divisões públicas da maioria, a persistência de uma crise, cujos efeitos desacreditam cada vez mais a política giscardiana, são fatos que, desde a primavera, dão crédito à hipótese do sucesso dos partidos do Programa Comum em 1978. As pesquisas de opinião a reforçam. Certamente, ninguém pode dizer se o tempo trabalha para um campo mais do que para o outro, e se ao desgaste do poder atual não corresponde já um desgaste do poder virtual. O resultado das eleições legislativas permanece duvidoso e ficará assim sem dúvida até o último momento, a menos que ocorra um lance teatral (deslocamento de um dos dois blocos).

Entretanto, meu propósito não é fazer previsões. Atento à inquietação que a imagem de um governo socialista-comunista parece ter suscitado assim que ela se precisou, gostaria de me perguntar no quê ela está fundada e tentar interrogar o alcance do acontecimento importante que as eleições constituem, sem temer medir as dificuldades de uma reflexão política sobre o presente.

Na direita, a inquietação da mudança é natural. Mas ela testemunha, quando se manifesta na esquerda ou na extrema esquerda, um novo estado de

---

[1] Texto de um artigo destinado à revista *Libre*, que devia sair no início de novembro de 1978. Tínhamos pedido ao editor para não o publicar. Redigido algumas semanas antes da ruptura da União da Esquerda, ele teria decepcionado a expectativa dos leitores numa conjuntura dominada por esse acontecimento (ainda que julgássemos plausível, como se verá, uma súbita defecção do Partido Comunista). À distância dessas circunstâncias, nossa análise reencontra sua pertinência. Precisemos que procedemos somente a correções de forma menores, exceto na última parte, onde o argumento dedicado à natureza do poder democrático foi remanejado.

espírito. Mais numerosos do que se crê, é verdade, foram os que votaram até agora nas listas da União da Esquerda, ou em Mitterrand na eleição presidencial, vencendo sua repugnância de favorecer o crescimento do Partido Comunista. É evidente que davam seu voto a uma coalizão que lhes parecia, afinal de contas, trazer as probabilidades do progresso. Ora, não sei se eles agirão da mesma maneira, mas suas reticências já aumentaram consideravelmente. Dir-se-á que ontem eles já desejavam mais fortemente a derrota das pessoas da situação do que a aplicação de um novo programa ou então ainda que duvidavam mais das consequências de seu voto e alimentavam sua escolha com essa dúvida? Talvez... todavia, a eventualidade do sucesso da esquerda parece, na conjuntura atual, suscitar o temor novo de uma brutal aceleração do processo de burocratização. Esse temor contrabalança a esperança do progresso.

Não poderia dar provas do que enfatizo aqui. Respirando como todos o que está no ar, confio uma impressão. Mas, na falta de provas, descubro sinais. Eis um sinal que cada um pode identificar: a publicidade sem precedente feita dos denominados "novos filósofos", antes do verão passado. Por que *Le Monde*, por que *Le Nouvel Observateur*, manifestamente partidários da causa da União da Esquerda, lhes concederam amplo espaço, enquanto difundindo a ideia de um mal radical vinculado ao Poder, ao Príncipe, ao Estado como tais, eles deveriam ter temido semear a perturbação em espíritos dispostos a acolher um bom poder, um bom príncipe, um bom Estado? Que não se invoque o gênio publicitário de Bernard-Henri Lévy: isso seria somente deslocar o problema. Seria preciso, então, perguntar por que esse hábil produtor-compositor-ator soube montar e executar esse espetáculo e não outro, para ficar em cartaz no grande teatro parisiense, ele que, ainda recentemente, passava por próximo de Mitterrand? Não explora ele sua perturbação? A exibição de Bernard-Henri Lévy nos parece mais do que um jogo, seu sucesso mais do que um episódio da moda. Ou, dizendo melhor, esse jogo, essa moda não são o indício de uma nova sensibilidade política? Se a declaração sobre a barbárie estatal produz efeito, não é porque o público experimenta certo prazer no medo? De que público se trata? O de uma esquerda intelectual mundana, em grande parte. Acreditamos que ele dará finalmente seus votos aos socialistas. É até possível que se livre de seu medo graças à representação, escutando a grande ária da catástrofe. Mas, enfim, esse medo o habita a ponto de ele gostar de estremecer no teatro. Pequeno público, certamente, mas que apresenta um sintoma. Fora de suas fronteiras circulam perguntas mais sérias e mais precisas sobre as forças respectivas do Partido Socialista e do Partido Comunista, sobre a fidelidade de um à tradição liberal, sobre a ruptura do outro com a tradição stalinista. A esquerda – perdedora ou ganhadora – sentia-se outrora segura de seu direito e mantinha boa aparência. Há pouco tempo que ela traz no flanco uma ferida.

Entretanto, do lado dos esquerdistas, desenha-se outra evolução. Ainda não há muito tempo, trotskistas e maoístas de diversas obediências arvoravam a serenidade dos grandes antepassados. Nenhuma complacência de sua parte a respeito do PS e do PC, certamente, mas a inabalável convicção de que eles seriam "desmascarados" uma vez no poder e "ultrapassados pelas massas". Ainda hoje algumas almas de ferro não tremem com a aproximação da prova. Mas muitos se "desenforjaram". O trotskismo estagna, o maoísmo derreteu. E se o esquerdismo permanece, é na sua grande maioria composto de antigos militantes que, apesar de sua juventude, têm atrás de si um passado espesso: dir-se-ia de alguns que fizeram em poucos anos o caminho que gerações anteriores levaram várias décadas a percorrer. A esses, não basta mais denunciar a política dita reformista ou dita contrarrevolucionária dos grandes partidos de esquerda. Eles têm a memória de suas ilusões. Descobriram a solidez dos regimes burocráticos no mundo. O esquema da ultrapassagem dos partidos pelas massas não os seduz mais.

O que adviria de todos os modos de contestação, especialmente nas empresas e na Universidade, perguntam-se eles, se os comunistas dispusessem de uma parte do governo e de seus meios de ação?

Por que não comunicar ainda uma impressão? Parece-me que inúmeros esquerdistas, sem renunciar em nada à crítica de nosso modelo de sociedade, descobrem que as fraquezas do regime atual, que a necessidade em que estão seus governantes de se conformar com os conflitos sociais, sua impotência para usar métodos francamente autoritários cujo efeito correria o risco de reforçar a Oposição, e simultaneamente a obrigação feita a esta de explorar as reivindicações e de encobrir, em vez de encorajá-las, as iniciativas esquerdistas, ou pelo menos de impedir sua repressão – que esse estado de coisas deixa mais oportunidades de luta do que um regime em que o poder ganhasse em potência, para pretenderem invocar para si uma legitimidade popular.

Os temores que exponho não são vãos. É preciso, em certo sentido, regozijar-se. Eles assinalam uma experiência da burocracia que fez falta durante muito tempo. Um governo da esquerda pode acelerar o processo de burocratização do Estado. É com razão que se fala de um perigo. Mas, este, ainda convém avaliá-lo; mostrá-lo àqueles que o acreditam negligenciável e trazer de volta ao sentido do real aqueles que forjam a ficção de um Gulag às nossas portas...

Limitemo-nos às observações mais necessárias.

O Partido Socialista, fazem observar seus defensores esclarecidos, conseguiu em poucos anos restabelecer na França o polo poderoso de uma esquerda não comunista. Sua expansão efetuou-se à custa do PC. Este último pôde por muito tempo captar a confiança da maioria da população favorável a uma mudança social. Agora, a relação de forças entre os dois grandes partidos se inverteu a ponto de se poder razoavelmente esperar que o PS se beneficie de mais de 30% dos votos nas próximas eleições – 35% talvez com seus aliados radicais –, enquanto o PC não disporá de mais de 20%. Alguns acrescentam que a personalidade de Mitterrand e a dos dirigentes das duas grandes federações de Bouches-du-Rhône e do Norte podem confirmar a hipótese de uma virada reformista, no dia seguinte às eleições legislativas, mas seguramente não a de concessões ao PC. A este, diz-se ainda, não será deixado nenhum ministério-chave e especialmente não o do Interior, que lhe daria a maior força dentro do Estado. A referência às democracias populares do pós-guerra parece, portanto, vã. O PS, já dono do jogo na União da Esquerda, a despeito do assédio do PC, sê-lo-á ainda mais, uma vez à frente do Estado. Supondo mesmo que ecloda um conflito entre os dois partidos, este não teria outro efeito a não ser o recuo do PC e, no lugar de uma mudança de aliança pouco crível, a dissolução da nova maioria, ou seja, um retorno para a direita: hipótese decepcionante, mas que anula o perigo de que se fala.

Ora, esses argumentos encontram várias objeções. A primeira, embora tenha sido frequentemente formulada (especialmente à direita), não permanece menos fundada: as forças respectivas dos dois partidos não se medem pelo tamanho de sua clientela eleitoral. Elas se devem a sua capacidade de implantação nos setores organizados da sociedade, e essa capacidade depende da eficácia de seu aparelho, de seu próprio grau de organização, da disciplina de seus membros, dos vínculos que os unem aos sindicatos e a toda uma série de associações, enfim da antiguidade de seu enraizamento em diversas camadas sociais. Inútil insistir: desse ponto de vista, o PS não tem grande peso. Fora das duas regiões mencionadas, ele não dispõe de bases sólidas, exceto no meio dos empregados. Suas melhores posições são as que ocupa na administração pública. Para o resto, encontra apoio na opinião: fundamento frágil. Quanto a sua organização interna, ele não aguenta a comparação com a do PC; é na sua facção minoritária, o CERES, justamente a mais próxima deste último, que ela parece mais firme. Segunda objeção: o PC, se a União da Esquerda sobreviver às eleições, deverá obter ministérios. Uma vez enumerados aqueles dos quais ele seria provavelmente excluído: Interior, Justiça, Finanças, Defesa, Exterior, restariam os outros... Ora, é já um erro considerar secundários os setores da educação, da informação, da pesquisa científica, por exemplo. O que era verdadeiro ontem não o é mais hoje em dia. A gestão dos conhecimentos na sociedade moderna, a função estratégica da informação, o número de agentes implicados em todos os níveis nessas áreas são fenômenos de importância primordial. Por um lado, a expansão do Estado está há mais de vinte anos ligada ao desenvolvimento destas. Um sociólogo iniciante é confrontado ao que Peter Drucker chamava "a grande mutação" (a função nova do conhecimento e a mudança social que ele suscitou), enquanto os políticos articulam combinações ministeriais como se nada tivesse mudado desde a Terceira República. Enfim, como supor que as responsabilidades da economia seriam inteiramente subtraídas aos comunistas? Ora, a história do pós-guerra não deixa dúvida sobre a eficácia de sua implantação no aparelho de produção, tão logo se combinam a ação da CGT e a de uma administração comunista. A extensão do setor nacionalizado oferecer-lhes-ia, além disso, novas oportunidades.

Mas deixemos essas objeções para reexaminar a tese do "milagre socialista". Pois, definitivamente, eis a verdadeira questão: será que o partido de Mitterrand deve seu desenvolvimento à formação de uma política de esquerda original, que lhe permita afirmar sua independência em relação aos comunistas? Ora, todos se alegram depressa demais com o seu repúdio do reformismo molletista. Negligencia-se que o movimento que o distanciava dele só o aproximava dos comunistas. De acordo, os fatos estão aí: ele [Mitterrand] não cessou de ganhar votos à custa deles. Mas a que preço? Sacrificando às exigências de uma aliança eleitoral a análise da natureza do Partido Comunista Francês (PCF), de suas bases sociais e de sua finalidade, ao mesmo tempo que a da *formação social* que encontrou seu primeiro estabelecimento na URSS, estendeu-se à Europa do Leste, revestiu-se de novos traços na China e serviu de modelo a inúmeros regimes no mundo.

Uma falha nunca vem sozinha. Os socialistas tornaram-se deliberadamente cegos ao acontecimento novo, maciço, mais enigmático e mais temível de nossa época: o nascimento e a expansão mundial do totalitarismo sob as cores do comunismo. Cegos ou impotentes para concebê-lo, eles têm a responsabilidade da ocultação do que faz nosso presente histórico – fenômeno tanto mais notável que, desde a morte de Stalin, as informações irrecusáveis se acumulam, as resistências dos povos ou as vozes dos oponentes se fazem ouvir. Seu embaraço recente ante a ação dos dissidentes soviéticos ou poloneses é um sinal.

As mesmas razões lhes interditaram interrogar-se sobre a lógica do sistema totalitário e de ligar a esta os traços dos partidos comunistas ocidentais e em particular aqueles de seu aliado, o PCF. Ora, a respeito deste último, sua ação política teve esta consequência precisa: fazê-lo aparecer na cena francesa como um partido democrático. Tal era a condição necessária ao sucesso da União da Esquerda: apresentar uma dupla da qual um termo figurava a variante liberal do socialismo democrático e o outro a variante autoritária.

Daí essa tática aparentemente hábil, eficaz no plano eleitoral, cujas molas propulsoras escapam ao observador ingênuo: o PS manifesta sua distância em relação ao PC fazendo a apologia das liberdades, do pluralismo político no país, da diversidade das opiniões e das tendências em suas próprias fileiras, recomendando uma fórmula flexível de transição para o socialismo em que se combinam nacionalizações e iniciativa privada. Ele se diferencia ainda por uma atitude menos complacente a respeito dos regimes do Leste, mais crítica, embora discreta, a respeito da repressão que aí é praticada. Mas seus dirigentes não dizem senão o que é tolerável no âmbito da aliança, e compatível com a imagem do PC como força democrática. Desse modo, não cessam de dar crédito a essa imagem – e isso mesmo quando pretendem tornar a sua imagem mais brilhante. A dar ouvidos aos mais astutos, o PS obrigaria o PC a flexibilizar sua política, a exibir mais independência perante a URSS, e como este último – eles não duvidam disso – não poderia romper com seu modelo de organização, nem completamente com o campo soviético, a vantagem manter-se-ia ou aumentaria com cada concessão do aliado. Em suma, a dupla daria junto pequenos passos, mas o PS teria a iniciativa da caminhada. Ora, os astutos se enganam. Pois desse jogo foi o PC que se beneficiou. Basta-lhe, com efeito, sem modificar nem sua estrutura nem seus métodos, uma declaração que afastava a perspectiva da ditadura do proletariado; sem mudar nada em sua apreciação da URSS, como mundo do qual estariam banidas as relações de exploração e de dominação, uma proclamação a favor da liberdade de opinião nos países socialistas, ou seja, bastaram-lhe algumas concessões verbais para se ver logo gratificado pela esquerda não comunista. E, enquanto os socialistas se maravilhavam com pequenos sinais de mudança na linguagem de Marchais (ou de Kanapa... cúmulo da irrisão), eles se proibiam evidenciar a submissão de seu parceiro à política externa da URSS. Silêncio protetor, silêncio que confirma a legitimidade do PC perante a opinião pública. Em suma, enquanto Marchais se limita a lamentar os traços autoritários do regime russo ou tcheco, Mitterrand se limita a lamentar os do PCF. Marchais apresenta a face liberal do socialismo de Brejnev; Mitterrand, a face liberal do socialismo de Marchais. Os desdobramentos do socialismo de Brejnev a Mitterrand não prejudicam sua unidade.

A etiqueta do autoritarismo cobre, assim, a realidade do totalitarismo e a do PCF que constitui um núcleo dele. Etiqueta cômoda, pois sugere que as divergências de uma ponta à outra da corrente se devem a métodos de governo, até mesmo à psicologia dos atores. Prestando-se a esse jogo, os socialistas são astuciosos ou são enganados?

Ainda não se pode ficar nesse raciocínio. O PS não é tanto a vítima quanto o agente de uma astúcia. Esse termo pode-se aplicar à prática politiqueira; mas no âmbito sociológico ele não cabe. Não foi por um artifício deliberado, por exemplo, que os socialistas se submeteram à vulgata marxista. Quer se consultem os escritos de seus teóricos ou amostras do ensinamento prodigado aos militantes, é preciso convir que seu pensamento pára na crítica da propriedade privada, na teoria do lucro capitalista, na virtude das nacionalizações e de um planejamento estatal (batizado democrático para dar lugar à ação dos sindicatos), enfim, nas mais vulgares demonstrações do materialismo dialético. Ora, se, como dizíamos, eles são cegos ao fenômeno totalitário ou impotentes para concebê-lo, não é porque lhes escapa o processo no qual se combinam a concentração do capital e o desenvolvimento das burocracias? E por que lhes escapa, senão porque eles mesmos estão materialmente ligados à expansão da burocracia de Estado e apreendem a sociedade do ponto de vista do funcionário público ou do administrador-técnico? Essa posição certamente não engendra uma adesão ao totalitarismo, mas ela interdita analisar a função do partido-Estado, como agente de destruição da sociedade civil. E, numa França onde o conflito propriamente político se reveste de tal acuidade que periodicamente as eleições não põem em jogo somente o governo, mas o regime, essa posição induz a uma escolha mais perigosa ainda do que a do reformismo.

Estas rápidas considerações sobre a política do PS são comandadas por uma apreciação da natureza do PC. Se este último dispusesse somente de uma força negligenciável, poder-se-ia temer um reforço da burocracia de Estado, mas desapareceria o perigo de uma penetração do poder político e de sua ideologia no conjunto da sociedade civil. A condição de tal processo é evidentemente a presença de um partido poderoso, capaz de difundir nos diferentes setores de atividade as normas, as instruções, as representações dominantes. Os comunistas, não os socialistas, podem exercer esse papel.

Entretanto, raciocinávamos até agora como se sua vocação para o totalitarismo não levantasse dúvida. Inúmeros sinais testemunham, entretanto, sua mudança, pelos quais, objetar-se-á, passamos depressa demais.

O fato é que certa tensão se manifesta entre o PCF e o partido soviético. Ela não cessa de aumentar enquanto se precisa a figura de um euro-comunismo. É verdade que a crítica da repressão na URSS e do direito que ela se arroga de decidir os assuntos dos países socialistas se efetuou dentro de estreitos limites. O apoio que os comunistas franceses deram aos dissidentes é dos mais fracos: participação em uma manifestação pela libertação de Pliutch; declaração de Marchais condenando a detenção e a prisão soviéticas por delitos de opinião... Quem viu este último na televisão, na primavera passada, responder com impudência a Amalrik *que não sabia o que era o grupo Orlov*, convenceu-se facilmente de que a mentira permanecia sua regra. Ainda não é isso o mais importante. Reduzindo o arbítrio policial às perseguições feitas contra os delitos de opinião, os comunistas (seguidos pelos socialistas) jogam um véu sobre a persistência de uma repressão de massa na URSS e, mais geralmente, sobre um sistema de opressão e de exploração. Como eu observava, eles falam disso o menos possível: o que, no fim das contas, é exatamente necessário para fazer crer na sua livre apreciação do socialismo soviético. Assim eles se abstiveram até agora de todo apoio aos intelectuais poloneses acusados de terem manifestado sua solidariedade a operários presos por greve. Mas não é menos verdadeiro que no universo comunista toda oposição ou divergência tem um alcance simbólico sem equivalência com o significado manifesto. Ali onde a disciplina é a regra, o menor desvio pode ser o indício de uma fratura.

Além disso, se se observar o comportamento dos comunistas, sua busca do diálogo, o estilo de suas reuniões, parece que há nesses fenômenos mais do que uma extensão de antigas práticas. Certamente a política da mão estendida é antiga, assim como a afirmação de uma evolução para o socialismo por vias especificamente francesas, assim como o elogio da democracia. E a atmosfera "escoteira" das assembleias ou das festas do partido não data de ontem. A vida do PC sempre se desenvolveu sob dois polos, assim como sua política se dividia em duas linhas, uma dura, outra flexível, quer combinadas, quer prevalecendo sucessivamente. Todavia, é preciso conceder que se produziu uma mudança.

Tudo o que se sabe do funcionamento da organização, especialmente no âmbito das células e das federações, sugere isto: afrouxamento da disciplina, liberdade de expressão, intervenção doravante discreta dos responsáveis encarregados de tirar as boas conclusões, mas preocupados em não impor as diretrizes. Os traços do dogmatismo são tanto quanto possível esfumados nas relações entre comunistas, ao mesmo tempo que se apaga a imagem de uma destruição violenta do inimigo de classe, que mobilizava os antigos militantes.

Todavia essas mudanças não se puderam produzir sem a elaboração de uma nova estratégia do Aparelho, e esta é inteligível somente levando em conta os acontecimentos que afetaram o campo soviético e a evolução de nossa própria sociedade. Eis o que não deve escapar-nos.

Era, não inevitável, mas provável que o PC se decidisse a condenar certos traços do regime soviético e a sublinhar sua independência, a partir do momento que não se via mais capaz de denegar fatos conhecidos, comentados maciçamente, aos quais a rádio, os jornais e sobretudo a televisão davam uma temível publicidade. O PC apresentara em 1956 a Revolução Húngara como uma tentativa de golpe de Estado fascista, apoiada por operários desorientados; em 1952, ele qualificara de invenções mentirosas as revelações feitas sobre os campos de concentração. Não podia manter essa linha diante dos acontecimentos da Tchecoslováquia, ou depois da publicação de *Arquipélago Gulag*, a não ser fazendo perder toda credibilidade à sua propaganda nacional-democrática. Tinha tanto menos liberdade para isso que os dirigentes soviéticos, na conjuntura, praticavam a *détente* com o Oeste, tornando, assim, impossível o retorno a posições "heroicas", outrora justificadas pela Guerra Fria.

Sabe-se, aliás, que o PC não escolheu senão tardiamente a via da crítica e só a trilhou com passos muito pequenos, não sem continuar a aprovar todas as iniciativas da URSS no mundo, ontem no Oriente Médio, hoje na África negra: indício do limite de sua mudança.

Por outro lado, como negligenciar os efeitos sobre o PC de uma transformação que afeta, na França, todos os aspectos da vida social, há mais de vinte anos e que, desde 1968, abala a maioria das instituições? Certamente é impossível esboçar aqui essa análise, indicar o que nos parece depender de uma evolução dos costumes vinculada à modernização ou, gostar-se-ia de dizer, à americanização de nossa sociedade e o que nos parece imputável à formação de uma nova ideologia (que denominamos em outro lugar "invisível" porque ela marca um apagamento da figura do Senhor, da referência à regra e dos diversos modos da divisão social, definitivamente do próprio foco do discurso dominante); mas digamos ao menos que a representação tradicional da autoridade, a submissão às coerções institucionais que ela garante, o hábito de uma partilha e de uma hierarquia dos papéis sociais, a adesão consciente ou inconsciente a modelos racionalistas da sociedade e da História, se chocam com o desejo irreprimível (ora libertador, ora fantasioso) da igualdade das condições – no sentido tocquevilliano do termo – e do bem-estar aqui e agora. O Partido Comunista, a despeito da rigidez de sua forma de organização e de sua teoria, não é uma ilha na sociedade. Ele está imerso nela e se revela permeável, de modo diferente, mas não menos do que os outros partidos ou sindicatos, não menos do que o Estado coagido a flexibilizar sua legislação em inúmeras áreas, não menos do que a Universidade, por exemplo, ou a própria Igreja. Enfim, ele enfrenta uma juventude de pulsões imprevisíveis, pronta a se insurgir contra todas as convenções, e um esquerdismo importuno.

As mudanças identificáveis na política do PC – e seu prudente descolamento do bloco soviético e o abandono da tese da ditadura do proletariado – testemunham elas mesmas as exigências que lhe cria sua inserção na sociedade francesa – uma sociedade que não é mais a dos anos do pós-guerra, em que ele podia impunemente dar livre curso aos métodos autoritários, exibir sua intolerância, cultivar o culto dos chefes, proclamar a infalibilidade da teoria, fazer brilhar as armas da violência...

Mas uma coisa é procurar as causas de uma evolução, outra, apreciar seu resultado. Supondo que os comportamentos tenham mudado sob o efeito da necessidade, é preciso julgar que o novo estado de coisas impede de falar doravante de um partido de vocação totalitária?

A pergunta incita a voltar aos limites da mudança que sublinhamos de passagem e a precisar o que se entende por vocação totalitária. Ora, digamos imediatamente que essa noção não se deduz daquela da subordinação do partido ao poder soviético. De resto, nem eu mesmo, nem Castoriadis, nem a equipe de *Socialisme ou Barbarie* fundamos antigamente nossas análises do PCF sobre a tese de que ele era um agente de Moscou (embora, em inúmeras ocasiões, se conduzisse como tal). A imagem da URSS nos parecia ter desempenhado (na França e em outros lugares) um papel de catalisador na formação de uma representação da sociedade em ruptura com os princípios do liberalismo democrático, tanto aqueles do reformismo quanto os do humanismo revolucionário. Julgávamos que ela favorecia a cristalização de uma nova camada social susceptível de projetar seu futuro de burocracia dirigente no advento de um regime fundado sobre a propriedade coletiva dos meios de produção, o planejamento estatal da economia e a integração de todas as atividades sociais e culturais sob as normas do socialismo. Que essa camada social fosse heterogênea (reunião dos operários, dos técnicos, dos executivos e dos intelectuais) não nos fazia esquecer que ela era, em sua parte central, composta de permanentes políticos e sindicais e de militantes, que esses elementos aspiravam a estender suas responsabilidades à gestão da sociedade; enfim, que a evolução do capitalismo moderno, a expansão das grandes unidades de produção, o crescimento do Estado e de seus meios de intervenção criavam as condições endógenas dessa representação. Ora, não vejo que tal imagem da URSS tenha perdido toda a eficácia por estar manchada doravante pelos crimes do stalinismo e pelos delitos renovados da repressão até os nossos dias. A despeito de inúmeras decepções, permanece a fé em um sistema libertado das taras do capitalismo.

Mas, seja como for, permanece a exigência de interpretar a dinâmica social do PC. Ora, esta se deixa identificar à luz dos resultados alcançados pelos comunistas ali onde eles dominam, não só na URSS ou na Europa do Leste, mas na China, em toda a parte onde se efetuou a mutação à qual tende o partido francês. Apreciação tanto menos duvidosa quanto os regimes comunistas não apresentam exatamente os mesmos caracteres e se implantaram por vias diferentes, seja pela ação do exército russo, seja graças a uma revolução, e adaptando-se a condições socioeconômicas diversas (industrialização apenas começada ou já avançada; força muito desigual das classes em presença – proletariado, campesinato, burguesia, proprietários de terra).

De que mutação se trata?

Por um lado, a fusão do partido e do Estado, a constituição de uma classe burocrática cujos membros veem solidariamente seu poder, suas rendas e sua posição social garantidos pelo Estado e, individualmente, sua autoridade, até sua existência, à mercê do aparelho dirigente ou dos órgãos dos quais eles dependem; do outro, a invasão da sociedade civil (produção, educação, justiça, cultura, etc.) pelos agentes do poder político e policial, cujo objetivo é destruir toda autonomia, ou seja, toda instituição, mas também toda forma de socialização e todo modo de expressão, no limite, toda crença, que não se insiram no modelo dominante – esse conjunto de traços, constantemente associados, autoriza a falar de um tipo histórico novo ou de uma formação social específica. Se convém designá-la pelo nome de totalitarismo, é porque o poder não é mais circunscrito, porque ele pretende encarnar o povo, porque toda divisão interna se acha negada (a burocracia não aparece distinta das camadas dominadas) e, ao mesmo tempo, porque o poder se faz o detentor da lei (do princípio de toda lei) e detentor da ciência (do conhecimento dos fins últimos da sociedade e do detalhe da vida social suposto dever se ordenar em função desses fins).

Como se criou o totalitarismo? Pela violência, por uma luta de extermínio conduzida pelo partido aspirando ao monopólio do poder contra todas as formações rivais e contra todos os organismos representativos das camadas dominadas, pela imposição de uma coerção generalizada sobre o conjunto social (que, às vezes, mas nem sempre, tomou a forma do terror). Como se criou a burocracia? Graças a uma seleção impiedosa de elementos provenientes de todas as camadas da sociedade, e especialmente de meios incultos e pobres, cuja autoridade dependia do servilismo, e ao cinismo, sustentado pela imagem de sua promoção no interior de uma classe dirigente. A nova sociedade, enfim, só se pôde formar pondo no mundo aqui e ali um *Egocrata* (termo de Soljenitsin) – figura monstruosa e irrisória do *homem total*, onisciente e onipotente, resumindo em si o todo do social.

Eis, seguramente, o que a análise deve pôr em primeiro plano. Mas é importante não negligenciar a função da *representação*. Tanto mais que, hoje como ontem, não se quer saber disso, mesmo quando se crê pousar um olhar desencantado sobre a realidade.

Ora, examinar a representação, a lógica que a ordena, examinar, portanto, a ideologia, requer muito mais do que uma avaliação exata do marxismo, dos equívocos ou dos malefícios da teoria da qual a burocracia se vale. Detendo-se aí, reter-se-ia somente um discurso, útil certamente, indispensável talvez, mas cuja função é de *racionalização*. O que convém identificar aquém desse discurso é uma tripla crença: fé na *organização*, que implica que não só tudo deve ser organizado, mas que a sociedade é organização; fé no *povo-Uno* que implica não só a denegação de toda divisão social, mas a constante referência a um *outro*, o Inimigo, cuja eliminação asseguraria a integridade do corpo social; fé na *competência universal do agente político*, o militante, identificado ao partido, portador do "Nós comunistas". A representação condensa, levando-as a seu limite, a noção da tecnicidade e a da realidade substancial da sociedade. Ela faz do comunismo ao mesmo tempo o engenheiro que constrói o homem novo e aquele que o encarna, ou seja, traduz somente em atos e em palavras o querer e o saber escondidos no ser do Povo.

Se fizermos o esforço de não perder de vista essa representação, e se reconhecermos que ela forma o embasamento da teoria (esta sempre explorada ao sabor das circunstâncias) e da prática (esta se desenvolvendo na luta pela aquisição e conservação do poder), estaremos ainda no direito de duvidar da vocação totalitária do PCF? A meu ver, todos os sinais continuam a atestá-la. No meio da miscelânea das declarações, das tomadas de posição de Marchais, a mesma certeza se preserva. E o que importa mais: essa mesma certeza habita os militantes, quaisquer que sejam a mudança dos costumes, o esbatimento da violência e a flexibilização das teses.

De resto, por que se espantar com essa constância? Ouço objetarem: tudo muda na sociedade francesa, e você queria que os comunistas fossem os únicos a não mudar. Aqueles que falam assim enganam-se duas vezes. Porque não veem que a mudança social é ambígua e raciocinam como se a representação comunista fosse obra própria dos comunistas, uma obra, portanto, que estes precisariam modificar ou abandonar, quando o meio se lhe tornasse refratário.

Eles negligenciam em primeiro lugar o progresso da área da organização que se efetua no âmbito do capitalismo, e seus dois corolários: o desenvolvimento das burocracias, o processo de homogeneização dos comportamentos e das mentalidades, tendendo a mascarar a divisão social. Negligenciam ainda o crescimento da potência estatista e a afirmação de um *ponto de vista do Estado* sobre toda atividade social, fenômeno que se reveste na França de uma significação particular, em razão da antiguidade de suas origens. Eles ignoram ou dissimulam para si mesmos, enfim, que o comunismo se engendra do seio dessa sociedade, que ele constitui ao mesmo tempo um prolongamento e a negação dela, e que as condições que tornaram possível sua formação favorecem sua conservação e, numa conjuntura de conflito político intenso, sua expansão.

Então, é preciso concluir que a participação dos comunistas no governo e sua conquista de certos setores do Estado preludiariam a instauração de uma democracia popular: que sua vocação para o totalitarismo obteria os meios de se cumprir? Mas uma coisa é conceber o que é o partido em potência, outra, os limites de sua ação na realidade. Não mencionemos a hipótese, entretanto muito plausível, de um fracasso rápido de um governo da União da Esquerda sob o efeito de uma agravação da situação econômica que ele seria incapaz de controlar... Afastemos ainda esta outra hipótese – a meu ver pertinente – que o PC julgue uma ruptura com o PS, antes das eleições, preferível a uma prova da qual ele retiraria mais inconvenientes do que benefícios num período de crise. Supondo que ele venha a deter uma parte do poder, é impossível que a estenda em uma conjuntura nacional na qual a antiga maioria (a atual) e as potências econômicas que a apoiam conservariam meios de ação consideráveis, e em uma conjuntura internacional em que os Estados Unidos mantêm o controle da Europa do Oeste e, no melhor dos casos, não fariam senão tolerar seu papel político.

Mas resta que essa parte de poder não é pouca coisa. Eu disse: ali onde ele conseguisse se implantar, o PC poderia lançar longe suas raízes. Imagina-se que ele saberia fazer reinar a ordem, difundir sua ideologia, instalar sua burocracia.

* * *

Estranha situação esta que faz desejar a derrota das duas coalizões frente a frente, embora uma deva ganhar necessariamente. Acreditar-se-ia livrar-se da contradição, recusando os termos do conflito político. E este é exatamente o meu primeiro movimento. Mas, ao menos, é preciso reconhecer que ele faz desembocar numa segunda contradição. Pois, se me parece impossível dar seu voto a um bloco ou outro, não o é menos denegar o alcance da instituição das eleições como tal; fazer como se o acontecimento se produzisse na superfície das coisas, ao passo que a verdadeira história ocorreria nas profundezas da sociedade. Ou, então, ainda reduzir a uma mistificação a competição organizada periodicamente em vista do exercício do poder.

Inútil relembrar os argumentos que apoiavam outrora uma convicção desse gênero. Convenho que, no âmbito da problemática marxista, eles tinham um rigor que Lênin tentou em vão desarmar. Melhor: os denominados ultraesquerdistas conservam, a meu ver, o mérito de terem sabido identificar um fenômeno que os bolcheviques eram tão incapazes de apreciar quanto os social-democratas: as ilusões que engendra a delegação de autoridade a dirigentes supostos encarnar no Parlamento o espírito da Revolução. Mas é com a problemática marxista que é preciso romper.

Isso, por uma primeira razão. Não se pode mais identificar a figura de um agente da Revolução – de uma classe, que, por suas condições de existência, seu papel na produção, seu modo de reivindicação, de luta e de organização, se distinguiria de todas as outras e anunciaria o advento de um mundo novo (embora seja verdade que a classe operária conserva traços específicos, e sua combatividade não esteja extinta). Depois, por uma segunda razão: foi um erro precipitar numa classe toda a criatividade social, designar à História um único curso, relacioná-la a um Sujeito e, de igual modo, reduzir ao plano da realidade empírica do modo de produção e de suas transformações a significação de todos os acontecimentos, dos conflitos, das instituições, assim como a significação da política, do direito e da cultura – operações igualmente destinadas a fornecer a segurança de um princípio absoluto de inteligibilidade, que livra do risco de interrogar e de interpretar. Enfim, por uma terceira razão, já entrevista: a experiência do totalitarismo ensina que a destruição da "democracia formal" coincidiu com a da democracia como tal, tomada em toda a variedade de suas expressões, especialmente com a de todos os órgãos de gestão ou de controle criados durante a Revolução e a dos direitos individuais e coletivos recentemente conquistados. Último argumento que toma um novo relevo, considerando que tão logo uma oposição se forma no mundo totalitário – quer se trate dos protestos de dissidentes ou de levantes de massa, como ocorrem na Polônia, Hungria e Tchecoslováquia – ela mobiliza aspirações democráticas e, quando a ocasião o permite, a reivindicação de eleições livres. Certamente podem-se discutir as funções que um parlamento exerceria em uma sociedade que daria lugar a Conselhos de Trabalhadores, mas a verdade é que se vê reafirmado o princípio de uma livre competição entre formações políticas rivais e de uma reavaliação periódica do exercício do poder.

Voltemos, portanto, à contradição que eu enunciava. Não basta, para lhe escapar, refazer o processo da democracia formal, embora seja sempre justo denunciar a trucagem de alguns de seus dispositivos e a ação dos grupos que a utilizam em benefício próprio. Deve-se convir que a democracia, quaisquer que sejam as vicissitudes de seu funcionamento, implica uma definição do *lugar do poder* que proíbe a qualquer um ocupá-lo e, por esse único fato, impede a petrificação das relações sociais. E, dado que ela aparece em sua oposição ao totalitarismo, como o regime que este destrói e também que contém as esperanças de sua destruição, deve-se procurar um novo tipo de análise que identifique o nível simbólico em que se decide o modo de instituição do social.

Em vez de empreendê-lo, limitemo-nos a indicar sua direção.

A crítica marxista pretende circunscrever a democracia a um conjunto de instituições políticas e relacioná-la a um fundamento real, as relações de classes, elas mesmas determinadas pelo modo de produção. O argumento é por demais conhecido para que valha a pena resumi-lo. Basta relembrar que esse regime é suposto fornecer a fórmula mais bem adaptada à estrutura de uma sociedade capitalista. Por um lado, ele autenticaria, sob a ficção de uma igualdade jurídica universal, a ficção primeira que faz aparecer como parceiros iguais na empresa os possuidores dos meios de produção e os detentores da força de trabalho. Por outro lado, ele daria crédito à representação de um poder emanando do povo, todas as camadas sociais confundidas e, como tal, dedicado a fazer valer o interesse comum.

Reduzida ao essencial, essa crítica está contida na tese de que a democracia seria o sistema mais apto a mascarar a divisão social, concebida como divisão das classes e dos interesses particulares. Ora, essa tese deveria ser invertida. Muito pelo contrário, a verdade é que, de todos os regimes conhecidos, a democracia é o único que deixa entrever a divisão social e se exercerem seus efeitos, e isso, apesar das representações que tendem a dissimulá-la.

Que se reexamine, portanto, o fenômeno do sufrágio universal. Ele merece particularmente nossa atenção na conjuntura atual. Objetou-se que o artifício consiste em desfazer as relações reais nas quais estão comumente os indivíduos, tomadas no momento mesmo em que a vontade popular é suposta se exprimir. Os indivíduos concretos seriam substituídos por indivíduos abstratos. Esse argumento, relembremo-lo, foi apoiado por pensadores conservadores e por liberais, no início do século XIX, com não menos veemência do que o jovem Marx. O processo da abstração, da ficção do número como critério da soberania popular, embora conduzido a partir de premissas diferentes, coligava então todos os adversários da democracia. Contudo, não é muito observado que a decomposição da sociedade em átomos políticos – os cidadãos, convertidos em unidades de medida, cuja distribuição indica a figura da representação –, que essa operação tem a virtude de fazer surgir um poder que não encarna um suposto *corpo* social. Dito de outro modo, a passagem, no momento de escrutínio, a um estado limite da sociedade, a um simulacro de dissolução, parece requerida para assegurar a definição de um poder que não coincide, na realidade de seu exercício, na materialidade de seus órgãos, na personalidade de seus detentores, com a realidade, a materialidade, a identidade supostas de uma fração da sociedade ou desta como totalidade. Tudo se passa como se a referência a um ponto zero da sociedade – a anulação de todas as redes de determinações nas quais cada um se acha inserido – apoiasse a referência a um ponto zero de poder, de tal maneira que ele não possa doravante figurar e se exercer senão com o conhecimento tácito de sua contingência.

Mas que mesmo essa formulação não nos engane. Impossível dizer somente que o poder permanece na dependência do acontecimento que o instaura – a operação do sufrágio –, que seu estabelecimento se revela dependente de seu restabelecimento – a repetição a intervalos regulares da operação; impossível concebê-lo como o simples produto do dispositivo eleitoral. Quando se limita a julgar que o poder democrático *sai* do escrutínio popular, esquece-se que é pelo efeito de um ato jurídico, em virtude do qual a sociedade, por assim dizer, *sai* de si mesma; esquece-se que no momento em que ele vai surgir como do interior do conjunto social, esse espaço eclode na pluralidade pura dos cidadãos. E o que se quer então ignorar é que o poder, como tal, não é criado, que ele é somente redefinido, que o que se acha instaurado é uma relação nova da sociedade com a instância que parece fiadora de sua identidade e de sua integridade e detentora da dominação. Para além da cerimônia de instauração-restauração do poder, ocorre, com efeito, outra aventura: enquanto o poder era outrora *incorporado*, ligado à pessoa de um monarca ou imbricado numa aristocracia, ele se encontra restituído à sua indeterminação. Em outros termos, a democracia faz tacitamente do lugar do poder um lugar vazio, ela estabelece que ele não pertence por direito a ninguém. Por Direito, é preciso com efeito sublinhar, pois é efetivamente pelo recurso ao Direito, no momento mesmo em que este pela primeira vez se afirma em uma independência total diante de todo poder de fato, que se abre a possibilidade de uma reformulação da política.

A noção de uma emanação da vontade popular e a de uma encarnação da soberania, quando se quer parar aí, impedem de identificar a lógica da negação usada na democracia: negação de uma realidade substancial da sociedade, pela produção de átomos políticos, de indivíduos despojados de qualquer outra qualidade a não ser a de cidadão; negação de uma realidade substancial do poder, pela impossibilidade em que são postos aqueles que o exercem de parecer se confundir com ele. Daí decorre que a ideia de uma consubstancialidade do poder e da sociedade é afastada.

Sem dúvida, a referência a um poder sob cujo efeito a sociedade se organiza está sempre operante na democracia, enquanto se fixa a do povo como Soberano. Mas o poder visado em sua exterioridade em relação ao conjunto social não poderia fixar-se realmente *fora*; ele figura somente a exterioridade da sociedade em relação a si mesma, que o foco virtual de visão e de denominação de seu espaço lhe fornece. Assim como, pela mesma razão, não se poderia operar uma identificação entre o povo e o poder, este último se fixando como órgão interno, no qual se concentrariam as vontades populares: ele figura somente uma interioridade do povo, uma relação íntima da sociedade consigo mesma, a despeito de suas divisões. Nem o fora nem o dentro do social, se for possível arriscar esta imagem, se deixam então apreender como determinações reais.

Neste sentido, a democracia deixa transparecer o enigma da instituição do social. Ora, digamos mais uma vez, é esse enigma que o totalitarismo se dedica a dissimular. Tal é o alcance da empresa: precipitar no real o que é da ordem do simbólico; afirmar uma identidade plena do povo e, simultaneamente, dar plena consistência ao poder, atualizá-lo fantasticamente em seu órgão dirigente ou seu chefe. Essas duas tentativas não se deixam dissociar, como já sugerimos: o movimento em direção à interioridade pura (uma sociedade substancial, um povo-Uno) é acompanhado de um movimento em direção à exterioridade pura (um poder cortado da população, detentor da onipotência). O que se constata, todavia, é que o segundo movimento tende sempre a se dissimular sob o primeiro, pois, subtraindo-se à prova do sufrágio, situando-se acima, o poder não cessa de apresentar-se como poder do povo e denega todo princípio de divisão. Tal denegação é essencial à natureza do sistema totalitário.

Em compensação, a democracia deixa aparecer a divisão social, no sentido, que pode parecer paradoxal, de que o poder é impedido de se fixar à distância daqueles que lhe estão sujeitos. Sua exterioridade, com efeito, não só não aponta para um foco de instituição extrassocial, Deus, os deuses, seres sobrenaturais, mas, na ausência de uma identificação com o povo, ela também não se poderia prestar à denegação: ela atesta, como dizíamos, uma divisão da sociedade consigo mesma – ou a impossibilidade de a sociedade coincidir consigo mesma, ou a necessidade que ela tem, para se referir a si mesma, de uma cisão interna entre o que se tornará o elemento puramente político e o elemento puramente social.

Ora, pode-se observar como essa cisão se torna sensível no jogo das instituições e de que modo ela torna também sensível a divisão das classes e dos interesses e, mais geralmente, a diferenciação interna do social.

A operação do sufrágio e a constituição de um novo tipo de poder requerem a preparação de um palco político, ou seja, de um espaço particular, como no interior da sociedade, no qual ocorre de maneira regulamentada a competição entre atores com pretensão ao exercício (direto ou indireto) da autoridade política. *Palco*, dizíamos nós, para sublinhar que a competição é concebida para aparecer aos olhos de todos. Assim é montado, na sociedade, o espetáculo de discordâncias que não são só de fato, mas implicadas em sua definição. Enquanto o sufrágio universal não é estabelecido, a existência de regimes de assembleia e o exercício da competição política não provocam necessariamente todo o remanejamento do sistema simbólico do social. As repúblicas ou as monarquias constitucionais que contêm uma definição da cidadania fundada sobre critérios não políticos podem ainda contentar-se com o modelo de uma sociedade organicamente hierarquizada. Mas assim que o palco político se universaliza, é por seu intermédio que a sociedade combina na mesma representação a imagem de sua unidade e a de sua divisão.

Além disso, a competição política requer toda uma série de condições sem as quais a democracia não poderia instaurar-se ou sobreviver. Ela supõe especialmente – quase não é preciso lembrá-lo – que sejam reconhecidas e protegidas pela lei a liberdade de opinião, a liberdade de associação, a liberdade de reunião, a livre circulação dos homens e das ideias; supõe ainda que uma vez eleito o Parlamento e constituído o governo, a minoria tenha participação na representação e goze de meios de oposição, e que a maioria seja impossibilitada de usar os meios de coerção do Estado em seu próprio benefício, disposições estas que contribuem para a institucionalização do conflito político.

Ora, pode-se julgar que esse conflito não reflete o conflito social (é verdade, por exemplo, que os partidos estão muito ocupados em conservar-se e firmar sua posição no sistema político e que agem em função das oportunidades que este lhes oferece). Mas é mais importante observar que ele constitui sua transposição e, melhor ainda, que o converte de conflito de fato em conflito de direito, o faz reconhecê-lo como constitutivo da sociedade. Esta é portanto nossa primeira conclusão: o poder democrático, pelo afastamento que mantém entre o simbólico e o real, preenche sua função somente deixando conceber a divisão do espaço político e do espaço social, a divisão dentro do espaço político e, enfim, sob o efeito desta última, a divisão social *interna*.

Enfim, que haja um afastamento obrigatório entre o poder e aqueles que o detêm, uma distinção sempre mantida entre o que depende do poder e o que se produz na sociedade, uma delimitação de um modo de atividade especificamente político que esteja necessariamente vinculado ao exercício do conflito, eis o que comprova a impossibilidade de reduzir a um único foco a instituição do social: entendamos que os critérios de discriminação do justo e do injusto, do bem e do mal, do lícito e do proibido, do verdadeiro e do falso... são simultaneamente disjuntos e, cada um, formulável a partir de lugares diferentes, vinculado a modos de socialização e modos de atividade particulares. A compatibilidade última dos sistemas de referência dominantes coloca um problema, certamente, mas que não temos que examinar aqui. O importante para nossa colocação é que aquilo que depende da ordem do poder não coincide com o que depende da ordem da lei e da ordem do saber. O importante é que, na ausência da representação de um fiador transcendente da ordem social, mas também na ausência da representação de uma unidade substancial da sociedade (imagem que o totalitarismo compõe sob o pretexto do comunismo), nem o fundamento da lei nem o fundamento do saber estão assegurados, e que está aberta a possibilidade de uma mudança indefinida das leis e do processo do conhecimento, de um debate sobre os princípios e os fins. O importante é ainda que o poder ou mais geralmente a política circunscritos como estão no campo social e contudo indetermináveis estão abertos a uma interrogação e a uma crítica recorrendo a uma legitimidade e uma verdade de que os governantes são incapazes de se apropriar.

Ora, quais consequências gerais tirar dessas observações, senão que a oposição de inspiração marxista entre democracia formal e democracia real (esta última, de resto, tendendo a se desvanecer na fantasia de um corpo social sem órgãos) nos desvia de uma oposição interna à democracia, cuja dupla tendência é proibir a plena afirmação de uma ordem social como verdadeira, justa, necessária, e simular a resolução dos antagonismos por sua encenação na política?

É verdade que outra perspectiva se abre, tão logo levemos em consideração o fenômeno do Estado. Ora, como negligenciá-lo? Como se contentar com raciocinar sobre o poder político sem levar em conta sua imbricação com um organismo cujas funções se multiplicaram e cuja capacidade de intervenção cresceu fantasticamente em todo o espaço da sociedade civil? Mas estaria errado, uma vez mais, ficar nos termos da crítica marxista. Pois, se é preciso reconhecer que o Estado num regime democrático é permeável às influências dos grupos de interesse mais poderosos e que seus meios de coerção servem seja para dissuadir, seja para reprimir ativamente as forças susceptíveis de lutar contra as condições de exploração no sistema de produção, ou de ameaçar as posições adquiridas por tal ou tal grupo no mercado, não se poderia reduzir seu papel ao de um agente da classe dominante. Ele não o era no século XIX. Em nossa época, dentro dos limites que a preservação do capital privado lhe impõe, sua autonomia não cessou de crescer com a ampliação de seus recursos financeiros, com a faculdade que ele ganhava de controlar o crédito, de dispor de mecanismos sempre mais precisos de regulação da economia, de pesar no mercado pela massa dos rendimentos que distribui a seus agentes, enfim com suas funções de empreendedor que fazem dele o detentor mais poderoso dos meios de produção. Ora, essa autonomia é acompanhada pela extensão de seu poder de regulamentação em todas as áreas, da educação à saúde pública, da organização da pesquisa científica ao controle policial da população. De um modo geral, cria-se uma situação nova, na qual a iniciativa pública substitui sempre mais a iniciativa privada, e a administração central monopoliza as decisões que afetam todos os aspectos da vida social. Enquanto o campo de ação estatal se amplia, desenvolve-se uma burocracia que visa a sua própria expansão e apreende a sociedade a partir de critérios de eficácia técnica, em função de uma lógica da organização, com desprezo, em seu ápice, com incompreensão, em sua base, por todas as resistências suscitadas pela destruição dos antigos modos de vida na cidade e no campo.

Além disso, mais temível do que a submissão dos altos funcionários às pressões dos banqueiros e dos industriais, parece hoje em dia a osmose das tecnoburocracias do Estado e das empresas privadas, a formação de um mito da racionalidade técnica, que implica a fé num controle da mudança social pelo alto, por um poder livre da "incompetência" dos homens concernidos.

Por que essa evolução do Estado obriga a modificar a apreciação do sistema democrático? A resposta está implicada nestas poucas observações: o poder não aponta mais para um lugar vazio; ele parece ancorado no Estado. Dizíamos que o que fazia a virtude da democracia era estabelecê-la como poder de *ninguém*. Ora, se o Estado é por excelência o *Impessoal*, essa qualidade não designa a negação de algum-*Um* do Senhor, mas antes a plena afirmação de um corpo cujos movimentos decidem a marcha (ou tendem a decidi-la) do conjunto social. Corpo permanente, inabalável, aumentando incessantemente sua potência, que esconde aos olhos de todos a distinção do necessário e do contingente, pois se sua organização não é visível como são seus membros, ela fornece todavia, muito mais do que uma simples referência, um princípio de definição do detalhe da vida social.

Observávamos que é indeterminado o polo do poder na democracia, portanto distinto daqueles que governam; e, pela mesma razão, é indeterminada a sociedade que se reúne a partir deste *fora* não ocupável, sem figura, pois ela experimenta, nessa alteridade, uma alteridade interna, a experiência daquilo que lhe escapa, do imprevisível e do incontrolável (mentalidades, instituições novas). Entretanto, o poder de Estado torna-se o Englobante e suscita a imagem de uma sociedade que se manteria coesa em todas as suas partes, ordenar-se-ia, delimitar-se-ia, conjurando a ameaça do desconhecido, do diferente, do irredutível. Ao mesmo tempo, a política não está mais circunscrita à distância do que de direito tem o estatuto de não político; ela invade tudo sob o pretexto da racionalidade técnica.

Outra oposição se deixa, portanto, identificar: a da democracia e da burocracia. E ela merece tanto mais ser explorada quanto não poderíamos conceber o processo de burocratização como estranho ao processo de democratização. Embora o primeiro seja historicamente anterior, as condições de seu desenvolvimento são favorecidas pela formação de um foco único de poder suposto tirar sua legitimidade da soberania popular.

Mas ainda é preciso evitar cair na fantasia de um devir independente do Estado. Pois a burocracia estatal não tira seu poder de seus próprios recursos. Basta para se convencer disso considerar de novo o sistema totalitário. Certamente, acreditamos ver aí levado a seu mais alto grau o processo de absorção da sociedade civil pelo Estado. Entretanto o totalitarismo não é uma consequência do Estado: é antes aquele que comanda este. É de uma mutação ocorrida na ordem do político, é da figuração de um poder total, pretendendo materializar a unidade do povo, que resultam a expansão da burocracia e a proliferação de seus órgãos. E, uma vez fixados os traços da nova formação social, produziu-se uma clivagem entre a autoridade política no ápice do aparelho e o corpo burocrático como tal; assim como se instaurou, no interior deste, uma subordinação de cada um de seus membros ao arbítrio dos dirigentes dos diversos órgãos e, definitivamente, ao arbítrio da autoridade suprema.

Em comparação com o Estado totalitário, o Estado democrático adquire um novo relevo. É efetivamente impossível negligenciar os efeitos, sobre sua estrutura e seu funcionamento, do modo de instituição do poder político e da existência de direito de uma sociedade civil. O princípio da separação entre a função pública (concebida na sua mais ampla acepção) e a autoridade política, embora frequentemente transgredido, se mantém, impedindo que a burocracia de Estado venha soldar-se num único bloco. E cada um de seus setores se encontra sempre na necessidade de levar em conta as normas e as representações que têm seu foco no setor correspondente da sociedade civil. Cada ministério ou departamento vê seu poder de regulamentação limitado, em graus variáveis, pela resistência que lhe opõe uma categoria social obstinada em defender o que ela julga seu direito, ou seus interesses. Por conseguinte, o Estado não consegue nem se fechar em si mesmo nem submeter a sociedade. Na dificuldade que tem, a despeito do crescimento de seus meios, de se subtrair às pressões de todas as ordens das múltiplas categorias de administrados, conhece também em si mesmo a divisão, vê reinscrever-se em seus limites uma parte dos conflitos que percorrem o campo da economia e o da cultura. Além disso, os critérios técnicos da decisão chocam-se com critérios propriamente políticos, cada vez que uma reforma parece, pela oposição que encontra na opinião, enfraquecer o crédito do governo e da maioria no poder.

Outra razão impede de ceder à ilusão de um determinismo em si do Estado. É tempo de relembrá-lo: reter unicamente suas funções de coerção, de regulamentação, de racionalização técnica é desconhecer as próprias molas propulsoras de seu desenvolvimento. Esse desenvolvimento só foi possível porque permitia *assumir*, em resposta a uma demanda social, necessidades consideradas legítimas pela população. Ele se torna poder tutelar, repete-se frequentemente desde Tocqueville. E é um bom termo para sugerir a condição de dependência daqueles que põem seu destino nas mãos de um senhor, esperando dele a educação, a saúde, a segurança do emprego, o auxílio aos deficientes e até a garantia e o planejamento do lazer... Mas uma coisa é dizer que o Estado tira constantemente partido de suas novas funções para se reforçar, e outra, que ele tenha assim alcançado alguma vez ou alcance agora o controle da vida social. A imagem do Estado tutelar oferece somente uma meia-verdade; é preciso justapor-lhe a imagem de um Estado sempre em perigo, assaltado pelas reivindicações, ocupado com desmontar seus efeitos, com apagar os focos de incêndio ou preveni-los, e coagido muitas vezes a inscrever na objetividade do direito aspirações às quais ele não pode se opor.

Gosta-se de repetir que a renúncia das vontades individuais e o enfraquecimento das energias coletivas lhe fornecem sua maior força. É verdade. Mas conviria ainda perguntar-se se essa força se conservaria caso ela não compusesse mais com as resistências e as aspirações da maioria.

* * *

As reflexões que acabamos de submeter ao leitor podem espantá-lo – e tanto mais que não levam a nenhuma conclusão. Elas não eram feitas para sustentar uma posição política na conjuntura das eleições. Queríamos somente tentar esclarecer questões ocultas sob a retórica da União da Esquerda. No fundo, foi a mesma coisa dizer que os socialistas não pensam o totalitarismo, não pensam a democracia, não pensam o político. Eles nos parecem há muito tempo prisioneiros do ponto de vista do Estado e dissimulam-no sob a fraseologia da unidade das forças populares. A aliança com os comunistas condena-os ao fracasso ou a uma aventura duvidosa. Esse julgamento não induz certamente a votar na maioria que sai, mas incita a procurar novos fundamentos para a crítica do regime estabelecido, a rearticular a crítica da dominação burocrática com a do capitalismo, enfim, a preocupar-se com os efeitos que pode exercer sobre a dinâmica dos conflitos sociais o jogo cada vez mais estereotipado, cada vez menos inteligente que se manifesta na cena política.

A imagem do corpo e o totalitarismo[1]

Pareceu-me oportuno preceder a curiosidade de muitos de vocês com algumas observações introdutórias, assinalar algumas balizas de meu itinerário intelectual e chamar sua atenção para o problema do totalitarismo que está, desde há muito, no centro da minha reflexão e me parece exigir uma nova abordagem do político. A fortuna desse termo é recente, pelo menos na sua aplicação aos regimes denominados "socialistas". É verdade que Hannah Arendt, Raymond Aron e alguns outros em pequeníssimo número, eu entre eles, empregaram-no já lá vão 20 ou 25 anos, tomando-o em sua acepção mais lata, apreendendo-o tanto nas suas variantes socialistas quanto fascistas. Cada um de nós se colocava numa perspectiva singular; de minha parte, ignorava Hannah Arendt quando, após ter consagrado certo número de estudos à crítica da burocracia – isso desde 1948 –, dirigia meus esforços para uma conceituação mais nitidamente política em um ensaio intitulado *O totalitarismo sem Stalin*, que data de 1956. Em todo caso, falar de totalitarismo a propósito da União Soviética era escandaloso na época e continuou a fazer escândalo até esses últimos anos. No momento, o termo não surpreende mais ninguém. Diria mesmo que se desgastou antes de ter adquirido sentido. O que designa? Um regime no qual a violência estatal se abate sobre o conjunto da sociedade, um sistema de coerção generalizada, detalhada... não muito mais. Não se torna o suporte de um novo pensamento político, de um novo deciframento da história das sociedades modernas ou da História em geral. Por

---

[1] *Confrontation*, nº 2, outono de 1979. Texto de uma conferência realizada perante um público de analistas quando de uma sessão organizada por *Confrontation*, em fevereiro de 1979.

pouco, pois, temeria misturar minha voz ao concerto dos chamados "novos filósofos". Mas, enfim, não temo ceder à moda, pois há muitíssimo tempo considero o totalitarismo o fato maior do nosso tempo, colocando um enigma que exige reexaminar a gênese das sociedades políticas.

Acabando de fazer alusão aos meus primeiros trabalhos sobre a burocracia, quero lembrar ou assinalar-lhes que minha reflexão se exerceu primeiramente nos horizontes do marxismo. Em estreita colaboração com Castoriadis, que havia precocemente captado os traços de uma nova formação social na URSS, eu me dedicava a pôr em evidência a divisão de classe que tinha se estabelecido após a Revolução Russa e o caráter específico de um Estado ao qual a classe dominante, a burocracia, se via soldada. Esta não encontrava os fundamentos do seu poderio na propriedade privada, mas coletivamente, solidariamente, na sua dependência do poder de Estado, do Estado-partido que detinha o conjunto dos meios de produção. Essa camada burocrática testemunhava uma solidez, uma estabilidade para a qual o pensamento trotskista era cego, obstinando-se em imaginar que uma simples casta, parasitária e transitória, se tinha superposto a uma infraestrutura socialista e desconhecia a instauração de um novo modo de dominação e de exploração à custa do campesinato, do proletariado, da imensa maioria da população.

Comparando burguesia e burocracia, observei que esta oferecia um contraste notável entre a solidez de sua constituição como classe e a fragilidade da posição de seus membros, os quais se mostravam sempre ameaçados de aniquilamento fossem quais fossem sua posição e sua autoridade, em razão de sua sujeição ao poder político. Os grandes expurgos stalinistas revelam que a burocracia era idealmente tudo, e os burocratas, nada; a exclusão periódica de milhares ou dezenas de milhares de burocratas, longe de ser contrária aos interesses da burocracia, parecia-me atestar sua potência, para além da contingência dos indivíduos. Desenvolvia essas análises sob o signo do que me parecia o marxismo autêntico, o marxismo de Marx, visto por mim como inteiramente desnaturado em todas as versões do pretenso marxismo ortodoxo. Ao fazê-lo, acreditava firmemente, na época, no papel do proletariado. Ele era, a meus olhos, o agente privilegiado da História. Eu pensava, em suma, que, se a burocracia tirava partido das modernas condições da sociedade industrial, não tinha podido constituir-se, desenvolver-se, tornar-se uma força histórica senão porque a classe operária se tinha dividido, oposta a si mesma, no decurso de suas lutas seculares para se organizar e se emancipar; que tinha engendrado uma camada dominante; que se tinha alienado na figura de uma Direção, de um poder que se revelava como uma força estanha, trabalhando por sua própria conta... Em virtude de uma dialética cuja mola propulsora é por demais conhecida, eu concluía que essa alienação do proletariado de si mesmo era necessária, esse último modo da alienação, que era necessário que se cumprisse para o proletariado essa experiência ao fim da qual uma burocracia se destacava e se voltava contra ele, para que se afirmasse plenamente a exigência de uma abolição de toda divisão social e não somente da propriedade privada. A representação de uma sociedade liberta da divisão regia, assim, minha argumentação.

Porém, eis duas razões que, parece-me agora, contrariaram essa perspectiva marxista e me impediram de aderir plenamente a uma concepção que reduzia a criatividade da História à do proletariado. Essas duas razões são, aparentemente, de ordens inteiramente diferentes. Em primeiro lugar, no momento mesmo em que eu imaginava uma abolição da divisão social e encontrava no proletariado o bom agente da História, tinha uma prática da leitura de Marx que supunha uma singular sensibilidade para a interrogação. Posso lembrar-lhes: não sou sociólogo nem politólogo de origem. Minha formação é filosófica, e eu a adquiri quando ainda estava nos bancos do colégio, junto a Merleau-Ponty, um pensador que tinha o dom de quebrar as certezas, de introduzir a complicação ali onde se procurava a simplificação, que recusava a distinção do sujeito e do objeto, ensinava que as verdadeiras questões não se esgotam nas respostas, que não vêm unicamente de nós, mas são o indício de nossa frequentação do mundo, dos outros, do próprio ser. Assim, atraído – quê digo? –, *encantado* por Marx, não podia, entretanto, lê-lo sem satisfazer as exigências em cujo nível a filosofia de Merleau-Ponty me tinha colocado. Não tratava relações com a sua obra a não ser interrogando-a. Sem dúvida é porque respondia em mim a um desejo cuja origem não posso nomear. Pouco importa... O fato é que o que me ligava a Marx eram suas ambiguidades, mais, sua oposição a si mesmo, o escapar do pensamento a si mesmo nas suas melhores obras e de uma obra para outra, a indeterminação que minava o que se apresentava como sistema, que minava o discurso que ele próprio tinha, às vezes, sobre sua obra para reuni-la em teses.

Por exemplo, fui muito cedo sensível a uma oposição entre a ideia da continuidade e a da descontinuidade da História em Marx; a ideia de um movimento inelutável regulado pelo desenvolvimento das forças produtivas, que faz passar de um modo de produção a outro e a de uma ruptura entre todos os modos de produção pré-capitalistas e o capitalismo moderno; a uma oposição entre a ideia de uma dissolução de todas as relações sociais limitadas e a ideia de uma força de conservação, de mecanismos de repetição que, até no capitalismo, asseguravam a permanência de uma estrutura. Por exemplo, fui também extremamente sensível à vacilação de uma interpretação que ora queria conhecer apenas os fundamentos materiais da vida social e de sua evolução, ora descobria todo o peso do imaginário social, a função dos fantasmas que perseguem o presente ou a do fetichismo – interpretação de inspiração ora darwinista, ora shakespeariana. Em suma, enquanto me via atraído pela teoria do proletariado ou da sociedade sem classes, não o era menos por aquilo que havia de inapreensível na obra de Marx. Assim, à minha revelia, o ideal de uma determinação inteira da realidade social, da essência da História, encontrava-se em contradição com a descoberta de uma indeterminação própria ao pensamento, de um movimento que subtraía os enunciados a toda determinação unívoca.

Se me permite evocar essa relação com Marx, é para dar a entender que não podia haver adesão total, repouso na teoria a partir do momento que tudo ao mesmo tempo e, paradoxalmente, o proletariado me fornecia a garantia da prática social, a garantia da História e que a garantia dessa garantia, o pensamento de Marx, me punha ao abrigo da interrogação. Era necessário que sobreviesse um momento em que se desagregassem minhas primeiras certezas.

A segunda razão que evocava é proveniente de uma experiência que tive ainda muito jovem, a militância em uma pequena organização política. Parece-me que mencioná-la poderia esclarecer a sequência de minhas observações. Com efeito, liguei-me ao partido trotskista antes do fim da guerra e aí fiquei por volta de quatro anos. Esse agrupamento tinha-se formado, como sabem, a partir de uma condenação do stalinismo. Apresentava-se como o herdeiro legítimo do marxismo-leninismo, pretendia reatar a tarefa inaugurada pela Revolução Russa e prefigurada pela Comuna de Paris; denunciava o papel contrarrevolucionário dos partidos comunistas, assimilando-o, *mutatis mutandis*, ao que tinha outrora representado a social-democracia. À traição dos interesses do proletariado pela II Internacional que a III Internacional tinha proclamado, a IV Internacional acrescentava a dessa III Internacional e, em suma, pedia uma volta às fontes. O partido trotskista reivindicava um herói fundador, Trotski, herói ao mesmo tempo morto e imortal, e, mais genericamente, uma dinastia; a imortalidade era ligada à coroa sob a qual haviam reinado Marx, Engels, Lênin, Trotski. E a coroa garantia a imortalidade do corpo dos revolucionários. Stalin figurava, em contrapartida, como o usurpador que o corpo dos revolucionários expulsaria. Ora, o partido trotskista apareceu-me, pouco a pouco, funcionando como uma microburocracia e isso a despeito das regras ditas do centralismo democrático que tornavam possível um conflito de tendências – o qual era mesmo intenso. A potência do aparelho, a divisão dirigentes-executantes, a manipulação das assembleias, a retenção da informação, a compartimentação das atividades, a estereotipia do discurso dominante nas suas diferentes variantes, a impermeabilidade ao acontecimentos pelos quais a teoria e a prática corriam o risco de serem contestadas, mil sinais me persuadiam que a cem léguas do Partido Comunista ali se encontrava a sua minúscula réplica. O que importa é que essa microburocracia não tinha nenhum fundamento de ordem material. Na origem das posições de poder ocupadas por um pequeno número de militantes, detinha-se certo saber, um exercício da palavra e, mais precisamente, a capacidade de inscrever todo fato interior ou exterior numa mito-história, de que a Rússia fornecia o quadro privilegiado. Impossível enumerar todos os episódios sagrados que, da formação do bolchevismo às traições dos stalinismo, compunham o registro sobre o qual o presente vinha a adquirir sentido. A função dessa mito-história, a do discurso que aí encontrava seu referente me perturbaram profundamente. No final das contas, era assim que eu mesmo exercia certo poder dentro do partido.

Parece-me que não estamos apenas confrontados com o problema da burocracia, mas que certos elementos do totalitarismo se deixam aqui descobrir. Não acreditem, por causa disso, que eu conceba o pequeno partido ao qual pertencia como um embrião totalitário. Não. Aliás, não tinha os meios para isso. Porém, o que me impressiona, me impressionava já quando militava, era um fechamento do partido, assegurado por um discurso supostamente científico, enunciando a racionalidade do real e regido, de ponta a ponta, pela representação do que aconteceu, do já feito, do já pensado, do já visto. Esse discurso é invulnerável no seu fundo; está, de fato, sujeito ao erro, à retificação, mas não de direito. Imprime os signos do real num texto – o dos grandes autores e, mais genericamente, o de um passado fundador – e alimenta constantemente com seus signos a leitura do grande texto. E o que não menos me impressiona é que o fechamento desse discurso provém do fato de não ser o discurso de ninguém, é discurso do partido, corpo ideal de revolucionário, que passa através de cada um de seus membros. Cada um vê-se implicado em um *nós* que impõe uma clivagem com o fora; as coisas do mundo, de que se fala tanto, sendo apreendidas unicamente reportadas ao espaço imaginário da História de que o partido é o depositário. E, enquanto o militante é incorporado, o suposto real é destinado à assimilação.

Finalmente, as duas experiências que evoquei não são estranhas uma à outra. Uma não se circunscreve ao campo da teoria, a outra ao campo da prática. O militantismo supõe certa relação com o saber. Todo comunista é um homem de conhecimento, sua identidade lhe é outorgada por sua implantação em um lugar do saber de onde são apreendidos os textos e as coisas. Quanto à aventura da interpretação, ela implica, vocês não o ignoram, uma relação com o poder. Ler uma obra, e disso tive a prova ainda mais no contato com Maquiavel que no contato com Marx, é consentir em perder os pontos de apoio que nos asseguram da nossa soberana distância do outro, da distinção do sujeito e do objeto, do ativo e do passivo, do falar e do ouvir (interpretar é converter a leitura em escrita), da diferença dos tempos, a do passado e do presente (esta não poderia anular-se nem deixar-se sobrevoar), é, enfim, perder os pontos de apoio da divisão entre o espaço da obra e o mundo sobre o qual ela abre... Assim, por caminhos diferentes, mas que se cruzavam e se recruzavam, fui pouco a pouco levado a estender a interrogação até o núcleo da certeza marxista.

Chego à questão que desejava colocar após ter sumariamente indicado como caminhei ao seu encontro. Por que o totalitarismo é um acontecimento maior do nosso tempo, por que nos obriga a sondar a natureza das sociedades modernas? No fundamento do totalitarismo se alcança a representação do povo-Uno. Compreendemos que é negado que a divisão seja constitutiva da sociedade. No mundo dito socialista não poderia haver divisão a não ser entre o povo e seus inimigos: uma divisão entre o interior e o exterior; não há divisão interna. O socialismo, após a revolução, não apenas supostamente prepara o advento de uma sociedade sem classes, como também já deve tornar manifesta essa sociedade que carrega o princípio de uma homogeneidade e de uma transparência para si. O paradoxo é o seguinte: a divisão é denegada – digo denegada já que uma nova camada dominante se distingue ativamente, já que um aparelho de Estado se destaca da sociedade – e, na medida dessa denegação, se vê fantasticamente afirmada a divisão entre o povo-Uno e o Outro. Esse Outro é o outro de fora. Expressão para tomar ao pé da letra: o Outro é o representante das forças provenientes da antiga sociedade (*kulaks*, burguesia) e é o emissário do estrangeiro, do mundo imperialista. Duas representações que, aliás, se combinam: pois sempre se imagina que os representantes da antiga sociedade estão ligados a esses centros estrangeiros. Compreendemos, assim, que a constituição do povo-Uno exige a produção incessante de inimigos. Não apenas é necessário converter fantasticamente adversários reais do regime ou opositores em figuras do Outro maléfico, é preciso inventá-los. Entretanto, não nos detenhamos apenas nessa interpretação. As campanhas de exclusão, de perseguição, o Terror durante toda uma época põem em evidência uma imagem nova do corpo social. O inimigo do povo é considerado como um parasita ou um dejeto a eliminar. Os documentos reunidos por Soljenitsin, dos quais alguns eram, de resto, conhecidos desde há muito, são extremamente instrutivos a esse respeito. A perseguição dos inimigos do povo é exercida em nome de um ideal de profilaxia social e isso desde o tempo de Lênin. O que está em causa é sempre a integridade do corpo. Tudo se passa como se o corpo devesse assegurar-se de sua identidade própria expulsando seus dejetos, ou como se devesse fechar-se novamente sobre si mesmo subtraindo-se ao fora, exorcizando a ameaça de um arrombamento que a intrusão de elementos estranhos faz pesar sobre ele. Não há, pois, derrotas no funcionamento das instituições que não se tornem sinais de um relaxamento na vigilância dos mecanismos de eliminação ou sinais de um ataque de agentes perturbadores. A campanha contra o inimigo é febril: a febre é boa, é o sinal, na sociedade, do mal a combater.

Convém ainda observar que, na ideologia totalitária, a representação do povo-Uno não está de modo nenhum em contradição com a do partido. O partido não aparece como distinto do povo ou do proletariado que dele é a quintessência. Não tem uma realidade particular *na* sociedade. O partido *é* o proletariado no sentido da identidade. Isso ao mesmo tempo que é o seu guia ou, como dizia Lênin, a consciência; ou, como diríamos nós, retomando uma velha metáfora política sobre a qual voltarei, ao mesmo tempo em que é a sua cabeça. E, da mesma forma, a representação do povo-Uno não está em contradição com a de um poder todo-poderoso, onisciente, com a representação, finalmente, do *Egocrata* – para retomar o termo de Soljenitsin – figura última desse poder. Um tal poder destacado do conjunto social, que domina o todo, se confunde com o partido, se confunde com o povo, com o proletariado. Confunde-se com o corpo inteiro enquanto é a sua cabeça. Descobre-se aqui todo um encadeamento de representações cuja lógica não nos pode escapar. Identificação do povo com o proletariado, do proletariado com o partido, do partido com a direção, da direção com o *Egocrata*. A todo momento um órgão é, ao mesmo tempo, o todo e a parte destacada que faz o todo, que o institui. Essa lógica da identificação regulada secretamente pela imagem do corpo explica, por sua vez, a condensação que se opera entre o princípio do poder, o princípio da lei e o princípio do conhecimento. A denegação da divisão social caminha junto com a de uma distinção simbólica que é constitutiva da sociedade. A tentativa de incorporação do poder na sociedade, da sociedade no Estado implica, de alguma maneira, que não há nada que possa se fazer o indício de uma exterioridade ao social e ao órgão que o figura, dele se destacando. A dimensão da lei e a dimensão do saber tendem a apagar-se, na medida em que não são, bem o sabemos, da ordem das coisas socialmente concebíveis (menos ainda psicologicamente concebíveis), em que não são localizáveis no social empírico, em que instauram as próprias condições da sociabilidade humana. Produz-se uma espécie de positivização da lei manifesta na intensa atividade legislativa, jurídica, a serviço do Estado totalitário e uma espécie de positivização do conhecimento, manifesta na intensa atividade ideológica – a ideologia tornando-se esse empreendimento fantástico que tende a produzir, a fixar o fundamento último do conhecimento em todos os campos. De fato, o que se observa é a tentativa de uma apropriação da lei e do conhecimento dos princípios e dos fins últimos da vida social pelo poder. Mas essa linguagem é ainda inadequada, pois daríamos, sem razão, ao poder, uma liberdade desmedida; confundiríamos novamente poder arbitrário e poder totalitário. É certamente verdade que o poder manipula e submete a si, através de mil meios, as regras jurídicas e as "ideias". Mas deve-se ver também que é apanhado na ideologia: o poder do discurso afirma-se plenamente enquanto o discurso verdadeiro se torna o discurso do poder. E ver também que a lei, positivizada, degradada em lei do socialismo, rege e torna opaco o poder para si mesmo, opaco como jamais o fora.

Peço que compreendam mais uma vez que esta rápida interpretação, apenas esboçada, tem unicamente em mira o totalitarismo. Não é minha intenção perguntar-me o que ocorre de fato na marcha da sociedade. Se o quisesse precisaria tentar analisar todos os modos de resistência ao empreendimento – e não falo aqui na resistência decidida, política, mas das relações sociais que se esquivam à ascendência do poder. Precisaria também tentar analisar todos os processos patológicos do universo burocrático, pois a perversão da função do poder, da lei, do conhecimento tem efeitos sobre o conjunto da vida social, não o dissimulemos, mesmo quando não há ou não haja mais adesão ao regime. Entre outros, Alexandre Zinoviev é o mais cruel analista dessa patologia.

Para mim é mais importante pôr em evidência, submeter à interrogação de vocês a imagem do corpo político no totalitarismo. Essa imagem que, por um lado, exige a exclusão do Outro maléfico e, simultaneamente, se decompõe na de um todo e de uma parte que vale no lugar do todo, de uma parte que reintroduz paradoxalmente a figura do outro, o outro onisciente, todo-poderoso, benéfico, o militante, o dirigente, o *Egocrata*. Esse outro oferece ele mesmo seu corpo individual, mortal, ornamentado de todas as virtudes quando se chama Stalin, Mao ou Fidel. Corpo mortal que é percebido como invulnerável, que condensa nele todas as forças, todos os talentos, desafia as leis da natureza com sua energia de supermacho.

Para dizer a verdade sei que puxo apenas um fio da interpretação. Sem poder desenvolver esta observação gostaria, contudo, de assinalar que deveríamos perscrutar um outro polo da representação totalitária: o da organização. Ou, para empregar um termo que tenha alguma possibilidade de dar a perceber melhor a discordância da representação totalitária, direi que a imagem do corpo se combina com a da máquina. O modelo científico-técnico e o da empresa de produção, regida pela divisão racional do trabalho, foram não apenas importados do capitalismo ocidental como também, de alguma maneira, se apoderaram da sociedade inteira. Com o socialismo parece impor-se, ao menos a título ideal, a fórmula de uma sociedade harmoniosa, em relação consigo mesma em todas as suas partes, liberta das disfunções próprias de um sistema no qual os diversos setores de atividade obedeciam cada um a normas específicas e onde sua interdependência permanecia tributária das vicissitudes do mercado. A nova sociedade apresenta-se como uma única organização compreendendo uma rede de micro-organizações; ainda mais, apresenta-se paradoxalmente como esse "grande autômato" que Marx pretendia pôr em evidência no modo de produção capitalista. Vale a pena notar que tal representação se desdobra; o social, na sua essência, se define como organização e como organizável. Do primeiro ponto de vista, o homem socialista é homem da organização, impresso nela, do segundo ponto de vista, é o organizador sempre a trabalhar, o engenheiro social. Mas importa, sobretudo, situar a articulação das duas imagens-chave, a do corpo e a da máquina. Em certo sentido são bem convergentes: implicam uma ambiguidade do mesmo gênero. Num dos casos, o agente político se encontra dissolvido em um *nós* que fala, ouve – lê o real – através dele, identificando-se, assim, com o partido, com o corpo do povo e, no mesmo momento, pela mesma identificação, figurando-se cabeça desse corpo, atribuindo-se a consciência. No outro caso, o mesmo agente revela-se ao mesmo tempo peça da máquina ou de um de seus órgãos, ou correia de transmissão – metáfora frequentemente empregada – e maquinista-ativista que decide sobre o funcionamento e a produção da sociedade. Contudo, as duas imagens não podem ser confundidas; a imagem do corpo se encontra alterada pelo contato com a da máquina. Esta última contradiz a lógica da identificação; o próprio "nós" comunista se dissolve. A noção da organização, exatamente quando suscita a do organizador, faz pesar uma ameaça sobre a substância do corpo político, fazendo aparecer o social no limite do inorgânico.

Agora ousarei colocar a questão: de onde surge a aventura totalitária? Não nasce do nada. É sinal de uma mutação política. De que mutação se trata? Parece-me vão inscrevê-la no registro do modo de produção como a consequência de uma última concentração do capital; mas também é vão fazer dela, como se comprazem alguns, o produto dos fantasmas de intelectuais revolucionários acabando a obra dos jacobinos de 1793 para reconstruir o mundo sobre *tábula rasa*. A meus olhos, o totalitarismo só se esclarece sob a condição de captar a relação que mantém com a democracia. É dela que surge exatamente no momento em que ele se implanta, pelo menos na sua versão socialista, em primeiro lugar, nos países em que a transformação democrática estava apenas no seu começo. Derruba-a ao mesmo tempo que se apodera de seus traços e lhes traz um prolongamento fantástico.

No que nos faz ver sua derrubada? Creio que nossas rápidas considerações sobre a imagem do corpo político nos indicam a via da resposta. A democracia moderna é, com efeito, o regime no qual tende a apagar-se tal imagem. Digo *regime*... Tomado na sua acepção convencional, esse termo é inadequado. Para além de um sistema de instituições políticas, historicamente determinado, quero designar um processo de longa duração, aquilo que Tocqueville chamava de *revolução democrática*, que ele via despontar na França sob o Antigo Regime e que, desde seu próprio tempo, não cessou de continuar. Sabemos que encontrava o motor dessa revolução na igualização das *condições*. Por mais importante que seja, o fenômeno não nos esclarece suficientemente e deixa na sombra uma mutação essencial: a sociedade do Antigo Regime representava para si sua unidade, sua identidade como a de um corpo – corpo que encontrava sua figuração no corpo do rei, ou melhor, se identificava com este, enquanto a ele se ligava como à sua cabeça. Ernst Kantorowicz mostrou magistralmente que uma tal simbólica foi elaborada na Idade Média e que é de origem teológico-política. A imagem do corpo do rei como corpo duplo, ao mesmo tempo mortal e imortal, individual e coletivo, escorou-se, primeiramente, sobre a do Cristo. O essencial para a nossa observação – eu não poderia, com efeito, analisar os múltiplos deslocamentos da representação no decorrer da História –, o essencial, dizia, é que muito tempo depois que foram apagados os traços da realeza litúrgica, o rei conservou o poder de encarnar no seu corpo a comunidade do reino, doravante investida pelo sagrado, comunidade política, comunidade nacional, corpo místico. Não ignoramos que no século XVIII essa representação é grandemente minada, que novos modelos de sociabilidade se impõem como consequência do desenvolvimento do individualismo, do progresso da igualdade das condições de que fala Tocqueville e do progresso da administração de Estado que tende a fazer aparecer este último como uma entidade independente, impessoal. Porém, as mudanças ocorridas deixam subsistir a noção de uma unidade, simultaneamente, orgânica e mística do reino, do qual o monarca figura, ao mesmo tempo, como o corpo e a cabeça. Observa-se mesmo que, paradoxalmente, o crescimento da mobilidade social, a uniformização dos comportamentos, dos costumes, das opiniões, da regulamentação têm mais por efeito exasperar que enfraquecer a simbólica tradicional. O Antigo Regime é composto de um número infinito de pequenos corpos que dão aos indivíduos suas referências identificadoras. E esses pequenos corpos se organizam no seio de um grande corpo imaginário do qual o corpo do rei fornece a réplica e garante a integridade. A revolução democrática, por muito tempo subterrânea, explode, quando o corpo do rei se encontra destruído, quando cai a cabeça do corpo político, quando, simultaneamente, a corporeidade do social se dissolve. Então se produz o que eu ousaria chamar uma desincorporação dos indivíduos. Fenômeno extraordinário, cujas consequências parecem absurdas, monstruosas, aos olhos não somente dos conservadores mas de muitos liberais na primeira metade do século XIX: esses indivíduos poderiam tornar-se unidades contábeis para um sufrágio universal que valeria no lugar desse universal investido no corpo político. A obstinação com que se combateu a ideia do sufrágio universal não é apenas o indício de uma luta de classes. É extremamente instrutiva a impotência para pensar esse sufrágio a não ser como a dissolução do social. O perigo do número é mais que o perigo de uma intervenção das massas na cena política; a ideia de número como tal opõe-se à da substância da sociedade. O número decompõe a unidade, aniquila a identidade.

Mas, se é preciso falar de uma desincorporação do indivíduo, é preciso, não menos, reparar na separação da sociedade civil fora de um Estado, ele mesmo, até então, consubstancial ao corpo do rei. Ou, se se quiser, reparar na emergência de relações sociais, não apenas econômicas mas jurídicas, pedagógicas, científicas que têm seu próprio fim; e ainda reparar mais precisamente no desintrincamento que se opera entre a instância do poder, a instância da lei, a instância do saber, a partir do momento que se apaga a identidade do corpo político. Reconhecemos a revolução democrática moderna, no melhor dos casos, por esta mutação: não há poder ligado a um corpo. O poder aparece como um lugar vazio e aqueles que o exercem como simples mortais que só o ocupam temporariamente ou que não poderiam nele se instalar a não ser pela força ou pela astúcia; não há lei que possa se fixar cujos enunciados não sejam contestáveis, cujos fundamentos não sejam suscetíveis de serem repostos em questão; enfim, não há representação de um centro e dos contornos da sociedade: a unidade não poderia, doravante, apagar a divisão social. A democracia inaugura a experiência de uma sociedade inapreensível, indomesticável, na qual o povo será dito soberano, certamente, mas onde não cessará de questionar sua identidade, onde esta permanecerá latente...

Digo: experiência de uma sociedade inapreensível; é bem verdade que essa sociedade suscita um discurso múltiplo que tenta apreendê-la e que, nesse sentido, emerge como objeto pelo fato mesmo de não ser mais impressa na ordem da natureza ou numa ordem sobrenatural. Mas me parece notável que o discurso que pode ser imputado à ideologia burguesa se exerça, nos primeiros tempos da democracia, resistindo à ameaça de uma decomposição da sociedade como tal. As instituições, os valores proclamados – a Propriedade, a Família, o Estado, a Autoridade, a Pátria, a Cultura – são apresentados como muralhas contra a barbárie, contra as forças desconhecidas de fora que podem destruir a Sociedade, a Civilização. A tentativa de sacralização das instituições pelo discurso é comensurável à perda da substância da sociedade, da derrota do corpo. O culto burguês da ordem, que se sustenta com a afirmação da autoridade, com suas múltiplas figuras, com o enunciado das regras e das justas distâncias entre os que ocupam a posição do senhor, do proprietário, do homem cultivado, do homem civilizado, do homem normal, adulto, face ao *outro*, todo esse culto testemunha uma vertigem perante a voragem de uma sociedade indefinida.

Contudo – acabo aliás de evocá-lo –, devemos estar atentos a um outro aspecto da mutação. O que advém com a democracia é a imagem da sociedade como tal, sociedade puramente humana, mas simultaneamente sociedade *sui generis* cuja natureza própria requer um conhecimento objetivo; é, em decorrência da destruição do núcleo monárquico de legitimidade e da destruição da arquitetura dos corpos, a imagem de um espaço homogêneo de direito, oferecido ao ponto de sobrevoo do saber e do poder; é a imagem do Estado, onisciente, onipotente, de um Estado ao mesmo tempo anônimo e, segundo o termo de Tocqueville, tutelar; é ainda, pelo fato de que a desigualdade se exerce nas fronteiras da igualdade das condições, a imagem de uma massa detentora do juízo último sobre o bem e o mal, o verdadeiro e o falso, o normal e o anormal, a imagem da opinião soberana; enfim, o que emerge é a imagem do povo a qual, eu observava, permanece indeterminada, mas de que é preciso não menos reconhecer que é suscetível de se determinar, de se atualizar fantasmaticamente como imagem do povo-Uno.

Nessa perspectiva não se deixaria o totalitarismo conceber como uma resposta às questões que a democracia veicula, como a tentativa de resolver seus paradoxos? A sociedade democrática moderna aparece-me, de fato, como aquela sociedade em que o poder, a lei, o conhecimento se encontram postos à prova por uma indeterminação radical, sociedade que se tornou teatro de uma aventura indomesticável, tal que o que se vê instituído não está nunca estabelecido, o conhecido permanece minado pelo desconhecido, o presente se revela inominável, cobrindo tempos sociais múltiplos não sincronizados uns com relação aos outros na simultaneidade – ou nomeáveis apenas na ficção do futuro; uma aventura tal que a procura da identidade não se desfaz da experiência da divisão. Trata-se aí, por excelência, da sociedade *histórica*. Voltando ainda a este ponto: o que me parece condensado sob os paradoxos democráticos é o estatuto do poder, pois esse poder não é, como repete tontamente um discurso contemporâneo, simples órgão de dominação, é instância da legitimidade e da identidade. Ora, na medida em que aparece separado do príncipe, na medida em que se enuncia como poder de ninguém, na medida em que aponta para um núcleo latente, repito – o povo –, corre o risco de ver sua função simbólica anulada, de decair nas representações coletivas no nível do real, do contingente, quando os conflitos se exasperam e conduzem a sociedade ao limite da fratura. Poder político circunscrito, localizado na sociedade e simultaneamente instituinte, está exposto à ameaça de cair no abismo da particularidade, de excitar o que Maquiavel julgava mais perigoso que o ódio, o desprezo; como aqueles que o exercem ou a ele aspiram estão expostos à ameaça de tomar figura de indivíduos ou bandos simplesmente ocupados em satisfazer seus apetites. Com o totalitarismo instala-se um dispositivo que tende a exorcizar essa ameaça, que tende a soldar novamente o poder e a sociedade, a apagar todos os sinais da divisão social, a banir a indeterminação que persegue a experiência democrática. Porém, essa tentativa, que apenas pude fazer entrever, vai ela mesma beber numa fonte democrática, conduz à sua plena afirmação a ideia do povo-Uno, a ideia da Sociedade como tal, carregando o saber de si mesma, transparente a si mesma, homogênea, a ideia da opinião de massa, soberanamente normativa, a ideia do Estado tutelar.

A partir da democracia e contra ela o corpo assim se refaz. É necessário precisá-lo, o que se refaz é completamente diferente do que se havia, outrora, desfeito. A imagem do corpo que informava a sociedade monárquica se tinha escorado sobre a do Cristo. Nela se tinha investido o pensamento da divisão do visível e do invisível, o pensamento do desdobramento do mortal e do imortal, o pensamento da mediação, o pensamento de um engendramento que ao mesmo tempo apagava e restabelecia a diferença entre o engendrado e o engendrante, o pensamento da unidade do corpo e da distinção da cabeça e dos membros. O príncipe condensava na sua pessoa o princípio do poder, o princípio da lei, o princípio do saber, porém ele era *suposto* obedecer a um poder superior; dizia-se, ao mesmo tempo, desligado das leis e submetido à lei, pai e filho da justiça; detinha a sabedoria mas estava submetido à razão. Segundo a fórmula medieval, era *major et minor se ipso*, acima e abaixo de si mesmo. Esta não parece ser a posição do *Egocrata* ou de seus substitutos, burocratas dirigentes. Coincide consigo mesmo, como a sociedade supostamente coincide consigo mesma. Uma impossível absorção do corpo pela cabeça desenha-se como uma impossível absorção da cabeça pelo corpo. O atrativo do todo não se dissocia mais do do desmembramento. Uma vez desfalecida a velha constituição orgânica, o instinto de morte se desacorrenta no espaço imaginário fechado e uniforme do totalitarismo.

Estas são algumas das reflexões que eu desejava entregar a vocês para indicar a direção de uma interrogação do político. Alguns de vocês não deixarão sem dúvida de me levar a observar que elas se alimentam da problemática da psicanálise. Certamente. Mas isso só adquire sentido sob a condição de nos perguntarmos em que lume se alumiou o pensamento de Freud. Pois não é verdade que para sustentar a experiência da divisão do sujeito, para fazer vacilar as referências de *um* e de *outro*, para destituir a posição do detentor do poder e do saber era preciso levar em consideração uma experiência que a democracia, a indeterminação que nascia da perda da substância do corpo político instituía?

Decifrar os signos do novo

Os dissidentes soviéticos e nós[1]

Na falta de uma análise, algumas referências...

Primeira observação: não podemos circunscrever a dissidência a uma camada social, a dos intelectuais, ou a um de seus estratos, os intelectuais não conformistas. Isso é, entretanto, o que se tenta fazer, aberta ou sorrateiramente. É verdade que os dissidentes na URSS ou na Europa do Leste, nossos conhecidos, são na maioria intelectuais. Por quê? Porque sua cultura lhes permite falar, escrever, dirigir-se a jornalistas estrangeiros, fazer passar textos para fora. Contudo, a repressão se abate sobre a massa das populações. Por um lado, a fim de alimentar a indústria penitenciária – e os azarados são suas vítimas; mas, por outro lado, também porque é preciso eliminar os elementos indóceis, desviantes, turbulentos. Essas pessoas povoam as prisões e os campos. Que se ouçam, portanto, os testemunhos daqueles que sabem falar: por exemplo, Martchenko (de resto, um operário), Bukovski ou Soljenitsin. O terceiro volume de *Arquipélago Gulag* (objeto de um silêncio quase unânime) fornece informações irrecusáveis sobre a situação presente nos campos, baseadas em inúmeras cartas de prisioneiros. Especialmente esta: *Quem se encontra atualmente nestas colônias, estes antros de escravidão? Homens impetuosos, intransigentes, uma camada de nosso povo que a sociedade rejeitou de seu seio... O bloco dos burocratas empurrou para o abismo esta juventude impetuosa que na vida teria sido perigosa demais, uma vez armada com uma teoria das relações sociais.* E o correspondente acrescenta: *Os zeks são os filhos do*

---
[1] Artigo publicado em *Libération*, em 20 de junho de 1977.

proletariado. A verdade é que os ex-condenados pelo artigo 58 são substituídos pelos denominados de direito comum, vítimas detidas aqui e ali sob o pretexto da luta contra a delinquência. Mesmo assim, Marchais e Ellenstein são ouvidos quando reduzem a repressão aos delitos de opinião.

Além disso, as prisões e os campos não devem obstruir a visão. Ali está condensada a repressão. Mas esta reina sobre a sociedade toda. Quantas pessoas privadas de liberdade há na URSS? Bukovski responde: duzentos milhões. Ele nos faz, assim, ouvir o que a esquerda quer ignorar a todo custo: não há célula social, não há lugar de trabalho (especialmente aqueles lugares onde se constrói o socialismo) no qual a massa não constitua a matéria da dominação burocrática. Apesar disso, continua-se a falar do regime como se fosse preciso rejuvenescê-lo, dar-lhe novamente aparência humana. Digamos, portanto, que os dissidentes, seja qual for sua posição social e seja qual for sua linguagem, são, pelo único fato de encarnarem o *Outro* da sociedade totalitária, os representantes de todas as camadas oprimidas.

Segunda observação: não podemos circunscrever os direitos democráticos a uma esfera particular da realidade social. Injete-se democracia no socialismo, diz-se, e tudo ficará bem. Mas ali onde o poder está concentrado no Estado-partido, ali onde a onipotência dos donos da burocracia se conjuga com sua *oni-ciência*, ali onde a lei é sua propriedade, como localizar a falta democrática? E, de fato, toda ação para fazer valer direitos, ou seja, para fazer existir focos legítimos de iniciativa individual ou coletiva é um ataque ao princípio do sistema. Toda ação para fazer valer a liberdade de opinião, a da circulação das ideias e dos homens abala cada elo da corrente burocrática e torna-a vulnerável a todas as reivindicações sociais.

Terceira observação: também não podemos limitar o fenômeno da dissidência a uma conjuntura histórica. Sem dúvida a oposição pode mudar de forma, é mesmo possível que ela seja sufocada durante um tempo. Mas ela é o sinal de um conflito de que o totalitarismo não se pode livrar. À fase sinistramente heroica de sua fundação sucedeu uma nova fase, na qual a burocracia é obrigada a levar em conta as necessidades da população, na qual ela deve, para a satisfação de suas próprias necessidades, depender das potências econômicas ocidentais, e na qual se acha privada de sua legislação primeira: a ideologia. Ao desmoronamento desta, sobrevive o cinismo burocrático; mas, à sua frente, surge uma oposição que não é mais eliminável. Retornos repentinos ao stalinismo? Sim, viram-se, ver-se-ão. Mas a burocracia não tem a liberdade de reaver seus antigos hábitos. E, como também não pode avançar, sem dever rapidamente recuar, na via da liberalização, ela é presa de uma contradição mortal.

Quarta observação: não podemos, do lugar do qual falamos, na França, encerrar o problema da dissidência soviética dentro dos limites do mundo soviético. Ora, é também isso o que se faz de vários lados.

Do lado de nossos governantes, os móbiles parecem claros. Entretanto, foi errado deter-se na tese da Razão de Estado (de resto, servida oficialmente) quando se viu Giscard recusar-se a receber Amalrik. Ela não nos diz o essencial, mesmo que se entenda por Razão de Estado a dos negócios. A experiência prova que os grandes contratos se negociam muito bem entre potências abertamente adversas, e, de um modo geral, a URSS jamais renunciou à invectiva na cena internacional. O que deveria chamar a atenção é a impotência do Poder, aqui, de respeitar os valores que são supostos fundá-lo. A velha legitimidade burguesa está tão esgarçada que se faz filosofia do utilitarismo. E esse utilitarismo ultrapassa a utilidade; engendra reverências a Brejnev, a Geisel, ao xá do Irã, que não trazem outra vantagem a não ser a autossatisfação do realismo. Todo aquele que se privar de sondar esse vazio (as declarações de estilo *pompier*-Debré não dão o troco) priva-se de pensar o estado do regime e da sociedade.

Do lado da União da Esquerda, os móbiles são em parte os mesmos. Se nos limitarmos ao PS, Mitterrand, como se sabe, rivalizou com Giscard pela tolice realista. Mas a situação é mais complexa, visto que se exaltam os valores do socialismo democrático. Compreendamos que o PS só se restaurou e cresceu porque deu crédito à ideia de uma mudança do PC. Há muito tempo seu jogo consiste em representar a variante liberal do socialismo democrático, fazendo passar o PC por sua variante autoritária. Diante dos problemas do Leste, o PS faz sempre um pouco mais do que o PC. Jogo sutil e, no fim das contas, eficaz, mas que encobre uma mentira. Pois o PC permanece o partido do totalitarismo. Ele já exibiu no passado, sucessiva ou simultaneamente, uma política revolucionária e uma política unitária e conciliadora (de cores pequeno-burguesas, patrióticas e democráticas). O fato novo é que, em nosso tempo, a mudança dos hábitos de nossa sociedade, por um lado, o definhamento do mito da URSS, por outro lado, incitaram-no a fazer, com pequeninos passos, na esteira do PC italiano, a crítica da repressão no Leste. Não há outros meios de conservar sua dupla política, em suma, de se conservar. E observemo-lo: não há outro meio de preservar o essencial: a defesa do mundo soviético como mundo do qual estariam banidas as relações de dominação e de exploração (nenhuma diferença sob esse aspecto do partido italiano). Do lado da União da Esquerda, perguntávamos nós, qual representação da dissidência? Respondamos: é o PC que a controla. A Esquerda oficial não comunista e os grandes órgãos de imprensa que a apoiam destacam suas declarações "democráticas" e introduzem o excedente ao mesmo tempo tolerável por ele e necessário para mantê-lo à distância. Mentira sobre a natureza da URSS e do PC. Certamente. Por um lado. Mas também cegamente. O PS é excessivamente partidário da estatização, está implantado demais nas camadas materialmente ligadas à expansão do Estado (embora não tenha vocação totalitária) para conceber a lógica da burocracia e identificar sua causa à dos oposicionistas do Leste.

O que dizer por fim daqueles que pretendem se situar à esquerda da Esquerda, em nome da Revolução baseada em verdadeiro marxismo ou em nome da Resistência eterna da Plebe? Uns (a maioria, mas há também os que desprezam Bukovski, visto que ele *não quer fazer política*) encontram na dissidência apenas uma resposta a problemas particulares do Leste. Em suma, a reivindicação dos direitos humanos é boa para os russos, os poloneses, os tchecos e seus semelhantes. As circunstâncias fazem com que eles não saibam ver mais longe. Entre nós, a democracia continua a confundir-se com a democracia burguesa, cobertura da propriedade privada... *In saecula saeculorum!* Quanto aos outros, presentemente os grandes difusores de ideias novas, o que clamam eles? Não, certamente, que a dissidência não nos diz respeito. Ela se torna a modalidade de uma resistência de todos os tempos e de todos os lugares. Mas, por conseguinte, nada a aprender disso que nos diga respeito aqui e agora, senão a moral da resistência. Nada que permita pensar a diferença entre a democracia e o totalitarismo; a diferença entre um sistema no qual o Poder, a Lei e o Saber estão expostos aos conflitos das classes, dos grupos e dos indivíduos, e assim impedidos de se petrificar, e um sistema feito para anular a divisão social e absorver a sociedade civil no Estado.

Sob o signo do antitotalitarismo (variante Glucksmann), nasce a representação de um poder que, com uma força sempre crescente, se abate, desde os longes da História, sobre a plebe. Sob o signo do objetivismo (variante Foucault), vê-se denunciada a ilusão de uma *unidade global de dominação* e acreditada a ideia de que o poder *vem de toda a parte* e *de baixo*.

O quê, então é isso que a URSS nos faz descobrir? Em que lamaçal ideológico escorregamos então, para que o problema do Poder seja reduzido ao das relações de força, no momento precisamente em que podemos decifrar na *unidade global de dominação*, denominada Estado totalitário, a relação do Poder, da Lei e do Saber e os efeitos de sua indiferenciação; no momento em que podemos identificar as tendências mortíferas de nossa própria sociedade à luz do fenômeno burocrático; no momento, enfim, em que os dissidentes do Leste nos fazem descobrir que *justiça, liberdade, verdade* – essas palavras, suas palavras, banidas pelos *novos filósofos* (abaixo as *Luzes*) –, têm pleno sentido político, em suma, que se luta não contra o poder, mas em nome do que o ultrapassa.

A questão da Revolução[1]

No decorrer deste debate François Furet e Marc Richir falaram sobretudo da ideia de evolução. O primeiro absteve-se deliberadamente de interrogar o fato revolucionário. O segundo, partindo da ideia, foi ao ponto de sustentar que, *na realidade*, a Revolução abria inelutavelmente o caminho para o totalitarismo. Ele tornava preciso, convenhamos: pelo menos, quando utiliza a violência e se dá por fim encarnar a "transcendência prática"; mas isso era uma maneira de dizer, me parece: quando ela coincide com sua ideia.

Compreendo a intenção deles e, em certo sentido, compartilho-a. O primeiro denuncia a ilusão dos atores que, durante a Revolução Francesa, imaginam-se reconduzindo a história a um ponto de origem e reconstruindo a sociedade segundo um plano prescrito pela natureza, isto é, pela Razão: e denuncia ainda a ilusão dos historiadores que, pretendendo descrever a lógica dos acontecimentos, se identificam com os atores, compartilham sua fantasmagoria e se tornam, assim, cegos para a continuidade das linhas de evolução que estes acreditam ter quebrado. Richir, numa perspectiva diferente, nos faz reparar que no projeto de Revolução uma pulsão mortífera está associada à representação de uma sociedade suscetível de se realizar aqui e agora, de se tornar transparente, fazendo de sua própria figura o objeto de um saber último. Compreendo a intenção deles, dizia eu, na medida em que me parecem procurar cortar pela

---

[1] Cf. *Esprit*, nº 9, setembro de 1976. Intervenção em um debate organizado conjuntamente por *Esprit* e um grupo de amigos, emigrados da Europa do Leste.

raiz o fantasma revolucionário do grande número de nossos contemporâneos. Com efeito, é preciso dizê-lo: a história das sociedades modernas não se resume ao curso das grandes revoluções; estas não constituem os episódios de uma Revolução universal e é aberrante supor que no intervalo delas operar-se-ia (segundo a fórmula em moda) apenas a reprodução das relações sociais de dominação e de exploração. É preciso dizê-lo ainda: a *ideia* da Revolução, como acontecimento absoluto, fundação de um mundo no qual os homens dominariam inteiramente as instituições, concordariam no conjunto de suas atividades e de seus fins, de um mundo no qual o Poder se dissolveria no fluxo das decisões coletivas, a lei, no fluxo das vontades, de onde o conflito seria eliminado, essa ideia pactua secretamente com a representação totalitária; a crença em uma sociedade que se ordenasse organicamente, como inteiramente de dentro de si mesma, reenvia a uma referência inteiramente externa, à posição de um grande Outro que abarcaria o conjunto e o constituiria como Uno.

Contudo, a crítica pode parar aí?

Primeira observação: se nos ativermos à ideia de revolução não precisaríamos perguntar de onde surgiu? Não nasceu inteiramente adulta na cabeça dos atores jacobinos, nem mesmo, como se comprazem em repetir, do germe depositado pelo discurso de Rousseau. Se, como observa justamente Furet, ela implica a noção de uma ruptura entre o antigo e o novo e, simultaneamente, na de uma repartição entre o bem e o mal, o racional e o irracional, ou ainda na de uma humanidade que faria de si mesma sua própria obra, todas essas noções surgiram bem anteriormente, na Europa, pela primeira vez, creio, no começo do século XV, em Florença – e já poderosamente investidas de um sentido político. E pode-se observar de passagem que os jacobinos herdaram dos heróis do Renascimento: os romanos, os espartanos, os legisladores e os tiranicidas da Antiguidade. Ou seja, "humanismo civil" em Florença, ou na França, na metade do século XVI, ou na Inglaterra no XVII não engendra a ideia da Revolução, mas a anuncia. Ora, não é por acaso se toma impulso em sociedades de um novo tipo, sociedades que se unificam, se homogeneízam, se circunscrevem em função da pertença comum dos homens a um território, conquistam uma identidade nacional, experimentam suas divisões internas num mesmo espaço simbólico, enfim, ordenam-se em consequência de um poder de Estado, instância da coerção generalizada e núcleo último da legitimidade, cuja aparição revolve todos os dados da Tradição e intriga. Não penso que se possa dissociar a ideia nova da Revolução da ideia nova do Estado; a ideia da fundação originária da do surgimento de um poder que garante à sociedade sua unidade, sua identidade, apresentando-se como seu produto e, ao mesmo tempo, correndo o risco de aparecer como um órgão particular, um órgão de fato confundido com a pessoa do Príncipe – alguma coisa que se pode destruir.

Ora, reconhecer a ligação entre essas duas ideias (a da Revolução e a do Estado) induziria a retomar a crítica do imaginário que se desvela no discurso revolucionário e a rearticulá-la com uma crítica do imaginário veiculado pela posição do poder estatal moderno. E induziria ainda a nos perguntarmos se, no nosso próprio tempo, quando se afirma, como jamais anteriormente, no detalhe da vida social, o ponto de vista do Estado, se pode apagar-se a ideia de Revolução ou se, pelo menos, pode-se imputá-la simplesmente ao fantasma.

Segunda observação: não se pode interrogar a revolução atendo-se à sua *ideia* – ou, melhor, à representação dos atores que se comportam como os encarregados da missão da História universal e pretendem que a Revolução fale pela sua boca. A ideia de Revolução, tal como é extraída do discurso dos revolucionários, até mesmo da ação que se realiza sob o signo desse discurso, não se teria formado ou teria permanecido privada de eficácia se faltasse uma sublevação das massas. Chamaremos revolta a essa sublevação? Se se quiser. Mas, então, reconheçamos que não se pode cortar o cordão umbilical que liga a revolução à revolta.

De minha parte recuso uma distinção convencional nos termos da qual a revolução se caracterizaria pela consciência que os combatentes têm de seus objetivos, como se os homens alguma vez tivessem tido, ao se sublevar, a noção clara de uma nova ordem que os libertaria da dominação e da exploração. O que dá à revolução seu caráter específico e o tipo de sociedade no qual se desenvolve (reato, assim, com o meu primeiro argumento) é que as massas, seja qual for o objeto de suas primeiras reivindicações, se chocam contra o Estado, contra um poder garantia da unidade e da identidade nacionais e que, opondo a violência à sua violência, denegam sua legitimidade e atingem, no mesmo lance, a integridade do corpo político. Assim compreende-se que uma ação violenta aparentemente localizada adquira um alcance simbólico e provoque múltiplas sublevações a partir de focos que não se comunicam entre si.

A Revolução, foi dito frequentemente, é o resultado da luta de classes, mas é preciso ainda que esta se exerça num quadro em que a divisão de classes se combine com a divisão do conjunto social e do Estado e que todos os conflitos acumulados no seio da sociedade civil possam ser referidos à noção de uma oposição política e de um princípio da dominação. É preciso ainda que estejam dadas as condições de uma polarização geral entre o *Alto* e o *Baixo*, de tal maneira que em caso de enfraquecimento do Poder, aquilo que comumente está ligado a ele, a Autoridade, cristaliza contra si todos os ódios; de tal maneira, enfim, que, em toda a extensão da sociedade, camadas estratificadas no seio das quais se repetia a relação dominante-dominado possam de súbito ligar-se maciçamente ao *Baixo* e se sublevar contra o que aparece como o polo adversário.

O fenômeno revolucionário é designado pelo sinal de uma operação de revolvimento que tende a propagar-se em todos os setores de socialização e a afetar todas as redes simbólicas. Ora, é bom precisar que esse revolvimento revolucionário nada deve à ideia de Revolução, robespierrista ou leninista, ou ao que Richir chama a vontade de encarnar "a transcendência prática". Observando-a não se poderia nem mesmo falar da Revolução "no singular, precedida do artigo definido", de acordo com a feliz expressão de Furet, ou da Revolução com maiúscula.

O acontecimento nada tem de uniforme e, com a permissão da palavra, é antes de uma revolução plural que se trata. Seja qual for o exemplo histórico escolhido, o espetáculo da diversidade é o mesmo. Lembremo-nos apenas da Revolução Russa: há mil teatros da revolução, nas fábricas, nos escritórios, nos bairros, no campo, no Exército, na Universidade, nos círculos de escritores e de artistas, e rapidamente todas as normas das instituições são repostas em questão. Não há diretor que regulamente o movimento dos atores. O que impressiona o observador é a paixão da auto-organização que anima múltiplas coletividades, a criação de sovietes, comitês de usina, comitês de bairro, de camponeses, soldados, milícias, associações de todo tipo, e é a afirmação reiterada por uns e outros de um direito de decidir *aqui* e *agora* sobre as ocupações de que têm experiência, direito frequentemente reivindicado à custa do que é denunciado como a abstração Sociedade, encarnada nos decretos do governo.

Assim, não há apenas emergência do *Baixo*, e a imagem do revolvimento é, em parte, inadequada: ao mesmo tempo que a sociedade bascula, ela se descentra, o tecido das relações sociais adquire uma vida insuspeitada e se diferencia furtando-se às garras do poder estatal.

Talvez, dir-se-á, mas a experiência ensina que essa revolução plural fracassa, que deixada a si mesma conduzir-ia a uma dissolução da comunidade nacional, que na realidade a Revolução se afirma no singular. Se se fala da Revolução mais vale, pois, se interessar no vem-a-ser. Já respondi que não se pode fazer a economia de uma análise do fato revolucionário a partir do momento que apresenta constantes notáveis e que, à sua falta, a ideia de revolução não se formaria. E, por minha vez, coloco uma questão: pode-se afirmar que nenhum ensinamento poderia ser tirado na hipótese de uma sublevação revolucionária em nosso tempo, daquilo que a Revolução se torna – o que se tornou sob o impulso dos jacobinos e dos bolcheviques? Ou, em outros termos, seguramente preferíveis: se uma revolução explodisse em uma sociedade que assimilou na sua estrutura os efeitos do jacobinismo e do bolchevismo, não se beneficiaria de uma experiência do fenômeno da burocracia e não engendraria uma imagem nova do possível e do impossível?

Chego, assim, a uma terceira reflexão. Esta concerne à articulação estabelecida por Richir entre a Revolução e o totalitarismo. Se afirmássemos que uma engendra ineluctavelmente a outra, deveríamos concluir que não há revolução antitotalitária possível ou que ela não serviria senão para reforçar o regime estabelecido. Não é talvez o pensamento de Richir uma vez que apenas toma por alvo a ideia da Revolução jacobino-bolchevique e que está consciente das contradições que trabalham o totalitarismo. Mas, então, mais vale dizer claramente que a crítica da mitologia revolucionária, do fantasma da "boa sociedade", da sociedade sem divisões, deixa em aberto a questão da Revolução.

Eu me espantava, antes de ouvir Akos Puskas, que nenhuma referência fosse feita às sublevações de que a Europa do Leste foi teatro e, principalmente, à Hungria. Sua intervenção é preciosa porque chama a atenção para os traços específicos da revolução antitotalitária e tenta mostrar que esta reata com a revolta (já disse porque esse termo, definitivamente, não me parecia pertinente, mas pouco importa...), manifestando uma sensibilidade nova para com os efeitos destruidores da ideologia revolucionária (o que ele chama de revolucionarismo). Não é o lugar para nos estendermos sobre o fenômeno húngaro. Contudo, importa sublinhar brevemente um duplo aspecto.

De um lado, a revolução apresenta-se sob os traços que mencionei: é uma revolução plural que passa por múltiplos centros; desenvolve-se nas fábricas, na Universidade, nos setores da cultura, no da informação, vê a proliferação de comitês de fábrica e de sovietes locais, de associações diversas, de partidos políticos, de assembleias. Esse processo selvagem se parece com todos aqueles conhecidos pelo primeiro quarto do século. As formas de organização e os métodos de luta próprios ao movimento operário são espontaneamente "reencontrados". Espontaneidade tanto mais espetacular porque a presença dos exércitos russos impede, em larga medida, a coordenação das iniciativas no conjunto do país.

Mas, fato novo e bastante notável: de todos os lados manifesta-se a *procura* de um novo modelo político que combinasse vários tipos de poder e impedisse, assim, que um aparelho de Estado se solidificasse e se destacasse da sociedade civil. Deseja-se um Parlamento eleito pelo sufrágio universal (cuja eficácia seria garantida pela existência de múltiplos partidos em competição), um governo eleito por ele e permanecendo sob seu controle; deseja-se uma federação de conselhos operários que dirija os negócios econômicos nacionais – o que, evidentemente, lhe confere um papel político – e deseja-se também sindicatos democráticos que defendam os interesses específicos dos trabalhadores face aos órgãos socialistas dirigentes, isto é, face ao governo e face aos próprios conselhos. Simultaneamente deseja-se devolver à justiça, à informação, ao ensino, a cada setor da cultura sua autonomia. Em suma, procura-se a fórmula de uma democracia socialista, infinitamente mais extensa do que jamais o foi a democracia burguesa.

A meus olhos não há nada que nos informe melhor sobre a inspiração da Revolução Húngara que a discussão sobre a função dos conselhos operários quando da Assembleia Constituinte do conselho central de Budapeste. Prevalece a tese de que os conselhos, assumindo de imediato a responsabilidade política em escala nacional, devem abster-se de reivindicar todo o poder no futuro regime sob pena de se exporem a recriar as condições do totalitarismo após terem destruído o monopólio do Partido Comunista. A compreensão do perigo burocrático me parece, aqui, achar-se no seu mais alto grau, nessa assembleia operária que acaba de dar o máximo de atenção para o problema da representatividade de seus membros e que se recusa a confundir, de maneira geral, *democracia* e *representação*, que reconhece que a primeira supõe uma diferenciação das fontes de autoridade e um jogo entre direitos específicos.

Estas indicações são, por certo, rápidas demais, porém eu queria assinalar que a Revolução Húngara, como revolução espontânea, plural, desembocou imediatamente no problema da constituição geral da sociedade (constituição não sendo tomada numa acepção jurídica, ainda que a preocupação jurídica seja essencial face a um sistema no qual a dimensão da lei foi denegada). Desembocou imediatamente, em outros termos, no problema *político* e procurou a ele responder inscrevendo, projetando no espaço institucional os sinais da descompressão do social que ela instaurava por seu próprio movimento. Se nos interrogarmos sobre a revolução, é preciso meditar sobre essa experiência, não nos contentarmos em imputar o projeto de revolução à ideologia (o que poderia permanecer sob o domínio da ideologia, numa posição complementar do revolucionarismo), mas nos aplicarmos em conceber a figura do novo.

A insurreição húngara[1]

A verdade sobre doze dias de luta

Que se passou exatamente entre 23 de outubro e 2 de novembro?

Tentaremos dizê-lo apoiando-nos quase que exclusivamente nas informações transmitidas pela imprensa e pela rádio húngaras, quer dizer, sem nos referirmos a testemunhos cuja imparcialidade possa ser contestada. A maioria das informações que utilizamos foram publicadas pela imprensa francesa, imprensa que funcionou como imprensa burguesa, porém. Quer dizer que procurou dissimular ou minimizar a ação do proletariado e que, em contrapartida, colocou em primeiro plano tudo o que permitia apresentar a insurreição como uma sublevação nacional. Todas as reivindicações políticas e nacionais foram acentuadas e falou-se sobretudo dos combates travados pelos "insurretos" em geral, sem procurar explicar quais eram as forças sociais em luta. Apenas no último período foi anunciado que tendências muito diversas se manifestavam. Não se mencionou senão incidentalmente a existência dos conselhos e suas reivindicações. Graças a essa manobra a imprensa deformou completamente os traços da revolução durante o primeiro período. Durante os três primeiros dias, com efeito, as emissões da Rádio Budapeste eram, na sua maior parte, consagradas à ação das fábricas dos bairros de Budapeste – Csepel, Rada

---

[1] *Socialisme ou Barbarie*, n° 20, dezembro de 56-fevereiro de 57. Texto reproduzido na primeira edição de *Eléments d'une critique de la bureaucratie*, Droz, 1971.

Utca, Ganz, Lunz, Estrela Vermelha, Jacques-Duclos – e dos grandes centros industriais de província – em Miskolc, Györ, Szolnok, Pecs, Debreczen, etc.

Sobressaía dessas emissões que, com exceção de Budapeste, onde, desde o início, o conjunto da população se tinha sublevado, o combate revolucionário repousava exclusivamente sobre os operários das fábricas: estes formavam "conselhos" por toda parte, por toda parte formulavam reivindicações revolucionárias, por toda parte se apoderavam de armas, em vários lugares batiam-se encarniçadamente.

Sabe-se que tudo começou no dia 23 de outubro, com uma manifestação de solidariedade aos poloneses, organizada pelo círculo Petoefi, isto é, pelos estudantes e intelectuais. A essa manifestação, primeiramente proibida, depois autorizada no último momento pelo governo, juntaram-se massas de operários e de empregados que tinham deixado as fábricas e os escritórios. No conjunto desenvolveu-se pacificamente. Mas, à noite, um discurso de Gerö pôs fogo na pólvora. Ainda que esperassem importantes concessões por parte do governo, foi dito aos manifestantes que a amizade da Hungria pela URSS era indefectível, que os elementos perturbadores que queriam criar agitação seriam reprimidos e que o comitê central não tinha intenção de se reunir antes de 31 de outubro, ou seja, oito dias mais tarde. Depois de Gerö, Nagy prodigalizou algumas boas palavras e um apelo à calma. Os manifestantes sentiram o discurso de Gerö como uma provocação. Uma coluna de manifestantes dirigiu-se para a rádio e tentou entrar para que fossem transmitidas suas reivindicações: "A rádio mente! Queremos dar a conhecer o que desejamos". A polícia de segurança atirou então, nos manifestantes – e, a partir desse momento, os combates se propagam pela cidade. Algumas horas mais tarde Gerö, assustado, chama Nagy ao Governo, mas isso não modifica em nada a atitude dos insurretos que avançam reivindicações de fundo e não se contentam com uma mudança de pessoas.

O discurso de Gerö, portanto, pôs fogo na pólvora. Mas seria arriscado pensar que os manifestantes teriam comportadamente voltado para casa se lhes tivesse sido anunciado a volta imediata de Nagy ao poder. Havia muito tempo que uma extraordinária efervescência reinava em Budapeste. E não pensamos unicamente nas manifestações do círculo Petoefi, onde importantes concentrações tinham denunciado cada vez mais violentamente a política do governo e o papel da URSS. Também não pensamos apenas no extraordinário clima suscitado pelos funerais de Rajk, em seguida pelos de antigos membros do partido e antigos oficiais de cuja liquidação e reabilitação as massas ficavam sabendo, por vezes, ao mesmo tempo. Uma forte corrente de oposição crescia, havia meses, no seio do partido; a democratização e a limitação do domínio russo eram pedidas com insistência, os crimes e as taras do regime anunciados publicamente. Os acontecimentos da Polônia tinham levado essa agitação ao máximo. É essa situação que explica que, em seguida, a grande maioria dos quadros médios do partido e de seus militantes de base se encontrasse ao lado dos insurretos. Mas, ao mesmo tempo, uma grande agitação se manifestava nas fábricas.

O órgão do partido a assinalava desde o último mês de julho e pedia reformas urgentes para apaziguar os operários. Assim, o governo precisou prometer, nessa época, que o nível de vida das massas seria elevado em 25% e anunciar a abolição do empréstimo forçado (que equivalia a uma retenção de 10% sobre os salários). Contudo, as promessas não tinham sido suficientes; eram, aliás, temperadas pela legislação da semana de 46 horas (horas normais), enquanto um projeto precedente tinha previsto 42 horas. De qualquer maneira, os operários estavam decididos a não se contentar com algumas migalhas; não queriam mais ritmos de produção impostos pelo governo: não queriam mais ordens do sindicato e do partido que eram agentes do Estado tão servis quanto o diretor da fábrica e elevavam a voz tanto mais alto porque, frente a eles, os dirigentes sindicais e políticos se encontravam cada dia mais desacreditados pela aparição na imprensa das malfeitorias do regime Rakosi das quais tinham participado.

Os operários que estavam na rua no dia 23 de outubro não tinham ido apenas reclamar a volta de Nagy; tinham outra coisa na cabeça. Sua atitude pode ser resumida pela declaração de um operário, torneiro nas grandes fábricas Csepel, publicada dois dias antes pelo órgão das Juventudes Comunistas: "Até agora não dissemos palavra. Aprendemos durante esses tempos trágicos a ser silenciosos e a avançar a passo de lobo. Estejam tranquilos, nós também falaremos".

Na noite de 23 para 24 a polícia de segurança continua a atirar sobre os manifestantes. Mas os soldados húngaros confraternizam com estes últimos e, nas casernas, fornecem eles mesmos armas aos manifestantes ou não opõem nenhuma resistência quando delas se apoderam. Operários dos arsenais levam armas e distribuem. No dia seguinte, especialmente ocorre uma grande batalha em frente do Parlamento em que intervêm, anuncia a Rádio Budapeste, os tanques soviéticos e aviões. Não há dúvida sobre o papel representado pelos operários nessa quarta, 24; batem-se encarniçadamente. São os operários das fábricas Csepel que se encontram na vanguarda e que criam o comitê central da insurreição. Um panfleto editado pelos "estudantes e os operários revolucionários" convoca para a greve geral. No mesmo dia a rádio oficial anuncia que explodiram agitações nas fábricas da província; transmite constantemente comunicados que mostram manifestações sobrevindas nos centros industriais da Hungria. De noite anuncia que a calma voltou em certas empresas da província e pede insistentemente para que os operários retomem o trabalho no dia seguinte pela manhã. Na quinta-feira o governo dá novamente ordem aos operários e aos funcionários para retomarem o trabalho, o que atesta que a greve continua.

Várias vezes o governo acredita-se dono da situação e o diz. É porque não compreende exatamente o que se passa no país inteiro: comitês operários constituem-se um pouco por toda parte, mas, com maior frequência, exprimem sua confiança em Nagy; a greve é geral, mas não dirigida contra Nagy. Por exemplo, o conselho revolucionário de Miskolc, que rapidamente representa um papel da maior importância, pede, no dia 25, "um governo em que sejam colocados comunistas devotados ao princípio do internacionalismo proletário, que seja antes de tudo húngaro e respeite nossas tradições nacionais e nosso passado milenar".

Os conselhos povoam a Hungria, seu poder torna-se a partir de quinta o único poder real fora o exército russo. Quarta-feira o governo maneja sucessivamente a ameaça e o pedido. Sucessivamente anuncia que os insurretos serão esmagados e lhes propõe que devolvam as armas em troca de uma anistia. Porém, a partir de quinta à tarde, revela-se impossível fazer seja o que for contra a greve geral e os conselhos. Entre 3 e 4 horas da tarde, Nagy e Kadar prometem que vão negociar a partida dos russos; à noite a frente popular patriótica declara na rádio: "O governo sabe que os insurretos são de boa fé". O órgão do PC Húngaro, *Szabad Nep*, reconheceu logo no mesmo dia que o movimento não é unicamente obra de contrarrevolucionários, mas que é também "a expressão da amargura e do descontentamento da classe operária". Esse reconhecimento parcial da insurreição foi, como se vê, ultrapassado pelos acontecimentos em algumas horas, e é o conjunto da insurreição que o governo se acha obrigado a legitimar. No dia seguinte pela manhã o comandante das forças da ordem dirige-se aos insurretos pela rádio chamando-os de "jovens patriotas".

Há, pois, na quinta-feira, uma espécie de virada. Parece que a insurreição venceu, que o governo cede. E Nagy sanciona essa mudança reformando o governo; chama Bela Kovacs, antigo secretário do partido dos pequenos proprietários, preso pelos russos por "espionagem", e Zoldan Tildy, do mesmo partido, antigo presidente da República no pós-guerra, para colaborarem com ele. Essa transformação governamental é surpreendente. Visa satisfazer a opinião uma vez que mostra que o partido comunista está pronto a colaborar doravante com outros partidos; ao mesmo tempo, Nagy dá garantias de sua hostilidade para com os russos, pois não há dúvida que seus novos colaboradores, perseguidos recentemente por Moscou, o ajudarão a exigir novas relações com a URSS. Mas essa reforma não satisfaz os conselhos operários: estes pedem a independência nacional e a democracia, mas não querem políticos reacionários que, de resto, já colaboraram com os russos. A volta ao poder dos antigos líderes "pequenos proprietários" satisfaz provavelmente uma parte do campesinato e a pequena burguesia de Budapeste, mas, ao mesmo tempo, incita essas camadas a adquirir coragem, a formular suas próprias reivindicações e a vir para a frente do palco, enquanto, até o momento, o combate revolucionário tinha repousado principalmente sobre o proletariado.

Coloquemo-nos agora na data de sábado, 27 de outubro, e, antes de procurarmos como evolui a revolução, consideremos o que foi a insurreição operária durante os quatro primeiros dias.

O conselho de Miskolc nos servirá de exemplo.

Esse conselho foi formado no dia 24. Foi democraticamente eleito por todos os operários das fábricas de Miskolc, independentemente de posição política. Ordenou imediatamente a greve geral, à exceção de três setores: transportes, energia elétrica e hospitais. Essas medidas testemunham sua preocupação em governar a região e assegurar à população a manutenção dos serviços públicos. Muito rapidamente também (a 24 ou 25) o conselho enviou uma delegação a Budapeste para tomar contato com os insurretos da capital, levar-lhes o apoio ativo da província e agir de acordo com eles. Publica um programa em quatro pontos:

– retirada imediata de todas as tropas soviéticas;

– formação de um novo governo;

– reconhecimento do direito de greve;

– anistia geral para os insurretos.

No plano político, o conselho definiu nitidamente a sua posição na quinta, 25, posição imediatamente conhecida na Hungria inteira graças à rádio de que se apoderou. Já dissemos qual é: é pelo internacionalismo proletário e, simultaneamente, por um comunismo húngaro nacional. A associação das duas ideias pode parecer confusa do ponto de vista dos princípios comunistas. Nas presentes circunstâncias é perfeitamente compreensível. O conselho é internacionalista, quer dizer que está pronto a lutar com os comunistas e os operários do mundo inteiro, mas é nacional, quer dizer que recusa toda sujeição à URSS e pede que o comunismo húngaro seja livre para se desenvolver como entender.

Aliás, o conselho não se opõe a Nagy. Propõe um governo dirigido por este. O que não o impede de fazer o contrário do que Nagy pede. No momento em que este suplica aos insurretos que deponham as armas e, mais particularmente, que os operários retomem o trabalho, o conselho de Miskolc forma milícias operárias, mantém e estende a greve e se organiza como um governo local independentemente do poder central. Não é apenas porque quer expulsar os russos e porque vê Nagy prisioneiro deles. Está decidido a sustentar Nagy apenas se este aplicar o programa revolucionário. Assim, quando Nagy coloca no governo os representantes do partido dos proprietários, reage vigorosamente. Em um "comunicado extraordinário" transmitido através da sua rádio no sábado, 27, às 21h30, o conselho declara principalmente que "tomou o poder nas mãos em toda a região de Borsod. Condena severamente todos aqueles que qualificam nosso combate como combate contra a vontade e o poder do povo. Temos confiança em Imre Nagy", acrescenta, "mas não estamos de acordo com a composição do seu governo. Todos esses políticos que se venderam aos soviéticos não devem ter lugar no governo. Paz, Liberdade e Independência".

Essa última declaração põe em relevo também a atividade do conselho que, como acabamos de dizer, comporta-se como um governo autônomo. No dia mesmo em que toma o poder em toda a região de Borsod, dissolve os organismos que são o traço do regime precedente, isto é, todas as organizações do Partido Comunista (essa medida é anunciada no domingo de manhã, através da sua rádio). Anuncia também que os camponeses da região expulsaram os responsáveis pelos colcoses e procederam a uma redistribuição da terra.

No dia seguinte pela manhã, enfim, a Rádio Miskolc transmitirá um apelo pedindo aos conselhos operários de todas as cidades de província "para coordenar seus esforços com vistas a criar um só e único poderoso movimento".

O que acabamos de relatar basta para mostrar que, logo após o desencadear da insurreição de Budapeste, se manifestou um movimento proletário que encontrou imediatamente sua justa expressão através da criação dos conselhos e que constituiu o único poder real na província. Em Györ, Pecs, na maioria das outras grandes cidades, parece que a situação foi a mesma de Miskolc. Era o conselho operário que dirigia tudo: armava os combatentes, organizava o abastecimento, apresentava reivindicações políticas e econômicas. Durante esse período o governo de Budapeste não representava nada; agitava-se, lançava comunicados contraditórios, ameaçava, em seguida suplicava aos operários que depusessem as armas e que retomassem o trabalho. Sua autoridade era nula.

Face aos conselhos havia apenas as tropas russas e, além disso, parece que, em certas regiões, nem lutaram. No departamento de Miskolc, notadamente, assinalou-se que as tropas estavam na expectativa e que, em várias ocasiões, soldados soviéticos confraternizavam. Fatos análogos são assinalados na região de Györ.

Não conhecemos precisamente todas as reivindicações formuladas por esses conselhos. Porém, temos o exemplo do conselho de Szeged. Segundo um correspondente iugoslavo, do jornal *Vjesnik* de Zagreb, que se encontrava nessa cidade, no dia 28 de outubro houve uma reunião dos representantes dos conselhos operários de Szeged, tendo sido adotadas as seguintes reivindicações: a substituição das autoridades locais stalinistas, a aplicação da *autogestão operária* e a partida das tropas russas.

É incrivelmente extraordinário observar que os conselhos nascidos espontaneamente em diferentes regiões, parcialmente isolados pelos exércitos russos, tenham procurado imediatamente se federar. Tendiam a constituir, no fim da primeira semana revolucionária, uma República dos conselhos.

Com base nessas informações, a imagem composta pela imprensa burguesa de uma simples participação operária numa sublevação nacional é, evidentemente, artificial. Repetindo: estava-se em presença da primeira fase de uma revolução proletária.

Quais eram os objetivos dessa revolução?

Conhecêmo-los através de uma resolução dos sindicatos húngaros, publicada na sexta, 26, isto é, três dias após o desencadear da insurreição. Contém uma série de reivindicações de um alcance imenso:

1. que a luta cesse, que uma anistia seja anunciada e que sejam empreendidas negociações com os delegados da juventude;

2. que um amplo governo seja constituído, com Imre Nagy na presidência, e com a participação de representantes dos sindicatos e da juventude. Que a situação econômica do país seja exposta com toda franqueza;

3. que seja concedida ajuda às pessoas feridas nas lutas trágicas que acabam de ocorrer e às famílias das vítimas;

4. que a polícia e o exército sejam reforçados por uma guarda nacional composta de operários e de jovens, para manter a ordem;

5. que uma organização da juventude operária seja constituída com o apoio dos sindicatos;

6. que o novo governo entabule imediatamente negociações com vistas à retirada das tropas soviéticas do território húngaro.

No plano econômico:

1. constituição de conselhos operários em todas as fábricas;

2. instauração de uma direção operária. Transformação radical do sistema de planificação e da direção da economia exercida pelo Estado. Reajuste dos salários, aumento imediato de 15% para os salários inferiores a 800 *forints* e de 10% para os salários de menos de 1.500 *forints*. Estabelecimento de um teto de 3.500 *forints* para os ordenados mensais. Supressão das normas de produção, salvo nas fábricas em que os conselhos de operários pedirem a sua manutenção. Supressão do imposto de 4% pago pelos solteiros e pelas famílias sem filhos. Aumento das aposentadorias mais baixas. Aumento da taxa do seguro-família. Aceleração da construção de habitações pelo Estado;

3. os sindicatos pedem, além disso, que seja mantida a promessa (feita por Imre Nagy) de entabular negociações com os governos da URSS e dos outros países com vistas a estabelecer relações econômicas dando às partes vantagens recíprocas, com base do princípio da igualdade.

Como conclusão é dito que os sindicatos húngaros deverão funcionar como antes de 1948 e deverão mudar de nome e chamar-se doravante "sindicatos húngaros livres".

Essa lista é assinada pela presidência do conselho dos sindicatos húngaros mas não há dúvida de que retoma e sistematiza as reivindicações emitidas pelos diversos conselhos operários.

Consideremos de perto essas reivindicações. Não constituem, seguramente, um programa socialista máximo. Pois um programa desses teria como primeiro ponto o governo dos representantes dos conselhos apoiado nas milícias operárias. Talvez fosse o que desejavam inúmeros operários muito avançados em relação às declarações das "cúpulas". Talvez não. Disso, nada sabemos. De qualquer maneira, o que se pode considerar como teoricamente justo não é necessariamente o que pensam e o que dizem aqueles que estão engajados numa revolução e que estão colocados em condições determinadas.

O programa dos sindicatos, tal qual, vai muito longe. Por um lado, pede que Nagy governe com os representantes da juventude e os dos sindicatos. Ora, a juventude esteve na vanguarda da Revolução; por outro lado, os sindicatos devem ser transformados, tornar-se sindicatos livres, verdadeiros representantes da classe; seus organismos devem ser democraticamente eleitos. Reivindicação que significa, pois, exigir um governo revolucionário.

Em segundo lugar, o programa prevê o armamento permanente de operários e jovens que, com o exército e a polícia, serão a sustentação do governo.

Além disso, e este ponto é essencial, a resolução pede a constituição de conselhos em todas as fábricas. O que prova que os operários veem nos seus organismos autônomos um poder que tem uma significação universal; não o dizem, talvez não tenham consciência do que lhes será possível fazer, porém tendem para uma espécie de República dos conselhos. Não estão dispostos a deixar para o governo o cuidado de decidir tudo em seu nome, mas querem, ao contrário, consolidar e estender o poder que eles mesmos detêm na sociedade.

Mas o que prova a maturidade revolucionária do movimento são as reivindicações próprias à organização da produção. Essas reivindicações escapam, evidentemente, à inteligência do jornalista burguês, pois este apenas vê o que se passa na superfície das coisas, isto é, no plano estritamente político. Ora, o que *na realidade* decide sobre a luta das forças sociais são as relações que existem no seio da produção, no coração das empresas.

Os operários poderiam ter no governo homens em quem confiassem e que estivessem animados de excelentes intenções, mas não ganhariam nada se na vida de todos os dias, no trabalho permanecessem simples executantes comandados por um aparelho dirigente, como são comandadas as máquinas. Os próprios conselhos seriam finalmente desprovidos de eficácia e destinados a perecer se não compreendessem que têm como tarefa tomar nas mãos a organização da produção.

Disso os operários húngaros estavam conscientes. E é o que dá ao seu programa um imenso alcance. Estavam tanto mais conscientes porque o regime stalinista, recusando-lhes a participação na gestão das fábricas, não tinha parado de proclamar que os operários eram os verdadeiros proprietários de suas empresas. De alguma maneira, o regime stalinista havia contribuído, nesse ponto, para a sua própria derrubada, pois tinha permitido aos operários compreender uma coisa, mais claramente que em qualquer outro lugar: que a exploração não vem da presença de capitalistas privados, mas, mais geralmente, da divisão – nas fábricas – entre os que decidem tudo e os que apenas obedecem.

O programa dos sindicatos ataca, pois, essa questão que é fundamentalmente revolucionária: pede, no mesmo parágrafo, "a instauração de uma direção operária e a transformação *radical* do sistema de planificação e da direção da economia exercida pelo Estado". Como se efetuará essa transformação radical? Como conseguirão os operários através da sua direção participar da planificação? Isso não é dito. Isso não podia, aliás, ser dito, três dias após a insurreição, ainda no fogo da luta, e num documento que não podia afirmar senão princípios. Mas, se a reivindicação está ainda mal definida, seu espírito não deixa dúvidas: os operários não querem mais que o plano de produção seja elaborado independentemente deles, não querem mais que as ordens sejam enviadas por uma burocracia de Estado. Interessa-lhes ao máximo saber o que a direção decide em escala nacional, como a produção será orientada, em que ramos se projeta fazer os maiores esforços e por que; que volume deve ser atingido nos diversos setores; qual a repercussão desses objetivos sobre o seu nível de vida, sobre a duração da semana de trabalho, sobre o ritmo de trabalho que isso imporá.

Se se continuar atentamente o exame do parágrafo "econômico" do programa, apercebemo-nos, enfim, que os operários não param em reivindicações de princípio; fazem uma exigência muito precisa e que tem imediatamente uma repercussão formidável sobre a organização da produção nas fábricas: exigem a supressão das normas de produção, salvo nas fábricas em que os conselhos pedirem a sua manutenção. Isso significa dizer que os operários devem ser livres para organizar seu trabalho como entenderem. Desejam pôr toda a burocracia na rua, desde os agentes de estudos até os cronometradores que querem alinhar o trabalho humano sobre o trabalho da máquina e que, cada vez mais, alinham o trabalho das máquinas sobre as cadências loucas impostas ao trabalho humano, mesmo correndo o risco de fazer explodir as máquinas.

Não excluem que em certos casos devam ser mantidas normas, porém especificam que são os operários, através do seu conselho, os únicos qualificados para decidir sobre isso.

Com toda evidência essa reivindicação coloca as primeiras balizas de um programa gestionário e se a situação lhe tivesse permitido desenvolver-se não podia senão conduzir a esse programa. E, com efeito, não se pode separar a organização do trabalho dos homens da da produção em geral. Os diretores de empresa nunca toleraram nem podem efetivamente tolerar tal dissociação, pois tudo está interligado na fábrica moderna. No dia em que os homens decidirem sobre a conduta no trabalho serão levados a encarar todos os problemas da empresa.

Finalmente, destaquemos do programa dos sindicatos as reivindicações salariais. É muito característico que visem estreitar o leque dos salários, isto é, combater a hierarquia: 15% acima de 800 *forints*, 10% entre 800 e 1.500, um teto de 3.500. Ora, a hierarquia é a arma dos stalinistas assim como dos capitalistas porque lhes permite, por um lado, constituir uma camada privilegiada que é uma sustentação para o regime estabelecido e, por outro lado, dividir os trabalhadores, isolá-los uns dos outros multiplicando os níveis de remuneração. A luta contra a hierarquia é hoje fundamental para os operários do mundo inteiro, quer trabalhem em Budapeste, Billancourt, Detroit ou Manchester e vêmo-la, efetivamente, passar para o primeiro plano cada vez que nos Estados Unidos, na Inglaterra ou na França uma greve selvagem explode, independentemente dos sindicatos. Essa luta torna-se mais clara para os operários visto que o desenvolvimento técnico tende a nivelar mais e mais os empregos: a extrema diferenciação dos salários aparece, assim, como absurda do ponto de vista da lógica da produção e justificável unicamente pelas vantagens político-sociais que delas retira o aparelho dirigente.

No apelo que o conselho nacional dos sindicatos húngaros lançará alguns dias mais tarde (2 de novembro), será exigido um *novo sistema de salários*, o que significa, sem dúvida nenhuma, refundir as categorias artificialmente multiplicadas pelo regime precedente.

Qual a imagem que esses primeiros dias de luta compõem? A população, no seu conjunto, se sublevou e procurou varrer o regime fundado sobre a ditadura do PC. A classe operária esteve na vanguarda desse combate. Não se dissolveu no "movimento nacional". Apareceu com objetivos específicos:

1. Os operários organizaram espontaneamente seu poder próprio, os conselhos, aos quais procuraram imediatamente dar a maior extensão possível;
2. constituíram com uma rapidez inaudita um poderio *militar* que foi capaz de fazer recuar, em certos casos, de neutralizar, em outros, as tropas russas e seus blindados;
3. atacaram a raiz mesma da exploração apresentando reivindicações que tinham por efeito mudar completamente a situação dos operários no próprio quadro das empresas.

Diversidade das forças sociais em luta: palavras de ordem democráticas e nacionais

Retomemos o filme dos acontecimentos no momento em que o havíamos interrompido. Dissemos que a partir de quinta, 25, se opera uma virada na situação. O governo reconhece primeiramente que a luta insurrecional é justa; promete que negociará em breve a partida das tropas russas; oferece pastas a não comunistas (pequenos proprietários). Sobre essa base acredita ter a possibilidade de pedir que os insurretos deponham definitivamente as armas. Contudo, os combates continuam. Em Budapeste a batalha contra os tanques soviéticos é extremamente violenta no início da tarde de sexta, 26. O governo não compreende essa situação: pensa que suas concessões são já muito importantes e, sobretudo, está persuadido de que os conselhos operários vão sustentá-lo já que, repitamo-lo, estes proclamam sua confiança em Nagy. Um ultimato é, pois, lançado para que as armas sejam depostas na sexta, 26, antes das 22 horas. No dia seguinte pela manhã a luta prossegue, e a rádio oficial sustenta que aqueles que continuam a lutar são "bandidos" e como tal serão tratados. Os insurretos são novamente considerados como "agentes do Ocidente".

Perante a amplitude dos combates que recomeçam (sobretudo na noite de sábado para domingo, quando a prisão de Budapeste é atacada, e os dois Farkas, chefes policiais do regime Rakosi responsáveis por uma série de crimes, executados), perante a extensão dos conselhos revolucionários que se multiplicam na província e englobam agora *todas as camadas da população*, o governo é novamente levado a ceder. Parece que a situação é muito confusa no domingo pela manhã. Por um lado, as negociações com os representantes estudantis em Budapeste levam a um armistício, por outro lado, os combates persistem apesar desse armistício. O mais provável é que algumas frações dos insurretos desprovidas de armas ou de munições ou que se encontram em má situação aceitam a negociação, enquanto outras, reabastecidas de armas pelos soldados, prosseguem ou retomam o combate.

O caso é que a tarde do domingo, 28, leva a uma segunda retirada governamental, que é, ao mesmo tempo, uma capitulação russa. Entre 12 e 13 horas Nagy anuncia que ordenou a suas tropas para cessar fogo. Às 15 horas a Rádio Budapeste declara: "Em breve o combate acabará. As armas calaram-se. A cidade está silenciosa. Silêncio de morte. Convém refletir nos motivos dessa mortandade atroz *de que o stalinismo e a demência sanguinária de Rakosi são as verdadeiras causas*". Às 16h30 Nagy declara que as tropas russas vão se retirar "imediatamente".

Sabe-se, de fato, que os russos não evacuam Budapeste. Esperam, supostamente, que os insurretos deponham as armas. Estes, por seu lado, recusam-se a devolvê-las e são encorajados pelos conselhos de Györ e de Miskolc: os combates recomeçam. Não é senão terça à noite que a partida dos russos parece assegurada, sendo confirmada oficialmente pela Rádio Moscou.

Não temos mais necessidade agora de seguir de tão perto o curso dos acontecimentos e podemos sobrevoar a segunda semana revolucionária para dela extrair os traços principais. Mas, para compreender a evolução do movimento revolucionário, precisamos primeiramente notar o que se passa no plano governamental, no plano político geral e no plano militar.

• No plano governamental Nagy faz uma série de concessões que, num sentido, têm um caráter democrático, num outro, revalorizam as forças pequeno-burguesas. Anuncia sucessivamente o fim do regime do partido único (terça, 30) e a volta a um governo de coalizão nacional análogo ao de 1946; promete eleições livres pelo sufrágio universal; funda um novo partido, o Partido Socialista Operário; projeta um estatuto de neutralidade para a Hungria e a denúncia do pacto de Varsóvia; cria um novo governo em que os comunistas têm apenas duas pastas ao passo que as outras cadeiras (com exceção de uma oferecida a um representante do novo partido Petoefi) são repartidas entre nacional-camponeses, pequenos proprietários e social-democratas.

• No plano político, os antigos partidos se reconstituem rapidamente: na província, seções dos partidos camponeses, social-democratas e pequenos proprietários se multiplicam. Entretanto, uma nova formação aparece, saída da insurreição: o partido da juventude revolucionária, situado sobre uma base nitidamente socialista. Vários jornais novos são publicados.

• No plano "militar", a situação é dominada pela presença dos russos. Fingiram aceitar partir no domingo, 28, e, em vez de partir, atacaram os insurretos dentro de Budapeste; anunciaram que se retirariam na noite de segunda, 29, e deixaram em grande parte a capital, mas se reagruparam à distância e, a partir de quinta, 1º de novembro, importantes efetivos penetram no território húngaro.

É nesse clima que o movimento de massas evolui. Ora, esse movimento engloba agora novas camadas sociais. Foi no início, principalmente, um movimento das fábricas, salvo, lembremo-lo, em Budapeste, onde, ao lado dos operários, se encontravam estudantes, empregados, pequenos burgueses. Traduziu-se pela aparição dos conselhos. Mas o primeiro recuo do governo (quinta) e a formação de um governo de coalizão (sexta) encorajam todas as camadas da população a se sublevar, pois a vitória parece a todos ao alcance da mão. Tanto em Miskolc quanto em Györ constituem-se conselhos de cidades e de regiões os quais vêm para a frente do palco. É bastante evidente que a população não operária e particularmente os camponeses são antes de tudo sensíveis a reivindicações democráticas e nacionais. Ora, essas reivindicações encontram profunda ressonância na classe operária, pois constituem uma demolição do antigo Estado totalitário. Os operários são a favor da independência da Hungria face à exploração russa; são a favor da abolição do regime do partido único que se confundiu com a ditadura stalinista; são a favor da liberdade de imprensa que dá aos opositores o direito de se exprimirem; são mesmo a favor de eleições livres que constituem, a seus olhos, um meio de quebrar o monopólio político do partido "comunista".

Certa unanimidade na euforia da vitória pode, pois, instaurar-se: em todo caso ela caminha paralelamente com certa confusão.

Essa confusão é acrescida pela ameaça feita pelo exército russo, pois todo mundo é obrigado a agitar ao mesmo tempo a bandeira da independência nacional.

E essa confusão é também mantida pela política de Nagy que, mesmo reconhecendo os organismos autônomos da classe operária e declarando-se decidido a apoiar-se neles, não faz na realidade senão concessões à direita.

Teremos uma ideia do flutuamento da situação política reportando-nos mais uma vez à atividade do conselho de Miskolc. A partir do domingo, 28, este publica um programa que submete aos conselhos de Györ, de Pecs, de Debreczen, Szekesfehear, de Nyregyhaza, de Szolnok, de Magyarovar, de Esztergom e de várias outras cidades de província:

"Nós exigimos do governo:
1. a edificação de uma Hungria livre, soberana, independente, democrática e socialista;
2. uma lei instituindo eleições livres pelo sufrágio universal;
3. a partida imediata das tropas soviéticas;
4. a elaboração de uma nova constituição;
5. a supressão da A.V.H. (*Allamvedelmi Hatosagnom*, a polícia política). O governo deverá apoiar-se apenas sobre duas forças armadas: o exército nacional e a polícia comum;
6. anistia total para todos os que pegaram em armas e a incriminação de Erno Gerö e de seus cúmplices;
7. eleições livres num prazo de dois meses com a participação de vários partidos."

Esse programa reflete visivelmente não mais apenas a vontade dos operários das fábricas de Miskolc mas a da população da região de Borsod em seu conjunto.

Na segunda semana parece que os que se opõem ao comunismo (sob todas as suas formas) falam mais alto, enquanto os que lutam por um poder proletário não se manifestam tão abertamente no plano político. Em Györ, desde o domingo, 28, um comunicado do conselho operário alerta contra os elementos perturbadores não comunistas que procuram explorar a situação. No dia 2 de novembro observadores anunciam que o poder dos elementos não comunistas aí se encontra ameaçado. Em Budapeste parece que manifestações reacionárias ocorreram.

Entretanto, seria absurdo pensar que se desenvolve um verdadeiro movimento contrarrevolucionário. Não há base para um tal movimento. De nenhum lado vêm à luz reivindicações que poderiam pôr em causa as aquisições da classe operária. Os elementos "direitistas" que estão no governo preocupam-se em declarar que não se pode, de forma alguma, voltar atrás. É assim que Tildy, líder dos pequenos proprietários, declara a 2 de novembro: "A reforma agrária é um fato. Os colcoses desaparecerão, está claro, mas a terra continuará dos camponeses. Os bancos, as minas permanecerão nacionalizados, as fábricas continuarão propriedade dos operários. Não fizemos nem uma restauração, nem uma contrarrevolução, mas uma revolução".

Pouco importa saber se Tildy pensa efetivamente o que diz. O fato é que não pode falar de outro modo porque as forças que dominam são revolucionárias.

Em Budapeste, a insurreição foi e continua obra dos operários e dos estudantes. A primeira declaração da Federação da Juventude, no dia 2 de novembro, é por demais clara: "Não queremos a volta do fascismo do almirante Horthy. Não devolveremos a terra aos grandes proprietários nem as fábricas aos capitalistas".

Na província, a verdadeira força social fora do proletariado é o campesinato. Ora, se as reivindicações dos camponeses e sua atitude podem ser confusas, não é menos evidente que sua luta pela divisão das terras é de caráter revolucionário e que, para eles, expulsar os dirigentes dos colcoses tem o mesmo alcance que expulsar os grandes proprietários.

Com efeito, os camponeses na Hungria nunca possuíram a terra; apoderando-se dela, não regridem, mas dão um passo adiante. Eram, na sua imensa maioria, sob o regime Horthy, operários agrícolas e representavam, então, mais de 40% da população. Tendo tirado benefício da reforma agrária no pós-guerra, viram-se quase imediatamente despossuídos de seus novos direitos e condenados a uma coletivização forçada. Seu ódio contra os burocratas que dirigiam as cooperativas e enriqueciam às suas custas substituiu, quase sem transição, o ódio que testemunhavam contra seus exploradores ancestrais, os aristocratas da terra.

Além disso, sabe-se que a redistribuição das terras após 23 de outubro ocorreu apenas em certos setores, enquanto em outros as cooperativas, recuperadas pelos camponeses, continuavam a funcionar, o que prova que, para certas camadas camponesas, as vantagens do trabalho coletivo permaneciam sensíveis, apesar da exploração à qual tinha sido associado sob o regime precedente.

Seria, pois, simplista pretender que os camponeses constituem uma força contrarrevolucionária; mesmo se estavam dispostos, em grande número, a confiar nos representantes dos partidos "pequenos proprietários" apegados a uma tradição religiosa e familiar, apressados em saudar a volta do cardeal Mindszenty, permaneciam membros de uma classe explorada, suscetível de ligar-se ao proletariado na sua luta por objetivos socialistas.

Citamos há pouco o programa em sete pontos de Miskolc para mostrar que aí somente apareciam reivindicações democráticas e nacionais. Podemos agora citar o programa de Magyarovar, que se lhe assemelha de alguma maneira.

Programa de um "comitê executivo municipal" manifestamente dirigido por elementos camponeses, pede eleições livres sob o controle da ONU, o imediato restabelecimento das organizações profissionais do campesinato, o livre exercício da profissão pelos pequenos artesãos e os pequenos comerciantes, a reparação das graves injustiças cometidas contra a Igreja, e formula toda uma série de reivindicações democráticas burguesas, mas, *ao mesmo tempo*, exige a supressão de todas as diferenças de classes (ponto 13).

Nada pode mostrar melhor, na nossa opinião, a ambivalência do movimento camponês no qual, como mostrou a Revolução Russa em particular, coexistem sempre elementos conservadores e revolucionários.

A luta operária continua

Tentou-se fazer acreditar que no fim da segunda semana da insurreição tinha-se desencadeado um importante movimento contrarrevolucionário, e que as conquistas operárias eram passíveis de ser liquidadas. Kadar precisou em seguida retratar-se dessa mentira e declarar que se tratava de uma simples ameaça de grupos reacionários cuja ação o governo necessitara preceder. Mas era ainda uma mentira. A sequência dos acontecimentos provou-o, pois a classe operária lutou encarniçadamente na Hungria inteira, a greve voltou a ser geral, e as fábricas foram novamente os bastiões da insurreição. Eram as novas conquistas operárias – os conselhos e o armamento dos operários – que os russos não podiam tolerar e que quiseram esmagar com a ajuda de um governo fantoche.

Durante a terceira semana, a Rádio Budapeste não pôde senão reeditar o programa de súplica que havia transmitido sob o primeiro governo Nagy no início da insurreição: pedia-se que os operários tivessem confiança no governo, que depusessem as armas, que retomassem o trabalho.

A verdade é que na véspera do ataque dos blindados soviéticos a situação estava *aberta* e que o futuro da sociedade húngara dependia – como acontece em toda revolução – da capacidade das diversas forças sociais de fazer prevalecer seus objetivos e arrastar consigo a maioria da população.

O que estava excluído, em todo caso, era uma volta a um regime do tipo Horthy, uma restauração do capitalismo privado e da grande propriedade fundiária, pois não havia nenhuma camada social importante suscetível de sustentar essa restauração.

Em contrapartida, era possível quer a reconstituição de um aparelho de Estado que se teria apoiado num Parlamento, teria utilizado uma polícia e um exército regular e teria encarnado novamente os interesses de um grupo dirigente de tipo burocrático na produção; quer a vitória da democracia operária, a tomada das fábricas pelos conselhos, o armamento da juventude operária e estudantil, em suma, um movimento que se teria, cada vez mais, radicalizado.

Nesse último caso, sem dúvida nenhuma, uma vanguarda ter-se-ia rapidamente reagrupado; teria oposto ao programa político burguês ou burocrático um programa de governo operário; teria ajudado a unificar a ação dos conselhos e a reivindicar a direção da sociedade.

As duas vias estavam abertas e, sem dúvida nenhuma, os acontecimentos que se teriam então produzido nas outras democracias populares teriam exercido uma forte influência num ou noutro sentido. Por um lado, é duvidoso que uma revolução isolada tivesse podido desenvolver-se e triunfar na Hungria; por outro, não é menos duvidoso que um movimento proletário tivesse podido durar sem fazer sentir seus efeitos sobre a classe operária da Tchecoslováquia, da Romênia e da Iugoslávia, que continuavam, em graus diversos, a sofrer uma exploração análoga àquela de que os operários húngaros se tinham libertado, sem dar um impulso imenso ao movimento operário na Polônia, o qual tinha, havia um mês, imposto concessões contínuas tanto à burocracia polonesa quanto à russa.

É claro que, quando uma revolução começa, seu resultado não está garantido de antemão. Na Revolução Húngara o proletariado não estava só; a seu lado, os camponeses, os intelectuais, os pequenos burgueses tinham combatido a ditadura da burocracia, que explorava e oprimia toda a população. As reivindicações democráticas e nacionais uniam, durante uma primeira fase, toda a população; apoiando-se nelas, era teoricamente concebível um desenvolvimento conduzindo à reconstituição de um aparelho de Estado separado e oposto aos conselhos, de uma "democracia" parlamentar podendo tirar benefício do apoio dos camponeses e da pequena burguesia. Numa segunda fase da revolução, o conteúdo contraditório dessas reivindicações se revelaria; nesse momento, teria sido necessário que uma solução se impusesse brutalmente à custas da outra, que se impusesse o parlamento de tipo burguês *ou* os conselhos, um exército e uma polícia como corpos especializados de coerção *ou* uma organização armada da classe operária. No ponto de partida, a insurreição trazia consigo os germes de dois regimes absolutamente diferentes.

Entretanto, a sequência dos acontecimentos mostrou qual era a força da classe operária. Estendemo-nos voluntariamente sobre o papel dos elementos não proletários que se manifestaram durante a segunda semana da insurreição. Mas também não deveríamos exagerar seu peso real na situação. É fatal que à saída de um regime ditatorial todas as tendências políticas se manifestem, que os políticos tradicionais, apenas saídos da prisão, façam concentrações, discursos, escrevam artigos, redijam programas; que, na euforia da vitória comum, um auditório esteja prestes a aplaudir todos os fazedores de frases que proclamam seu amor pela liberdade. A ameaça representada por essas forças políticas não correspondia ainda a uma força organizada na sociedade.

Contudo, os conselhos operários continuavam a existir; os operários permaneciam de armas na mão. *Esses conselhos, esses operários eram a única força real, a única força organizada no país* – fora o exército russo.

Era essa força que a burocracia russa não podia absolutamente tolerar. Os Tildy, os Kovacs, mesmo os Midszenty – pode fazer compromissos com eles, governar fazendo-lhes concessões. Já o havia feito na Hungria, em todos os países de democracia popular – e na França, onde Thorez e Cia. não se incomodaram de participar, ao lado de Bidault, de vários governos de 1945 a 1947. Porém, a organização de conselhos pelos operários armados significa, para a burocracia, uma derrota total. Foi por isso que, forjando o álibi do "perigo reacionário", lançou no domingo, 4 de novembro, seus blindados contra os conselhos, cuja vitória corria o risco de ter repercussões imensas e de subverter seu próprio regime.

O que então se passou foi absolutamente inacreditável. Durante seis dias os insurretos resistiram a um exército cuja potência de fogo era esmagadora. Não foi senão na sexta, 9 de novembro, que cessou em Budapeste a resistência organizada. Porém, o *fim da resistência militar não pôs absolutamente fim, sem mais, à revolução*. A greve geral continuou, mergulhando o país numa paralisia completa e demonstrando claramente que o governo Kadar não tinha estritamente nenhum apoio no meio da população. Kadar, contudo, já tinha aceitado no seu programa a maior parte das reivindicações dos insurretos – entre outras, a gestão operária das fábricas. Mas o proletariado húngaro não podia evidentemente deixar-se enganar por um traidor que queria instaurar seu poder pela força dos blindados russos. Durante uma semana, de 9 a 16 de novembro, o governo fantoche de Kadar multiplicou os apelos, ora ameaçando, ora suplicando, prometendo e fazendo – em palavras – concessões sempre maiores. Nada se alterou. Então, na sexta, 16 de novembro, Kadar foi obrigado a entrar em conversações com os conselhos – com o conselho central dos operários de Budapeste. Reconhecia, assim, que se achava sem autoridade, que a única força verdadeira no país eram os operários e que havia apenas um meio para que o trabalho recomeçasse: que os conselhos dessem ordem para tal. Sob a condição expressa de que uma série de suas reivindicações seria imediatamente satisfeita e declarando que não abandonavam "uma vírgula" do resto, os delegados operários pediram a seus camaradas, pelo rádio, para retomarem o trabalho.

Esses fatos não mostram apenas, de maneira retrospectiva, o peso relativo das diversas forças na Revolução Húngara e o poderio extraordinário dos conselhos operários. Jogam uma luz crua sobre a *derrota total* da burocracia russa, mesmo após a sua "vitória" militar. Já o fato de recorrer a uma repressão maciça, de mobilizar vinte divisões para acabar com um movimento popular era, em si mesmo, para a burocracia russa obrigada a reivindicar o socialismo. Uma derrota política extremamente pesada. Mas essa derrota não é nada em comparação com a que está sofrendo agora: precisa reconhecer, por intermédio de Kadar, que massacrou as pessoas para nada, que não restaurou seu poder na Hungria, que, apesar de Kadar dispor de vinte divisões russas, precisa, mesmo assim, compor-se com os conselhos operários.

A Revolução Húngara não terminou. No país, duas forças continuam a enfrentar-se: os blindados russos e os operários organizados nos conselhos. Kadar tenta criar para si um apoio fazendo concessões extremamente generosas. Porém, a sua situação é sem esperança. No momento em que estas linhas são escritas, na véspera de segunda, 19 de novembro, não é certo que a ordem de retomada do trabalho dada pelos conselhos será efetivamente seguida; parece que muitos operários consideram que os delegados erraram ao conceder essa retomada a Kadar. Este acaba, mais uma vez, de dar um passo em falso (que, aliás, era obrigado a dar); para assegurar-se de que a retomada do trabalho será efetiva, tem apenas um meio, reduzir os operários à fome, exatamente como um patrão ou um governo capitalista; proibiu, pois, que os camponeses abastecessem Budapeste a não ser com a permissão do governo e do exército russo e que os operários recebessem cartões de racionamento fora das fábricas. Por isso mesmo, não faz senão mostrar-se ainda mais claramente aos olhos dos operários húngaros tal como é – um fuzilador duplicado por um esfomeador – e aprofundar o fosso que o separa deles. Ao mesmo tempo, os operários continuam a pedir com persistência e como prioridade a partida das tropas russas; após a retirada, imagina-se facilmente qual seria a sorte de Kadar.

O regime contra o qual os operários lutaram

A repressão russa é tão monstruosa, o combate dos operários tão evidente que a verdade deveria impor-se por si mesma. Os militantes comunistas franceses deveriam tomar consciência da cumplicidade que une, no assassinato, seus próprios dirigentes e os da URSS. Mas, precisamente porque as ilusões sobre o Estado "socialista" estão perto de se dissipar, porque a confiança na clique do *L'Humanité* está perto de se apagar, usam-se todos os meios para esconder o verdadeiro caráter dos acontecimentos da Hungria. E pouco importa que a mentira seja imensa, o PC francês não tem escolha. Como os culpados que têm medo de se "contradizer" se começarem a confessar uma parte de seus crimes, o PC nega tudo em bloco; nega que a classe operária se tenha sublevado, nega que os blindados russos a tenham esmagado, nega que a população tenha querido expulsar a ditadura de Moscou, nega mesmo que Nagy tenha permanecido comunista. Apega-se à tese dos assassinos: a insurreição era um *putsch* fascista. Tese que, aliás, não é, de forma alguma, a de Kadar, já que este não pára de afirmar que as reivindicações dos insurretos serão satisfeitas...

O PC não pode convencer, mas sabe que essas mentiras engendram a confusão. Militantes, simpatizantes repetem que as palavras de ordem avançadas na luta eram principalmente burguesas e, logo, reacionárias, que a hostilidade contra a URSS era uma manifestação de nacionalismo, que na ausência de uma intervenção russa o regime estava necessariamente votado a uma restauração capitalista. A maior parte do tempo, os que assim falam não compreendem em que situação a população se sublevou, contra qual regime teve de lutar.

A Hungria conhece, há dez anos, um regime dito de democracia popular. Anteriormente tinha vivido durante mais de vinte anos sob um regime meio feudal, meio capitalista coroado pela ditadura do regente Horthy. Como nos outros países da Europa central e oriental, o campesinato compunha a maioria da população, e os camponeses pobres, no caso os operários agrícolas, representavam sozinhos perto da metade da população total. Um proletariado ainda fraco, mas nitidamente mais desenvolvido que nos países vizinhos (com exceção da Tchecoslováquia) trabalhava em indústrias largamente financiadas pelo capitalismo estrangeiro. Nas cidades tinha-se desenvolvido uma classe média cujas aspirações entravam em choque com o poder ditatorial solidamente fundado sobre a aristocracia fundiária e sustentado pelo estrangeiro. Como em muitos outros países subdesenvolvidos, a estabilidade do regime era, além disso, mantida graças à cumplicidade de uma parte da burguesia, aterrorizada por uma perspectiva revolucionária e graças à inércia dos camponeses, freados na sua tomada de consciência política por uma extrema miséria e uma sujeição completa aos grandes proprietários.

O Estado húngaro havia sido fundado, de fato, apenas em 1918. Anteriormente, os húngaros, um dos primeiros povos da Europa oriental a formar uma consciência nacional e um Estado, tinham ficado submetidos, durante séculos, à dominação da Áustria, de sorte que o problema da independência nacional tinha adquirido, em particular desde 1848, uma importância explosiva – que a dominação russa, após 1945, lhe deu novamente.

O desmembramento do império austríaco pelo tratado de Trianon (1919) dava uma solução aparente para o problema nacional da Hungria, mas, de forma alguma, para os outros problemas dessa sociedade: primeiramente, o problema da terra, propriedade de uma minoria de nobres, enquanto os camponeses permaneciam submetidos a uma exploração cujo fundo, senão forma, era feudal; o problema da democracia política, em seguida, impossível de instaurar, visto que a esmagadora maioria camponesa do país, se chegasse a se exprimir politicamente, avançaria imediatamente o problema da divisão das terras.

Como na Rússia tzarista, a burguesia, tardiamente desenvolvida, não podia nem queria combater esses problemas, temendo que as massas, uma vez postas em movimento, pusessem em questão o conjunto do regime social. E, como na Rússia, o proletariado, numericamente minoritário, mas concentrado e politicamente desenvolvido, foi levado pela crise da sociedade a propor suas próprias soluções. Isso constituiu a revolução comunista de 1919, dirigida por Bela Kun, cujos erros de direção e a intervenção armada das potências da Entente conduziram à derrota. Foi sobre essa derrota que o regime Horthy foi estabelecido, o qual não fez, como vimos, senão manter pela força o estado de coisas anterior.

Horthy participou na guerra ao lado de Hitler. Lá pelo fim da guerra, contudo, um movimento havia tentado retirar a Hungria da aliança com a Alemanha; os alemães ocuparam, então, o país e exerceram um verdadeiro terror, perseguindo e exterminando os militantes de esquerda e deportando 400.000 judeus para os campos de concentração. Antes da derrota pelo exército russo, os alemães entrincheirados em Budapeste lutaram em cada rua e deixaram atrás de si uma cidade devastada.

Por sua vez, o exército russo fez reinar o terror. Pilhagens, violações, enforcamentos sucederam-se até que um governo nacional foi instalado em Budapeste.

Esse governo, dirigido pelos comunistas, possuía, de saída, uma terrível desvantagem: era criação de um exército de ocupação e elevava-se dentro de um país em ruínas cuja estrutura arcaica havia, até então, condenado a viver sob a tutela de Horthy. Viu-se bem qual era o poder real dos comunistas quando, nas eleições de 1946, conseguiram obter apenas 15% dos votos enquanto os outros partidos, pequenos proprietários, nacional-camponeses e social-democratas, repartiam entre si o restante do corpo eleitoral.

Mas o partido comunista tinha, entretanto, no seu jogo, vantagens consideráveis. Por um lado, o apoio da URSS lhe garantia uma posição dominante; por outro lado, e sobretudo, a existência de um proletariado e de um campesinato superexplorados lhe oferecia a possibilidade de expandir rapidamente uma ideologia revolucionária. A imensa maioria do povo húngaro era composta de trabalhadores pobres decididos a compreender e a sustentar uma política resolutamente revolucionária.

Que fez, pois, o partido comunista? Dedicou-se, simultaneamente, a consagrar a derrota das antigas camadas dominantes procedendo à divisão das terras e à nacionalização dos bancos e das indústrias e procurou apoiar-se nos membros dessas antigas classes para constituir uma nova burocracia de Estado. Técnicos, militares, políticos mesmo (por exemplo, Kovacs) que tinham sido os agentes do regime Horthy tornaram-se os quadros das novas indústrias nacionalizadas, do novo exército, da nova política e afluíram para o partido. Por um lado, pois, reformas espetaculares, a divisão das terras, as nacionalizações pareciam ser proveitosas para o campesinato e o proletariado; enquanto, por outro lado, se restabelecia uma divisão estrita entre uma classe dirigente e os explorados para os quais o poder continuava tão estranho quanto no tempo do regime Horthy.

Na indústria, foram instauradas condições de trabalho extremamente duras, à imagem das que reinavam na URSS. Como na URSS, como nas outras democracias populares, a ordem sem cessar renovada para elevar a produtividade foi transmitida pelos sindicatos: os operários deviam aceitar os frequentes aumentos das normas ou passar por sabotadores. Os salários eram mantidos num nível extremamente baixo, pois os operários deviam sacrificar-se para a construção do "socialismo"; as greves eram proibidas como crimes contra o Estado.

Nos campos, a coletivização forçada sucedeu rapidamente à divisão das terras; os preços impostos aos camponeses para a venda de seus produtos ao Estado, a obrigação de trabalhar nas cooperativas por um salário insignificante levaram-nos a condições de vida análogas às que haviam conhecido sob o regime Horthy.

Ao mesmo tempo construía-se o Partido Comunista. Seus efetivos, muito fracos em 1946, deviam atingir o número considerável de 800.000 aderentes. O fim era constituir um aparelho de direção da sociedade que obedecesse estritamente à vontade do grupo dirigente e que controlasse, em todos os níveis, a aplicação das decisões do Estado. Como na URSS, como em todas as outras democracias populares, esse objetivo não podia ser atingido senão com a condição de fazer calar pela força toda oposição, tanto no interior quanto no exterior do partido. Toda expressão política foi, pois, controlada, a imprensa amordaçada, os intelectuais manietados. Após uma etapa de colaboração necessária com os partidos não comunistas, o PC Húngaro pôde governar só. A disciplina do partido, a força da polícia e dos quadros do exército dispensavam-no, desde 1948, de recorrer a uma fachada democrática.

Foi essa evolução do partido comunista devida aos erros de Rakosi?

É bem evidente que não. De propósito ainda não falamos dos excessos da coletivização, do programa extremado de desenvolvimento da indústria pesada. Porque, mesmo se não se os menciona, o totalitarismo do regime aparece já claramente. Nas suas grandes linhas, a política comunista foi tanto a de Rajk e de Nagy quanto a de Rakosi. Foi Rajk quem, ministro do interior até 1949, constituiu o elemento essencial da ditadura: a polícia de segurança, graças à qual o governo pôde doravante governar sem pedir a opinião das massas.

Rajk e Nagy nunca estiveram em desacordo com Rakosi a não ser sobre modalidades da política comunista. Nagy pensava que o ritmo de investimento na indústria pesada arriscava desorganizar a produção e manter o poder de compra das massas num nível tão baixo que não se poderia esperar um crescimento da produtividade. Em outros termos, pensava que a criação de altos fornos não podia ser efetuada de maneira satisfatória por um proletariado em farrapos. Recomendava também que não se precipitasse a coletivização porque recordava a terrível crise na qual a URSS tinha sido mergulhada devido à coletivização forçada. Mas Nagy, tanto quanto Rajk, não programou uma única vez consultar os operários e os camponeses sobre a organização da produção. Menos ainda propôs fazer participar conselhos operários na elaboração do plano.

Tanto Rajk quanto Nagy não lutaram nunca por uma democratização efetiva do partido que reconhecesse o direito das tendências de se organizarem e de se exprimirem publicamente.

Um nível de vida miserável, uma exploração reforçada, um controle policial sobre a vida social e intelectual, eis os traços da democracia húngara durante dez anos. O regime substituiu a ditadura Horthy por uma nova ditadura, orientada para novas tarefas (industrialização rápida, coletivização agrícola), mas tão hostil às massas quanto a primeira.

Se se toma consciência dessa situação, compreende-se porque todas as camadas da população se ligaram contra o poder "comunista" aos primeiros sinais de fraqueza que ele deu.

O sentido das reivindicações "democráticas"

A união dos operários, camponeses, classes médias, juventude e dos intelectuais é raramente encontrada na História. E sempre numa época em que o despotismo foi levado ao ponto de acuar o povo inteiro à revolta. Tal união fez triunfar a Revolução Russa contra o tzarismo; nessa revolução, como no movimento húngaro, encontra-se, em particular, a mesma e excepcional fusão da *intelligentsia* e do proletariado e o mesmo entusiasmo da juventude que resume em si a avidez de mudança.

Em tais condições, as palavras de ordem democráticas têm um eleito explosivo. Eleições livres, abolição do regime do partido único, liberdade de imprensa, direito de greve para os operários, divisão das terras entre os camponeses, todas essas reivindicações não representam um passo atrás mas um imenso passo adiante, pois têm por efeito quebrar a máquina do Estado totalitário.

De fato, essas reivindicações não foram as únicas avançadas. Mostramos que em todo lugar os conselhos operários apresentaram outras reivindicações, radicais, próprias ao proletariado. O que queremos sublinhar agora é que as próprias palavras de ordem democráticas da insurreição têm uma significação progressista. Nunca tinham sido realizadas sob o regime Horthy e era ao conjunto da ditadura feudal-capitalista e da ditadura stalinista que os húngaros voltavam as costas.

A ideologia burguesa não tinha cegado os operários; quando sustentavam as reivindicações democráticas, lutavam *também* por sua própria causa. Pois elas davam novamente a palavra às massas populares no seu conjunto, cuja voz havia sido abafada pela ditadura.

O proletariado não quer mais eleições em que o partido comunista impõe uma lista de candidatos e em que o resultado é representado de antemão. Ele quer escolher seus representantes. Amanhã, sem dúvida, descobrirá que não pode dominar por intermédio de um Parlamento que submerge sua voz na de todas as outras camadas sociais. Amanhã, sem dúvida, deverá, se quer triunfar, opor seus conselhos a esse Parlamento; porém, de imediato, parte das instituições existentes e procura dar-lhes vida. Reivindica a liberdade política geral contra o totalitarismo, livre de definir mais precisamente qual deve ser essa liberdade em uma segunda fase.

O proletariado é a favor da abolição do partido único, pois viu que o reino exclusivo de um partido significa proibir toda opinião e todo agrupamento que se afaste das normas impostas pelo Estado. Quer ter a liberdade de se organizar. Será, sem dúvida, levado a fazer uma distinção entre a pluralidade dos partidos revolucionários – que é absolutamente legítima – e a pluralidade dos partidos burgueses que podem ameaçar o regime socialista. Sua reação presente nem por isso é menos fundamentalmente sadia. Do mesmo modo, quando exige liberdade de imprensa, visa a destruição dos órgãos enfeudados no Estado e afirma o direito de exprimir publicamente sua opinião mesmo sendo de oposição.

Divisão das terras e coletivização forçada

De todas as reivindicações democráticas, a mais típica concerne à divisão das terras. Já observamos que em vários lugares as cooperativas foram preservadas, mas não voltaremos a essas informações. Admitamos que a imensa maioria dos camponeses se tenha apoderado da terra. Por que falar de um gesto reacionário?

Os stalinistas franceses se indignam. A descoletivização é uma terrível regressão, uma ameaça para o socialismo, dizem. Porém, perguntamos, por nossa vez: onde está a virtude socialista da coletivização?

Para nós, consiste no seguinte: a reunião dos camponeses em cooperativas permite-lhes colocar seus recursos em comum, adquirir máquinas agrícolas potentes, aumentar a produção e, graças a esse processo, melhorar o nível de vida e o nível cultural; além disso, o trabalho em comum muda-lhes a mentalidade; os problemas que enfrentam na sua empresa levam-nos a intensificar as trocas com o resto da sociedade, a compreender as relações que existem entre as diversas esferas da produção, a participar de uma maneira cada vez mais ativa na organização econômica no seu conjunto.

Animaria essa virtude socialista a coletivização húngara, coletivização forçada?

É evidente que, se os camponeses são coagidos pela força a trabalhar em cooperativas, se aí não determinam o seu trabalho em comum mas devem obedecer às ordens de funcionários que não trabalham, se seu nível de vida não melhora, se a diferença entre a sua renda e a da burocracia é considerável, é evidente, afirmamos, que em tais condições a coletivização não tem nada de socialista. O ódio dos camponeses pela burocracia das cooperativas é, nesse caso, tão sadio quanto o que testemunhavam pelos proprietários fundiários; seu desejo de possuir a terra e de serem senhores do seu próprio trabalho é tão legítimo quanto há dez anos. Os operários revolucionários podem desejar que os camponeses compreendam pouco a pouco quais são as vantagens da produção coletiva, pois essas vantagens são, efetivamente, imensas e o socialismo não será assegurado senão quando os próprios camponeses tiverem reconhecido a superioridade das cooperativas; porém, de imediato, os operários apenas podem ajudar os camponeses a combater a opressão de que foram vítimas.

L'Humanité insinuou que os grandes proprietários poderiam recuperar suas terras. Mas, como em nenhum lugar, e com razão, os camponeses pensaram em chamá-los de volta, o órgão stalinista contentou-se em anunciar a libertação do príncipe Esterhazy. Foi libertado visto que as prisões foram esvaziadas. Porém, o que fez? Após uma rápida volta pela sua região natal, passou à Áustria.

A exploração da Hungria pela URSS e as reivindicações nacionais

As reivindicações nacionais foram apresentadas como tipicamente reacionárias. Ora, para apreciá-las corretamente, é preciso novamente considerar a situação na qual foram expressas.

Aqui estão os fatos: há dez anos que a URSS explora a Hungria. Não são estatísticas nem testemunhos burgueses que no-lo ensinam, mas os comunistas progressistas húngaros que, desde a derrota de Rakosi (isto é, desde julho passado), o revelam claramente.

Numa primeira fase, a URSS exigiu reparações que constituem um terrível peso para a economia de um país já exangue. Em 1946, 65% da produção total do país eram consagrados a essas reparações; em 1947, 18% da receita nacional estava destinada a isso.

Numa segunda fase, os russos praticaram, como em todas as democracias populares (o que foi uma razão essencial para a ruptura de Tito), uma exploração indireta coagindo os húngaros a vender-lhes produtos industriais e produtos agrícolas a um preço muito inferior ao que teriam obtido no mercado mundial. Preparavam-se, finalmente, para pôr a mão em jazidas de urânio oferecendo uma contraproposta insignificante.

Além disso, a dominação russa não tinha apenas um aspecto econômico, aparecia em todos os setores da vida social, política e cultural.

Era sabido que o destino das tendências no PC húngaro estava estritamente ligado à orientação de Moscou; por exemplo, a ascensão de Nagy no período Malenkov, em seguida sua queda consecutiva à desgraça deste último, manifestaram publicamente o papel dirigente do Politburo russo.

Os escritores, filósofos ou artistas, por seu lado, viam impor-se-lhes o modelo russo e toda tentativa de expressão independente via-se imediatamente reprimida; foi assim que, por exemplo, o filósofo húngaro Lukács, marxista que ultrapassava de muito tudo o que a Rússia stalinista produzira nesse campo, teve de fazer autocríticas desonrosas para reconhecer que havia apenas uma literatura e uma filosofia válidas, aquelas praticadas em Moscou. Nas escolas, o ensino do russo era obrigatório. Se acrescentarmos a esse quadro a presença permanente das tropas russas, teremos uma ideia das relações entre a Hungria e a URSS. Essas relações traduziam, de fato, uma exploração de caráter colonial.

Ora, se em todos os países coloniais cresce o desejo pela independência nacional, em um país como a Hungria, dotado de um rico passado nacional, o ódio pelo explorador estrangeiro era decuplicado. Qualificar esse ódio de reacionário é absurdo, quando é a conduta do estrangeiro que é reacionária.

É certo que as reivindicações nacionais estão sempre prestes a degenerar em nacionalismo (nos países coloniais igualmente). Estamos convencidos de que, entre os que brandiam o emblema de Kossuth ou que arrancavam as estrelas vermelhas das bandeiras húngaras, bom número de elementos cedia a um puro e simples chauvinismo. Sabemos muitíssimo bem que a pequena burguesia é um terreno de eleição para esse chauvinismo. Nós próprios pensamos que o desencadeamento dos sentimentos antirrussos pôde despertar nos camponeses um ódio ancestral. Mas não é isso que importa. Havia também nas reivindicações nacionais um aspecto sadio. A juventude revolucionária e os conselhos operários que exigiam a partida imediata dos russos e a proclamação de uma Hungria soberana e independente atacavam a opressão do imperialismo russo; combatiam simultaneamente o Estado totalitário estrangeiro e o Estado totalitário húngaro.

Tivemos, além disso, a prova de que o combate dirigido contra os russos foi acompanhado, em numerosas ocasiões, por uma conduta tipicamente internacionalista. Os soldados russos foram chamados a confraternizar e efetivamente confraternizaram. É quase certo que a amplitude dessas manifestações obrigou a burocracia de Moscou a chamar de volta uma parte de suas tropas e a enviar elementos mais seguros, que não fossem suscetíveis de simpatizar com a população. A fraternidade com que os insurretos acolheram os soldados que se recusavam a atirar sobre eles é atestada por uma resolução pedindo que se lhes conceda direito de asilo na Hungria.

Será necessário denunciar a atitude dos stalinistas franceses? Ousam indignar-se com o nacionalismo dos insurretos húngaros sendo que se precipitaram no chauvinismo face ao que chamavam os "boches" no final da guerra.

A burocracia russa e a Revolução Húngara

Havíamos acreditado que o pano caíra sobre o primeiro ato da Revolução Húngara quando Nagy anunciou conjuntamente a vitória da insurreição e a partida das tropas russas. Não houve intervalo. Apenas baixado, o pano se ergueu novamente ao estrépito dos tanques que se espraiavam sobre o território húngaro, cercavam Budapeste, ocupavam as pontes, as estradas e cortavam o país do resto do mundo.

Não pensávamos que a URSS ousaria. Há seis meses que a ditadura de Stalin tinha sido solenemente condenada; os dirigentes russos tinham prometido o fim do terror policial, multiplicado os gestos que visavam restabelecer a confiança, assinado com Tito declarações sobre os princípios de igualdade que deviam reger as relações entre nações socialistas; há um mês apenas haviam cedido perante a corrente revolucionária polonesa; cinco dias antes, publicavam uma longa resolução que encarava a retirada das tropas russas de vários países da Europa central e oriental e que confirmava o direito das democracias populares a determinarem livremente sua própria política: enfim, 48 horas antes do ataque seu delegado na ONU, afirmava que as tropas russas procuravam apenas proteger a partida dos cidadãos soviéticos da Hungria.

Mas em 24 horas as concessões são retiradas, as declarações anuladas, as promessas achincalhadas, a democratização varrida e ousam retomar o rosto medonho do stalinismo que eles mesmos tinham transformado em espantalho para ressuscitar a confiança nas suas próprias pessoas.

A história da humanidade está, sem dúvida, cheia de exemplos sangrentos, cheia das mentiras e das traições dos governos, mas não se podia imaginar que um Estado que reivindica o comunismo fizesse frente contra um povo inteiro e desencadeasse a mais feroz repressão.

Ainda que estivéssemos conscientes do verdadeiro caráter do regime russo, que conhecêssemos o papel contrarrevolucionário exercido pelos stalinistas em todas as lutas operárias há 25 anos, que nos lembrássemos da impiedosa repressão que abateu todas as oposições na URSS, que nos lembrássemos também do destino que populações inteiras sofreram, deportadas aos milhões na época da coletivização (Kruschev confirmava-o recentemente perante o XX Congresso), não pensávamos que, na conjuntura presente, a URSS – isto é, o seu governo – assumisse perante o mundo inteiro, perante os trabalhadores de todos os países e os comunistas de todos os países a responsabilidade de esmagar sob o peso de milhares de blindados uma insurreição que mobilizara todas as camadas da população húngara.

Foi feito. Havíamos subestimado o Kremlin, seu poder de mentir, seu cinismo e ódio sem limite pelas massas populares. Os Kruschev, os Mikoyan, os Bulganin que se comprazeram em acusar Stalin de todos os males e de todas as atrocidades do passado, que se apresentaram eles mesmos como os espectadores impotentes de um terror que não tinham desejado – esse bando que há vários meses faziam palhaçadas em diversas capitais do mundo a fim de se fazer passar por "bravas pessoas" –, ultrapassaram Stalin em atrocidade. E, de fato, nunca foi fornecida a Stalin a ocasião para uma tal carnificina. Os milhares de discursos de ontem e de amanhã não apagarão seus atos que os denunciam como fuziladores de operários e denunciam, para além das suas pessoas, um regime: o capitalismo burocrático.

Esse regime, nenhuma reforma pode mudá-lo. Pode liberalizar-se um momento para tentar reconquistar uma aceitação popular. Desde que seja ameaçado age segundo a sua lógica: esmagar o opositor, mesmo que esse opositor seja um povo inteiro.

Que todos os que estavam prestes a entusiasmar-se com a nova burocracia progressista da URSS contemplem hoje o rosto medonho que adquiriu no combate, que vejam as ruínas, o número de vítimas, a miséria dos insurretos que ficam agora isolados do mundo, condenados novamente a viver sob a opressão e que compreendam, pelo menos, que é preciso escolher. Escolher radicalmente não entre Stalin e Kruschev, Kruschev e Malenkov, entre os pretensos duros e os pretensos moles, mas entre a burocracia totalitária e os únicos que podem a ela se opor, que sofrem a exploração e que são os únicos a poder dar sentido ao socialismo.

O jogo do stalinismo francês

São numerosos os que hoje se chocam com as mentiras dos dirigentes comunistas de Paris e de Moscou. Porém, sentem-se paralisados. É a eles, em particular, que nos dirigimos. Dizem-nos: "Não veem que a burguesia exulta e que vocês a servem atacando o PC?".

Nós lhes respondemos: "A burguesia, com efeito, explorou em proveito próprio a Revolução Húngara. Mas deve ficar claro que a burguesia explorará sempre as lutas que se produzem no bloco russo, assim como a URSS explorará sempre as que explodem no bloco ocidental. Que na França *Le Figaro* e *L'Aurore* se regozijem ruidosamente com as dificuldades de um imperialismo que é seu adversário é natural. Os operários sabem que a Revolução Húngara que apoiam não é a de que se reivindica seu inimigo de classe. Se vocês se sentissem mudos perante essa revolução pela única razão que a imprensa burguesa dela tira um argumento contra a URSS, isso significaria que não apoiarão nunca uma revolução operária que venha a explodir num país do Leste".

Dizem-nos: "A insurreição húngara teve como consequências correntes muito diversas, deu novamente um poder perigoso a elementos pequeno-burgueses e, mesmo, a reacionários".

Nós lhes respondemos: "Primeiramente, uma revolução nunca é pura, tendências diversas manifestam-se necessariamente. A grande Revolução Russa de fevereiro, sabem-no bem, não era pura; ao lado dos operários e dos camponeses pobres havia também pequeno-burgueses e mesmo elementos que lutavam porque se indignavam pelo fato de o tzar ser incapaz de conduzir a guerra contra a Alemanha. É a dinâmica da luta que separa e opõe as tendências e regula finalmente o conflito. Na Hungria o movimento tinha explodido havia 12 dias quando os russos decidiram esmagá-lo: o movimento tinha o futuro pela frente.

"Em seguida, é preciso compreender que em toda revolução que explodir nas democracias populares ou na URSS o jogo das forças será particularmente complexo. O totalitarismo suscitou tais sentimentos de revolta que todo mundo está disposto a unir-se contra ele; num primeiro momento, todos os que se sublevam têm um objetivo comum, a liberdade. Mas, passado esse primeiro momento, uns querem ressuscitar o passado nacional, a religião dos antepassados, as pequenas vantagens de outrora, os hábitos mortos, enquanto outros querem transformar radicalmente a sociedade e instaurar, enfim, o socialismo que lhes havia sido anunciado quando eram reprimidos. O pequeno comerciante agradece a Deus porque vai poder pagar impostos menos pesados e aumentar os preços; os operários formam um conselho que exige a direção da fábrica.

"Vosso papel não é o de gemer à ideia de que os pequenos comerciantes gritem 'Viva a América!' ou de que camponeses corram para se jogar aos pés de um cardeal. Vosso papel é gritar em todo lugar o que faz o proletariado, o que ele exige, como se organiza e chamar a apoiá-lo."

Post-scriptum – julho-setembro de 1957
a contrarrevolução na Hungria

Na Hungria, a contrarrevolução desenvolve a sua lógica implacável. Já foram executados milhares de homens e, a cada dia, são feitas novas prisões. Sistemática e hipocritamente primeiro, depois cinicamente, o Poder realiza o plano traçado de esmagar toda oposição. Apenas acabara de fingir reconhecer a legitimidade das reivindicações dos conselhos operários, começava a tirar das fábricas, um a um, os mais corajosos e os mais conscientes para jogá-los na prisão; há vários meses que os extermina. Como sempre o Terror contrarrevolucionário – quer use a máscara de Thiers quer a de Kadar – abate-se primeiramente sobre os operários. São a massa da qual não se pode tolerar que não seja inteiramente submetida. Ontem anômicos no trabalho, continuam hoje anônimos na morte; ainda que a sociedade não viva senão pelo seu trabalho e que não se transforme, às vezes, senão pelo seu combate, pelo sacrifício que fazem da sua vida. A memória histórica não conservará os nomes do operário desqualificado ou do torneiro-mecânico húngaro, enforcado por ter querido devolver à sociedade um pouco de sua humanidade.

Solicitados por um momento a se aliar ao regime, os intelectuais são, por sua vez, vítimas de uma perseguição sem trégua. Pelo menos seus nomes chegam até nós – os de Tibor Dery, de Gali, de Imre Soos, levado ao suicídio – nomes que testemunham a resistência a Kadar e aos quais podem aferrar-se a cólera, a solidariedade, as esperanças dos que assistem, momentaneamente impotentes, ao esmagamento da Revolução.

Será preciso comparar o terror exercido pelo novo regime e os pretensos excessos das jornadas revolucionárias de novembro? Ouvimos vozes que se indignavam porque policiais rakosistas eram perseguidos na rua para serem enforcados, que mesmo membros do Partido Comunista eram atacados. Mas que há de comum entre a cólera das massas, por mais cega que seja, que explode contra seus opressores e a violência calculada de um grupo que visa sufocar toda oposição no seio do povo?

Quando vemos a contrarrevolução trabalhando, podemos, por outro lado, nos impedir de julgar a revolução tímida? Quando vemos que há tantos policiais para jogar na prisão os militantes dos conselhos operários e os intelectuais de esquerda, tantos juízes para distribuir sentenças de morte, tantos políticos e jornalistas para ordenar ou justificar as medidas de terror, ficamos impressionados pela clemência de uma revolução que deixou *viver* quase todos os seus inimigos.

Em vão, seguramente, esperaríamos um protesto dos que representavam a indignação nas colunas do *L'Humanité*: calam-se e não se incomodam de calar-se é a sua política que reina em Budapeste. Mas que essa política possa, pelo menos, esclarecer alguns que procuravam ainda duvidar, após a segunda intervenção russa. Falavam de uma tragédia, da necessidade atroz em que Kadar se encontrava de afogar em sangue a insurreição para extinguir o *putsch* fascista que incubava às costas do movimento operário, citavam esse Kadar que declarava retomar o programa de Nagy, governar com o apoio dos Conselhos, negociar a partida dos russos, anistiar os combatentes: não era a prova de que era o salvador, triste salvador sem dúvida, graças a quem o Partido continuava de pé e o futuro socialista possível? Agora que se dissiparam os clarões do incêndio de novembro, agora que nada permanece dos dramas que sua imaginação louca projetava na alma de Kadar, ficam estupidamente a contemplar a face sinistra do ditador meticuloso que restabelece o regime de Rakosi.

Kadar, contudo, não mudou. No dia em que salvou o Partido, assumiu a política que se desenvolve hoje sob os nossos olhos. Era isso *salvar o Partido*: significava restabelecer o Aparelho totalitário, separado das massas, odiado pelas massas, que não poderia reinar senão através do terror, senão exterminando os operários e os intelectuais revolucionários. Não há mistério Kadar. Este nos faz, antes de mais nada, ouvir a verdade de nossa época, na situação *extrema* em que foi colocado: que o Partido burocrático deve ser destruído se a Revolução deve triunfar.

Dissemos, há seis meses, que a insurreição húngara compreendia correntes diversas; ninguém pode dizer o que teria ocorrido na ausência da intervenção russa. O extraordinário movimento dos conselhos carrega toda a nossa esperança; paralelamente reconstituíam-se partidos pequeno-burgueses e nacionalistas contra os quais não teria deixado de se chocar; a revolução tinha apenas alguns dias de existência, ela devia amadurecer: o futuro estava aberto... Havia apenas um caminho *certo* para a contrarrevolução, aquele aberto pelos tanques russos. Pode-se hoje contemplar o caminho percorrido por essa contrarrevolução. E os que perderam o tempo e a honra discorrendo sobre os perigos de uma reação burguesa na Hungria, quando a urgência chamava a condenar *sem reserva* Kadar e seus senhores, bem podem colocar-se esta questão: "O que há de pior que o regime atual? Em nome de que critérios podemos julgar preferível *a existência da ditadura stalinista* à *possibilidade* de uma reação burguesa?".

O fracasso húngaro teria um imenso efeito se ensinasse, pelo menos, os operários comunistas e seus aliados intelectuais a reconhecer *todos* os seus inimigos sob todas as máscaras e a não sacrificar nada de sua força numa defesa de uns contra outros.

O texto das emissões da rádio húngara foi reproduzido em *La Révolte de la Hongrie d'après les émissions de la radio hongroise*, octobre-novembre 1956, prefácio de F. Fejto, Paris, 1956.

Para um conhecimento melhor dos acontecimentos, indicamos: F. Fejto, *Budapest 1956*, Paris 1966, col. Archives; B. Nagy, *La Formation du conseil central ouvrier de Budapest en 1956*, Paris, 1961; G. Köcsis, "Sur les conseils ouvriers", *Soc. ou Barb.*, n° 23, 1958; Pannonikus, "Les conseils ouvriers de la Révolution hongroise", *ibid.*, n° 21, 1957; Marie, Nagy, Broué, *1956, Pologne, Hongrie*, Paris, 1966. Parece-nos, enfim, necessário retificar uma informação: assinalamos que em Györ pôde começar uma virada à direita; o fato é contestado no estudo de P. Broué, "Témoignages et études sur La Révolution hongroise", *Arguments*, n° 4, 1957, que cita P. Freyer (*Hungarian tragedy*, Londres, 1956) presente em Györ na época dos acontecimentos.

Pode-se, ainda, consultar a excelente obra, mais recente, de M. Molnar, *Victoire d'une défaite, Budapest 1956*, Fayard, 1968.

Uma outra revolução[1]

A Revolução Húngara é um desses acontecimentos de que não poderíamos duvidar que esteja para sempre gravado na memória histórica. Dela data a primeira grande fissura do edifício totalitário, de profundidade diferente daquela criada pela sublevação de Berlim Oriental em junho de 1953, ou então, três anos mais tarde, pelas agitações de Poznan e a grande efervescência da Polônia cujos resultados, de resto, seriam dramaticamente modificados pelo fracasso dos insurretos de Budapeste. Estou certo de que os historiadores do futuro interrogarão longamente essas jornadas de outubro e novembro de 1956 que, a despeito de seu desenlace funesto, "abalaram o mundo". É, do mesmo modo, os homens ávidos de liberdade, cuja convicção se alimenta da lembrança dos grandes episódios revolucionários – se, ao menos, o desejo de saber e o desejo de liberdade não forem reduzidos ao silêncio nas sociedades futuras.

Mas a memória histórica é uma coisa e a memória coletiva é outra. Esta última é elaborada no interior e na conjunção de múltiplos agrupamentos que apenas retêm do passado o que convém à sua representação do presente. E é moldada em nossa época, cada vez mais insistentemente, pelo pequeno número que dispõe dos meios para difundir essas representações: dirigentes políticos cujas declarações são povoadas de reminiscências feitas para dar crédito a uma tradição, intelectuais ocupados em pôr em cena um passado edificante, pequenos e grandes manipuladores dos mídia, hábeis em não deixar filtrar senão o que

---
[1] *Libre*, n° 1, ed. Payot, 1977.

agrada aos senhores do momento. Ora, se consultarmos essa memória coletiva, não podemos deixar de ficar impressionados com a sorte da revolta húngara. Ela enterrou-a. Este ano apresentou-se, sem dúvida, a ocasião de exumá-la. Os mídia têm a necessidade e o gosto pela necrologia e pelos aniversários. Isso não apaga, mas, ao contrário, acentua, quer o esquecimento voluntário quer o recalque de que a Hungria de 1956 tinha sido objeto. Que silêncio caiu sobre ela!

Evoco a esquerda ocidental. De que serve se interrogar sobre a direita? Ou esta trata cuidadosamente as suscetibilidades da grande Potência adversária, quando o interesse lhe ordena; ou explora as marcas de suas fraquezas ou de suas contradições para justificar a política dos governos atualmente no poder no Ocidente. Como censurá-la por ter eliminado a Revolução Húngara ou por encontrar nela, de tempos em tempos, um pretexto para a condenação do imperialismo soviético? Mas a esquerda... Na França, notadamente, onde tem grande peso, onde a rádio e a televisão dão a palavra a seus expoentes, onde sua imprensa atinge um largo público? Por que o silêncio sobre a Hungria e tantas referências à revolução cultural chinesa de então, à Primavera de Praga? Dir-se-á que se trata de um passado mais recente? Mas observe-se, por exemplo, a abundância de comentários suscitados pelo terror stalinista. Pretender-se-á ainda que foi recentemente descoberta graças às narrações dos que se salvaram dos campos e, sobretudo, graças a Soljenitsin? É verdade que o *Arquipélago Gulag* trouxe à luz, a partir de um feixe de testemunhos e de informações irrecusáveis, o caráter, a amplitude e a duração desse terror. Contudo, desde 1949, as revelações feitas ao *Conselho econômico e social* sobre o número de prisioneiros nos campos eram divulgadas à opinião pública, enchiam de espanto os intelectuais de esquerda não comunistas, na França, e arrancavam de Sartre e Merleau-Ponty a condenação de um regime que, chegavam a dizer, não fazia, talvez, senão usurpar o nome de socialismo. Por que, então, se descobre agora o que se sabia há mais de 25 anos? A verdade é que o que nos pareceu outrora novo, inaudito, impensável foi, em seguida, enterrado nas trevas da memória coletiva. A verdade é que a informação recebida foi bem conservada, porém, excluída da representação. Se, agora, ressurge do esquecimento é porque se tornou assimilável. E qual é a razão dessa mudança? Não é porque ontem punha em perigo a fé da esquerda no socialismo ao passo que em nossos dias mais contribui para restaurá-la? Exorciza-se esse perigo investindo na imagem de Stalin a parte do Mal, de medo de ter de reconhecer o totalitarismo sob a máscara do socialismo e de ter de reconhecer que aquele subsiste com novas feições. Que tal mudança esteja ligada a múltiplas circunstâncias históricas, não cabe aqui examinar. O fenômeno apenas me interessa porque dá uma informação sobre a sorte da Revolução Húngara.

Também esse acontecimento quando se produziu pareceu novo, inaudito, impensável para a maioria da esquerda ocidental. Estava, então, sob os olhos de todos. Mas o tumulto que lançou nos corações e nos espíritos foi de curta duração. Preferiu-se, em seguida, não pensar mais nisso. É certo que deixou marcas, em alguns, feridas cruéis; mas, dessas marcas, frequentemente, não se quis mais saber. O exemplo de alguns intelectuais do Partido Comunista, entre os mais célebres da época, é, a esse respeito, eloquente. Eu me recordo que em novembro de 1956 realizou-se em Paris uma reunião da Associação dos Intelectuais contra a guerra da Argélia. Compreendia comunistas, simpatizantes trotskistas, cristãos progressistas, sartrianos e homens de diversas tendências, dentre os quais um bom número de independentes. Durante essa assembleia, que reuniu excepcionalmente várias centenas de pessoas, foi apresentada uma moção para condenar, ao mesmo tempo, em nome do direito dos povos de disporem de si mesmos, a intervenção da França na Argélia e a da URSS na Hungria. Um pequeno núcleo de comunistas pôs-se a vociferar. "Canalha, víbora lúbrica", diziam aos que sustentavam a moção. Volta-me a imagem de Edgar Morin sobre a tribuna procurando fazer-se ouvir e vacilando sob as injúrias. Ora, nas semanas ou meses que se seguiram, esses furiosos defensores da URSS (cujos rostos não esqueço) abandonaram o Partido a despeito de um longo passado de militância. É verdade, as revelações do relatório Kruschev foram um golpe para eles; e o oportunismo do PCF face à guerra da Argélia punha a dura prova sua disciplina. Mas qual era seu verdadeiro motivo? O caso húngaro alquebrara-os. Ora, que eu saiba, desde então, não mais disseram nada sobre a Hungria. O assunto permaneceu tabu para eles. É certo que sua certeza acabara e que tinham perdido o gosto de tratar de canalhas seus antigos adversários. Melhor: tinham perdido a fé na Rússia. Entretanto, sobrevivia, sobrevive ainda provavelmente, a absurda convicção de que a Hungria havia naufragado na contrarrevolução. Absurda, digo, pois como continuar a acreditar numa contrarrevolução quando não se acredita mais na natureza revolucionária do regime húngaro ou soviético? É o seu segredo. Deixemo-los com ele. Que se compare, ao invés, seu comportamento com o de um Garaudy perante os acontecimentos da Tchecoslováquia em 1968. Aquele que durante muito tempo passou por ser o grande teórico do PCF proclama, então, sua solidariedade pelos tchecos. Dá a conhecer suas reivindicações, fica indignado com a pretensão dos russos de impor sua lei à Europa do Leste, em seguida anuncia em termos veementes a intervenção militar. Sua ruptura com o PCF não o induz ao silêncio. Faz do socialismo à tcheca o símbolo do socialismo "de rosto humano", face ao socialismo autoritário dos russos. E que acolhida lhe foi reservada por parte da imprensa ou das câmaras de televisão até hoje! Surpreendente contraste entre Garaudy e seus predecessores. Mas mais surpreendente ainda se se observa que esse campeão de um socialismo liberal e democrático se abstém de despertar as lembranças de 1956. Ele, que havia participado de todas as calúnias com as quais seu querido Partido oprimiu os insurretos húngaros, não tem uma palavra para desmentir suas posições. Condena agora o sectarismo, o dogmatismo, o apoio incondicional à URSS, mas, à lembrança de Budapeste, recobra sua pele de stalinista. A crer nele, o sol surgiu com a Primavera de Praga. Quanto à Revolução Húngara, é repelida para a era das Trevas.

Ora, a aventura dos comunistas que, um a um, se separaram da mãe-pátria de vinte anos para cá não concerne unicamente a eles. Na sua grande maioria, a esquerda não comunista testemunha um comportamento análogo. Os dirigentes socialistas – tanto os que chamamos direitistas quanto os que chamamos esquerdistas – não se preocupam em recordar Budapeste. Em contrapartida, não perdem nenhuma ocasião para evocar a Primavera de Praga. Pouco importa seu projeto político: ora procuram embaraçar seus aliados comunistas, obrigá-los a tirar as consequências de sua "surpresa" frente às intromissões soviéticas nos assuntos das nações socialistas, ora se aplicam a dar crédito à *União da Esquerda*, tirando partido das reservas emitidas pelo PCF a respeito da URSS, na esperança de que a opinião se convencerá, enfim, da existência de um comunismo nacional. Seja como for, para essa esquerda, a história deu sua grande volta em 1968: Dubcek deu corpo ao dirigente comunista moderno, independente, liberal, homem do diálogo, cujos traços é preciso popularizar.

Que o leitor não se engane sobre o sentido da minha comparação. Ela não implica nenhuma depreciação do movimento de reformas que se desenvolveu na Tchecoslováquia. Numa sociedade totalitária, toda reforma de inspiração democrática e liberal, por mais limitada que seja, não somente é benéfica em si, como também torna possíveis transformações originalmente insuspeitáveis. Lá onde a autoridade do Estado se confunde com a do partido, lá onde a sociedade civil é – ou tende a ser – engolida por esse Estado que, por intermédio do Partido, mergulha seus tentáculos em todos os domínios de atividade e de socialização, como subestimar os eleitos de um processo que reintroduz uma separação entre o Estado e o Partido, criando, ao mesmo tempo, as condições para uma diferenciação no interior deste último, e que começa a separar os imperativos do político, do jurídico, do econômico e do cultural? Que esse processo tenha sido iniciado na Tchecoslováquia, que as exigências de seu desenvolvimento tenham sido publicamente reconhecidas e que tenham mobilizado energias coletivas em toda a extensão da sociedade basta para justificar as esperanças colocadas nos acontecimentos da primavera de 1968. Acrescentemos a isso que a imbricação dos regimes do Leste é tão forte que estamos no direito de imaginar que o sucesso da reforma na Tchecoslováquia teria tido efeitos sobre seus vizinhos.

É impossível desconhecer, contudo, a diferença entre o movimento húngaro e o movimento tchecoslovaco. Assemelham-se apenas no desenlace. Somente o primeiro teve o caráter de uma revolução; o segundo, apesar da mobilização de massas que implicou, desenvolveu-se sob o signo da reforma. Apenas o primeiro surgiu de baixo, o segundo foi desencadeado pela iniciativa de uma elite esclarecida. Ora, essa diferença parece-me de natureza a explicar por que um foi esquecido ou recalcado e a lembrança do outro tão ativamente cultivada. E, se se quiser refletir sobre isso, aparecerá que, a despeito de todas as mudanças produzidas, os mecanismos da interpretação dominante nos meios da esquerda progressista continuam agindo a favor de novos dispositivos.

Como funcionava outrora o mecanismo? – Explico: já no decênio que precedeu a última guerra, mas sobretudo no que se seguiu? Uma grande linha de clivagem se encontrava traçada entre o mundo socialista e o mundo capitalista. Neste, a exploração e a opressão apareciam como traços estruturais, de sorte que não havia outra alternativa senão uma revolução ou uma acumulação de reformas cujo resultado seria uma transformação radical do modo de produção; em resumo, a destruição do poder de Estado e a abolição da propriedade privada. Em contrapartida, a URSS (e mais tarde os países do Leste europeu) apresentava a imagem de uma sociedade pós-revolucionária, de uma sociedade na qual a coletivização agrária e a estatização dos meios de produção tinham criado as bases do socialismo. Falou-se dessas bases, e não apenas do lado dos trotskistas...! Assim, mesmo para aqueles que conservavam uma distância em relação ao modelo soviético, que se inquietavam com o que denominavam privilégios da camada dirigente, a amplitude da diferença dos salários, o esmagamento das oposições políticas, e mesmo a utilização do terror como meio de governo, esses vícios apareciam como acidentais. Ou como a marca de uma sociedade que, pelo fato de ter queimado a etapa da revolução burguesa e por lhe faltar uma tradição democrática, demorava para se libertar da herança do despotismo semiasiático; ou, como uma consequência das relações de força internacionais, a URSS tendo sido levada, em virtude do cerco dos países capitalistas, a operar escolhas dramáticas, tanto no domínio econômico quanto político, para defender as conquistas de outubro e garantir sua segurança. Mais uma vez, os traços de opressão e de exploração na URSS ou, em geral, no Leste, ainda que reconhecidos, não punham em questão a representação do socialismo, cujo progresso era considerado entravado por circunstâncias históricas. Com certeza, tal argumentação está longe de ter desaparecido. É mesmo notável que comece a ser retomada, desde há pouco, por teóricos do PCF que, após terem excluído toda crítica ao regime soviético e à política de seu guia supremo, e, por exemplo, terem pura e simplesmente negado a existência dos campos de concentração, não hesitam – como o historiador Elleinstein – em falar de um *fenômeno stalinista* numa perspectiva trotskizante, ou – como o filósofo Althusser – em denunciar um *desvio stalinista* (revanche póstuma, descobre, do economicismo social-democrata sobre o leninismo). Contudo, fora dos círculos do Partido, toda uma série de acontecimentos solaparam os fundamentos da idealização do socialismo soviético: a difusão do relatório Kruschev, as informações relativas à falsificação dos processos políticos, o testemunho dos antigos deportados, os conflitos que agitaram várias democracias populares, a grande cisão do mundo comunista fazendo surgir o polo da nova ortodoxia chinesa, enfim, em outro registro, o surgimento, em países como a França, principalmente após 1968, e a Itália, de novos métodos e de novos objetivos de luta que escapam à iniciativa e ao controle da burocracia sindical e política tradicional. Ora, como é instrutivo observar que se mantém a ideia de uma divisão entre os dois mundos, socialista e capitalista, ao menos no nível dessas elites de esquerda que têm o monopólio da palavra! Quanto aos maoístas, suas posições são bem conhecidas. Os dirigentes soviéticos são, a seus olhos, revisionistas; na URSS, restabelece-se uma nova burguesia; o socialismo se encarna na China. A nova geração trotskista, é verdade, parece menos rígida que a antiga; está disposta a levar mais longe a crítica do regime e mesmo do imperialismo soviético, ainda que seja mais por falta de consistência teórica que graças a progressos da análise. Nem maoístas nem trotskistas são capazes de conceber a existência de um novo sistema de dominação dotado de uma lógica própria, no qual a classe burocrática se encontra cimentada em torno do aparelho do Estado e do Partido e que funciona sob o imperativo da sua própria conservação. Tudo o que podem imaginar é que o regime russo, mais do que defender as famosas bases do socialismo, compactua com o campo capitalista e restaura uma ideologia burguesa... Como poderiam decifrar, à luz dos acontecimentos, o caráter de uma nova formação social, como poderiam compreender o sentido de uma revolução antitotalitária e interessar-se pelo surgimento da burocracia como classe? Uns seriam obrigados a protelar sua interrogação sobre a China. Outros a perscrutar o papel de Trotski e de Lênin na constituição de um Estado e de um partido burocráticos. Certamente seus casos não devem ser confundidos no que diz respeito à sublevação húngara. Os trotskistas, ao menos, tiveram o mérito de defender sua causa. Fizeram-no, é verdade, na convicção de que a criação dos conselhos operários testemunhava um retorno às condições iniciais da luta proletária e sem medir o que estava em jogo nessa revolução. De resto, são os únicos grupos organizados aos quais não se poderia criticar o silêncio e o esquecimento, ainda que permaneçam prisioneiros da ideia de uma divisão do mundo entre sociedades potencialmente boas e sociedades potencialmente perversas. De resto, essa ideia sendo, no que lhes concerne, explícita, não precisamos recorrer à Revolução Húngara para conhecer seu sistema de pensamento. Em contrapartida, ela tem a função de revelador da mentalidade maoísta. Esses críticos implacáveis do regime soviético (alguns não chegam a denunciar a "burguesia vermelha"?) não deixam de justificar, se provocados, o esmagamento de Budapeste. No que, de resto, não fazem senão mostrar-se fiéis à política do Grande Timoneiro, que colocou toda a sua importância a favor da repressão da insurreição em 1956. Portanto, mais do que falar de inconsequências, como fazíamos há pouco ao evocar o caso dos intelectuais comunistas rompendo amarras, não seria necessário reconhecer a coerência de suas representações? Revolução que mobilizou todas as forças populares contra o aparelho de Estado e o partido dirigente, que realizou a democracia em ato, a Revolução Húngara (Mao justamente não se enganava) arriscava-se a arruinar os fundamentos da ordem burocrática, fosse qual fosse o lugar de sua implantação e a figura que apresenta.

Mas, abandonemos os grupúsculos, não sem precisar que suas crenças, uma vez desfeitas do núcleo duro da ideologia, se propagam (notadamente o mito da boa China) muito além de suas estreitas fronteiras e consideremos, ao invés, a esquerda oficial (não comunista), pois é bem ao seu caso que se aplica o nosso revelador. Na sua maioria, seus representantes evitam, presentemente, elogiar o modelo soviético como faziam outrora, acompanhando seu elogio com uma crítica de seus "defeitos". Nós os ouvimos afirmar que o socialismo é indissociável do respeito pelos direitos do homem, que uma planificação não poderia ser justa e eficaz se permanecer autoritária, que é conveniente descentralizar e mesmo, desde há pouco tempo, descobriram as virtudes da palavra "autogestão". Em resumo, tudo se passa como se a referência a um polo positivo, historicamente instituído, se encontrasse suprimida: o socialismo está por construir. Restaria apenas o polo negativo, historicamente instituído, do capitalismo e dos regimes burgueses que estão ligados a ele. Entretanto, seu silêncio sobre a Hungria é um dos sinais mais evidentes da sobrevivência do seu modo de pensar. Pois é face a acontecimentos revolucionários que abalaram ou poderiam abalar o mundo, *aqui* e acolá, que se restabelece a dicotomia tradicional. Esses acontecimentos repartem-se, explicitamente, em duas categorias, conforme se produzam ou sejam suscetíveis de se produzir a Oeste ou a Leste (conceitos que não são, é necessário precisar, geográficos, mas simbólicos: o Japão está a Oeste, a China a Leste). Na primeira hipótese, a revolução é necessária, legítima, desejável. Na segunda, não poderíamos nem mesmo dizer que está privada de necessidade, que é ilegítima, indesejável: ela se apresenta sem estatuto. Não só não a chamam por suas aspirações, nem se regozijam quando explode. E indesejável, no sentido em que se emprega a palavra para significar que a presença de uma pessoa num lugar é incongruente, que não tem o seu lugar ali. Assim, o anulamento do polo positivo (o socialismo na URSS) não deve gerar ilusões. É apenas aparentemente que a esquerda oficial pretende reinventar o socialismo, ela conserva sua ligação com o regime soviético, ainda que se tenha tornado impotente para nomeá-la, para justificá-la.

A Primavera de Praga provoca seu entusiasmo porque não viu florescer senão um desejo de mudança, de reformas. A Leste somente as reformas são boas. A revolução não deve deixar o espaço do Oeste. Inútil precisar, esta distinção é por demais instrutiva, pois aquilo com que nossa esquerda sonha, com o nome de revolução, é somente a instauração de uma *boa* burocracia, eficaz, flexível, e que daria um pequeno lugar a uma autogestão vigiada pelos entendidos e pela polícia. Nesse sentido, a Revolução Húngara me parece constituir-se numa pedra de toque do pensamento político contemporâneo.

Ser-me-á objetado que há vinte anos, numa época em que permanecia forte a idealização do regime soviético, a causa dos insurretos húngaros suscitou, contudo, um sentimento de solidariedade por parte de uma importante fração da esquerda não comunista, enquanto que a intervenção militar da URSS era objeto de uma reprovação maciça. É verdade. Porém, é ainda necessário lembrar qual era o equívoco dos argumentos. O equívoco preparava o esquecimento. Em primeiro lugar, observemos que a primeira intervenção russa foi condenada muito mais francamente que a segunda. Esta foi, inclusive, frequentemente julgada necessária, ainda que deplorável. De fato, uma vez acalmada a emoção dos primeiros dias, os bons espíritos se dominaram. Afixaram-se todas as notícias que mostravam o renascimento das forças de direita; a inquietação se propagou à ideia de uma restauração possível do capitalismo; as informações foram habilmente manipuladas para dar a impressão de deriva em direção ao caos. É quase desnecessário lembrar: não foi dada nenhuma prova sobre a importância da corrente reacionária. Que tenha havido indivíduos a desejar um retorno ao regime Horthy e explorar a desordem ou simplesmente querer o estabelecimento de uma democracia à ocidental não poderia surpreender. Toda revolução carrega múltiplas reivindicações dentre as quais as mais retrógradas. E há séculos toma-se como pretexto a reação que duplica a revolução, como confusas figuras de aventureiros ou saqueadores, para lançar no descrédito tudo o que se faz. Na Hungria, os indivíduos ou os pequenos grupos não tinham audiência nem dispunham de qualquer meio para influir sobre o curso dos acontecimentos. Nenhum dos partidos reconstituídos preconizava em seu programa medidas visando devolver a terra aos grandes proprietários ou devolver as fábricas às mãos do capital privado. A mobilização dos operários, o surgimento dos conselhos de fábrica e de região tornavam manifestamente impossível não apenas a realização mas a formulação de um tal programa. Quanto à iminência do caos, quais poderiam ser os sinais? Localizadas e muito pouco numerosas foram as execuções sumárias de agentes da polícia política às quais se deu ampla publicidade. Num período em que o governo se tornou impotente para se fazer obedecer, em que a greve é geral e os combates se multiplicam, o que deveria ter impressionado a opinião era a rapidez e a eficácia dos operários em se encarregarem das necessidades da população e, ao mesmo tempo, a resistência armada no plano local. As grandes fábricas do país tinham, como sabíamos, conselhos eleitos e, no momento do cessar-fogo, a 29 e 30 de outubro, vários conselhos centrais já representavam os operários de toda uma cidade ou mesmo de uma região. Davam-se a conhecer, principalmente em Miskolc, em Györ, em Magyarovar, em Pecz, assim como em certos bairros de Budapeste. Esses organismos, graças às emissoras regionais de rádio, transmitiam suas reivindicações que testemunhavam sua aspiração ao socialismo e uma surpreendente convergência de pontos de vista. Finalmente, as declarações públicas do governo Nagy e mesmo, após a segunda intervenção soviética, as de Kadar não deixavam dúvidas sobre a amplitude da sublevação operária. Foi desse modo que na França a revista *Socialisme ou Barbarie* pôde reunir imediatamente bastantes informações (tendo unicamente como fonte a imprensa e o rádio) para publicar, às pressas, uma brochura sobre a insurreição húngara dando a imagem da organização operária e de seus objetivos. Pouco importa que essa imagem, com o passar dos anos, precise de numerosos complementos e retoques. Ela é confirmada e, sob certos aspectos, consideravelmente enriquecida pelos trabalhos dos historiadores, notadamente os dos húngaros exilados. O que não impediu que a opinião de esquerda, ainda que se encontrasse plenamente apta para apreciar o papel dos conselhos, tenha preferido deixar-se obnubilar pela reconstituição ou pela criação de múltiplos partidos políticos e agitar o espectro da reação. Sua audácia consistiu, finalmente, em refutar a versão dos fatos à qual o PCF dava crédito, quer dizer, assinalar a participação dos operários na insurreição e sua vontade de abater o poder dos stalinistas ou de impedir o seu retorno. Negou inicialmente, de maneira heroica, que uma contrarrevolução se desenvolvesse na Hungria, mas não pôde conceber o fenômeno da revolução. E mesmo quando a palavra era pronunciada, continuava privada de conteúdo para ela, pois era-lhe retirada a possibilidade de nomear o regime que a revolução destruía. Foi por isso que, no fim das contas, chegou-se a falar do desenvolvimento de uma corrente contrarrevolucionária que segundo uns ameaçava, segundo outros submergia a revolução sem nunca tê-la reconhecido. Foi por isso que se acabou por julgar necessária a segunda intervenção soviética, por não se ter compreendido que a defesa da burocracia era já o único motivo da primeira.

De fato, o equívoco da esquerda manifestou-se desde o primeiro momento da insurreição. Não foi entusiasmo o que a notícia da sublevação de 23 de outubro suscitou. A indignação provocada pelas notícias da repressão era acompanhada, não nos enganemos a respeito, de um sentimento de consternação em relação àquilo que parecia uma tragédia. Seja. As aspirações dos manifestantes podiam parecer legítimas, a violência que lhes era oposta, condenável. Mas por quê? Porque a revolta parecia um produto dos erros, da inabilidade, e mesmo de crimes de maus dirigentes, de uma equipe indevidamente estabelecida no poder desde a morte de Stalin, ainda que comprometida com a sua política; ou ainda porque parecia um produto de uma crise econômica imputável aos erros, à imperícia e mesmo às iniquidades dos dirigentes soviéticos que subordinavam os interesses dos países do Leste aos do Estado pioneiro, o único suscetível, a seus olhos, de garantir a coesão do bloco socialista. Em resumo, o acontecimento era reportado a causas particulares, contingentes, evitáveis, segundo um esquema interpretativo que deixava intacta a representação tradicional da natureza da URSS. Uma *tragédia*, digo: assim se apresentava a Revolução Húngara – uma moderna tragédia, no sentido antigo do termo, na qual se enfrentavam a lei do socialismo nos corações e a lei do socialismo nas instituições. E, por Deus, como as instituições estão submetidas às vicissitudes da história e seus imperativos interpretados por homens desprovidos do gênio de Lênin, desejava-se compreender a paixão de um povo decepcionado, lutando para recobrar a liberdade, melhorar suas condições de vida e fazer reconhecer a independência nacional; mas, como a conflagração dos corações torna-nos cegos à necessidade, temia-se que as próprias instituições perecessem. Foi assim que nossos pensadores de esquerda, e Sartre em primeiro plano, teriam desejado suplicar ao povo que depusesse as armas, suplicar aos russos que retornassem às suas fronteiras e suplicar a Nagy que, ao mesmo tempo, salvasse o Partido, respeitasse o pacto de Varsóvia e promulgasse boas reformas. A verdade é que viam, de súbito, desmoronar o mito do Estado proletário; viam, de um lado, o Estado húngaro em pedaços, sua força resumida à dos blindados soviéticos e, do outro, o povo em armas. Era no palco dos seus fantasmas que se representava a tragédia. O acontecimento como tal não podia atingi-los, pois eram incapazes de pensar o fato que para si mesmos tinham tornado impensável: uma revolução antiburocrática.

Acabo de evocar Sartre. Poucos homens terão, como ele, encarnado o espírito de certa esquerda ocidental durante este último quarto de século. Tornado, no início dos anos 1950, o teórico intransigente do stalinismo, porém evitando dar sua adesão ao PCF, depois crítico da política da URSS nas democracias populares e, logo, adepto do reformismo kruscheviano, partidário de Fanon e porta-voz da revolução terceiro-mundista, depois protetor dos jovens maoístas, para tornar-se o que não saberíamos nem mesmo nomear (e toda vez encontrando uma tribuna na grande imprensa burguesa progressista), Sartre realizou a *performance* de deslizar de uma posição a outra sem nunca renegar nada das teses que abandonava. Uma lenda pretende que ele tenha tomado partido pelos insurretos de Budapeste. Na realidade, só rendeu justiça às suas reivindicações para reduzi-las aos limites de uma vontade de reformas e só apresentou a revolução como a infeliz consequência da obstinação de Gerö em barrar o caminho para a volta de Nagy, a quem a razão histórica prescrevia o papel de Gomulka. Um descarrilamento da história, tal foi, na época, sua versão dos fatos. E se, a crer nele, a culpa cabia aos condutores da máquina ou aos orientadores da estrada de ferro, a necessidade ordenava que se recolocasse o socialismo em marcha, mesmo que ao preço doloroso do esmagamento dos conselhos operários. Claude Roy rememorava recentemente em *Somme toute* esta confidência de Sartre no verão de 1956: é preciso ajudar os russos pelo nosso silêncio.[2] Reconheçamos que preferiu uma imensa tagarelice: *O fantasma de Stalin*.

---

[2] Cl. Roy, *Somme toute*, Gallimard, 1976, p. 110. O escritor encontra Sartre em Delfos, durante o verão de 1956 e dá-lhe parte da consternação que suas entrevistas e declarações suscitaram quando da sua volta de Moscou: "Mesmo assim, quando você voltou dizendo que a liberdade de crítica é total na URSS, era um pouco exagerado"; Sartre responde: "Evidentemente, não é verdade. Mas, se acreditarmos que se tornará verdade, é preciso ajudá-los".

Reconstituição imaginária dos acidentes que provocaram a catástrofe, a fábula dava habilmente crédito à tese das correntes reacionárias prestes a destruir o socialismo. Mas, com efeito, soube fazer silêncio quando era necessário – um silêncio muito útil para alguém que visitava amigavelmente Moscou. E, ainda hoje, nenhuma reminiscência, a despeito do caminho percorrido, que venha perturbar as certezas de 1956. Eis aí as maravilhas do pensamento de esquerda: a certeza, seria muito difícil justificá-la agora como se fazia ontem, permanece inquebrantável: acompanha os afastamentos e mesmo as inversões de opinião.

Quer se remeta o curso da história a Stalin, a Kruschev ou a Brejnev, a Mao, a Liu Shaoqi ou a Lin Biao, a Dubcek ou a Husak, a Gerö, a Rakosi, a Nagy ou a Kadar, é sempre o lugar do poder que fascina nossos pretensos marxistas. É desse lugar que veem se decidir a sorte do socialismo.

Stalinismo, revisionismo, desviacionismo, liberalização, democratização, socialismo de rosto humano – tais são as boas categorias do discurso da esquerda. Mas que ocorra uma revolução e o discurso corre o risco de desmoronar.

Deixemos, pois, àqueles que não souberam nem quiseram apreciar o que a Revolução Húngara punha em jogo, àqueles que se aplicaram em esquecê-la e em fazê-la esquecer, a ocasião, este ano, de apontar *no passado* um episódio trágico do socialismo. Deixemos, mesmo, a outros a tarefa importante de trazer de volta à luz do dia fatos enterrados ou falsificados. De minha parte, é o *novo* que me parece essencial celebrar e interrogar nessa revolução: um novo que não se apagou com o seu insucesso, com a reconstituição do regime burocrático na Hungria a favor de artifícios inéditos – e cujo sentido não está atrás de nós, mas permanece ainda na nossa frente.

Eu disse: os húngaros não detêm sozinhos o privilégio de se terem revoltado. A sublevação de Berlim-Este já tinha posto em evidência a existência de uma oposição de massa numa democracia popular, oposição comumente mascarada pela ideologia e de fato paralisada pelo aparelho policial; tinha também revelado a fraqueza dos quadros dirigentes, dos quais, subitamente, uma fração de responsáveis políticos e sindicais tinha-se separado, passando para o lado dos insurretos. Tanto na Polônia quanto na Tchecoslováquia 12 anos mais tarde, manifestou-se, em graus diferentes, a potência de um movimento coletivo mobilizado por reivindicações nacionais e democráticas. Importa, agora, acrescentar que, em 1962, como nos mostrou recentemente Soljenitsin, na última parte de seu *Arquipélago Gulag*, a população inteira de uma cidade industrial da URSS, Novocherkassk (situada na bacia do Don), desencadeou um motim que durou três dias. Que na origem do protesto operário se encontrem incidentes análogos aos que provocaram o de Berlim-Este, que, seguindo o mesmo roteiro que na Hungria, as agitações se tenham precipitado como consequência da intervenção do exército, criando a quase unanimidade na população e o deslocamento do aparelho local do Partido, e obrigando os dirigentes soviéticos a aparentes concessões, antes que montassem uma segunda operação de repressão com ajuda de tropas novas, é um sinal a mais do profundo parentesco das revoltas do Leste. Mas permanece que a figura do novo se desvela na Hungria, em razão da amplitude da sublevação, de sua duração, do radicalismo das reivindicações, do sentido de organização de que dão prova os revolucionários e, paralelamente, em razão do desmoronamento do aparelho de Estado e do aparelho do Partido. Lá aparece plenamente, pela primeira vez, a contradição do totalitarismo. Ainda que nesse regime o Estado tenda a absorver a sociedade civil, a impor à população as mesmas normas, as mesmas regras, as mesmas representações, seja qual for o setor de atividade, e a tornar de alguma maneira sua operação invisível, por causa da denegação da divisão interna de classes, da reabsorção das diferenças na bela unidade da democracia popular ou do Estado proletário, simultaneamente se opera um fantástico destacamento do poder e, nesse quadro, uma fantástica concentração dos meios de dominação nas mãos de um pequeno número de dirigentes – de tal maneira que, graças a condições historicamente determinadas, a um enfraquecimento da autoridade, é paradoxalmente em toda a extensão do social que o conflito se propaga. Face a esse poder liga-se a imensa maioria da população que, de uma maneira ou de outra, e embora em graus diferentes, faz também a experiência da opressão. Eis no que consistiu a primeira consequência da crise húngara: as hierarquias que, ainda na véspera, pareciam solidamente estabelecidas, todas as separações saídas do novo sistema de dominação se revelaram, subitamente, secundárias em relação à clivagem entre o Estado-Partido e o conjunto social; enquanto o poder que antes se queria onipresente e invisível ressurgia de repente na sua exterioridade como o órgão da coerção e o núcleo do discurso mentiroso, desmanchava-se o jogo de identificação graças ao qual cada pequeno burocrata se encontra comumente investido do poderio dos dirigentes. Em grande parte, a camada burocrática se dissolvia e uma fração dela, libertada do fantasma da sua função, fundia-se com a população insurreta. Repitamos: o fracasso da revolução não poderia apagar esta verdade – uma verdade que alguns teóricos bem podiam ter concebido, mas que se tornou concreta, sensível a milhares de homens ao inscrever-se na experiência: o totalitarismo constitui o mais eficaz sistema de dominação mas também o mais vulnerável. Depois de um acontecimento desses, é permitido pensar que, se uma crise atingisse o coração do edifício totalitário, a União Soviética, uma revolta generalizada, ingovernável, explodiria e deixaria o poder nu, como em nenhum outro lugar.

Contudo, não poderíamos circunscrever o *novo* ao espaço dos regimes do Leste. Como poderíamos? O desenvolvimento do totalitarismo não é um fenômeno estranho à história do mundo ocidental. Por um lado surge dele, tendo-se instaurado na esteira de uma revolução proletária na URSS (cujas condições resultavam da ocidentalização do país) e sob o signo de uma ideologia socialista, nascida da crítica do modo de produção capitalista e da democracia burguesa. De fato, a Revolução Húngara adquire dimensão universal porque tentou assumir a tarefa de destruir o totalitarismo, sem querer restaurar aquilo que tinha constituído o objeto da derrubada: essa democracia burguesa; e, simultaneamente, porque procurou destruir a propriedade estatal dos meios de produção sem querer restaurar a propriedade privada. Todas as proposições formuladas pelos conselhos operários assim como os embriões de programas elaborados no curso da revolução, os quais obtiveram o apoio de múltiplos organismos, de estudantes, intelectuais, escritores, jornalistas (penso, principalmente, no programa de Bibo, um dos dirigentes do Partido Petoefi, ministro de Nagy, como populista, socialista-camponês), testemunham um projeto sem precedente histórico: projeto anticapitalista e antiburocrático. Se esse projeto é o produto de condições específicas, diferentes das que reinam no Ocidente, não é, contudo, na sua inspiração última, *húngaro* (nem tampouco um projeto revolucionário do Leste). Condensa as lições de uma experiência histórica que é também a nossa; põe em xeque, para além de um modo particular de dominação, os fundamentos de todo sistema moderno de dominação.

Ora, o que me parece presentemente requerer toda a nossa atenção e que, sem o esquecer, eu não apreciava devidamente há 20 anos,[3] é a originalidade da *busca* que mobilizava os revolucionários húngaros. Com efeito, não basta sublinhar que, face à burocracia, o proletariado reencontrou espontaneamente os métodos de combate – a greve geral e as formas de organização – os conselhos – forjados outrora em circunstâncias revolucionárias na luta contra o Capital e o Estado burguês. Também não basta afirmar a legitimidade de reivindicações nacionais e democrático-liberais, num país que sofre na sua economia e na sua cultura uma opressão de tipo imperialista e onde a supressão das liberdades de organização, de expressão, de informação, de circulação das ideias e dos homens está a serviço do Estado todo-poderoso. Permanecendo nessa linguagem deixar-se-ia ainda escapar uma parte do novo. Os revolucionários húngaros e, em primeiro plano, os operários organizados nos conselhos tiveram, não apenas a noção, como um pequeno número de seus predecessores em 1917 ou nos anos seguintes, mas a *representação* do perigo que um poder escondia (mesmo que estivesse em "boas mãos", as do governo Nagy) ao concentrar todas as decisões que afetam a sorte da sociedade. Melhor, deram provas, no período de criatividade mais intensa, isto é, após a segunda intervenção soviética, de uma reflexão nova sobre o perigo que emanava do desenvolvimento de seu próprio poder.

A história da formação do Conselho central de Budapeste, tal como é descrita por Balázs Nagy é, a esse respeito, exemplar.[4] Primeiro sinal de uma

---

[3] Cf. capítulo anterior: "A insurreição húngara".

[4] B. Nagy, "La formation du Conseil central ouvrier de Budapest em 1956", *Études sur la Révolution hongroise*, Instituto Imre Nagy de Ciências Políticas, Bruxelas, 1961.

vontade comum de não deixar um órgão executivo cindir-se da classe operária: o modo de designação dos delegados na primeira reunião de coordenação, convocada por iniciativa do Conselho de Ujpest (conselho de um dos bairros operários mais importantes de Budapeste). Esses delegados, segundo as informações de que dispomos, são eleitos nas respectivas fábricas, não pelo próprio conselho, mas pelo conjunto dos operários. O fenômeno traduz a resolução de manter a direção revolucionária nos quadros da democracia direta. De modo geral, assinala o comentador, "os operários húngaros e seus delegados viram no democratismo o maior valor dos Conselhos. Viram-no na relação que ligou estreitamente os delegados a toda a classe operária e na qual esses delegados foram apenas os encarregados e executores da vontade dos operários. É de se notar que nesse movimento dos conselhos os operários frequentemente destituíram os delegados que se afastaram de seus mandatos".[5] Segundo sinal a ressaltar: quando da reunião que se realiza na fábrica Egyesült Izzó, a 14 de novembro, da qual sairá o Conselho central, os participantes mostram-se assaltados pelo problema de sua representatividade e, segundo a observação de Balázs, solidamente presos a uma "etiqueta democrática", tão rigorosa quanto a que presidia as cerimônias da corte em Versalhes. Esse problema adquire tal importância que renunciam a criar um Conselho operário nacional. Por mais útil que tal órgão possa parecer, os delegados julgam, por maioria, que seu mandato foi limitado à fundação do Conselho de Budapeste e que não podem se permitir adotar decisões que envolvam Conselhos de província cujos representantes estão ausentes. Notável parece a discussão que opõe o critério da eficácia e o da democracia, e no fim da qual este último prevalece. Escolha feliz, aliás, uma vez que incitará, descobrimos, certo número de conselhos de província a aderir livremente ao novo órgão central nos dias seguintes. Trata-se mais uma vez, apenas, de um episódio significativo do debate fundamental que põe em questão a função dos conselhos num novo regime.

Ao mesmo tempo, afirma-se o desejo de criar um poder operário e, de fato, graças à intransigência de Kadar, com quem se negocia, mas de quem se recusa a legitimidade, esse desejo imprime-se no real: esse Conselho central define-se como o verdadeiro poder político. Ao mesmo tempo condena-se a ideia de um novo poder revolucionário, inteiramente nas mãos dos operários, pois teria vocação totalitária. Contradição, sem dúvida, porém fecunda, como sugere Balázs e que, de resto, não se resume aos termos de uma oposição entre imperativos práticos e imperativos teóricos. Está claro, com efeito, que, ao reivindicar para os Conselhos a função de dirigir a economia no futuro, os delegados exigem um poder de caráter político; pois a faculdade não apenas de determinar as normas de produção, a repartição dos salários, as condições de trabalho no

---
[5] *Idem*, p. 51.

plano local, mas de decidir, em escala nacional, sobre investimentos, dirigir os assuntos econômicos do país, implica uma responsabilidade governamental. Não é, pois, somente no presente e como que a contragosto que os delegados aceitam assumir uma responsabilidade política. Enfrentam, já, uma contradição futura ao desejar obter essa responsabilidade e que, ao mesmo tempo, seja limitada. Esboçam o modelo de uma nova divisão do poder – desconhecida no sistema democrático-burguês e que só o socialismo tornaria possível – entre órgãos, por assim dizer, político-políticos e órgãos político-econômicos: divisão juridicamente instituída.

Esse modelo não foi, certamente, tão elaborado a ponto de podermos julgá-lo viável ou não. Mas é impossível desconhecer sua inspiração. A ideia é combinar autoridades cujas origens são reconhecidas publicamente como diferentes. Vemo-la emergir da associação de três reivindicações emitidas pelo Conselho central e localizáveis nos programas de numerosos conselhos de província: uma federação dos conselhos operários; um Parlamento eleito pelo sufrágio universal cuja legitimidade seria garantida pela liberdade de associação e de expressão; a reconstrução de sindicatos a partir da base, especializados na defesa dos interesses operários e beneficiários do direito de greve. Num sentido, essa última reivindicação aumenta a contradição, pois implica que os próprios Conselhos *não constituem toda a representação operária*. Mas a contradição permanece fecunda. O desejo de sindicatos autênticos supõe que não poderia haver sociedade de acordo consigo mesma, libertada, de uma vez por todas, de antagonismos internos; que mesmo ali onde a democracia funciona melhor, no quadro da produção, pode, por exemplo, produzir-se uma clivagem entre os Conselhos e o conjunto dos operários que aí apenas se encontram representados ou, por exemplo, uma clivagem entre certas categorias de trabalhadores desfavorecidos e a maioria, ou ainda, conflitos se engendrando a partir das desigualdades de desenvolvimento entre certos setores da produção ou certas regiões. Implicitamente, o modelo reconhece que o trabalhador está preso em pelo menos três redes de socialização diferentes e que lhe é necessário libertar-se da ficção da unidade e dar direito à diferença social que o habita: diferença do trabalhador-cidadão, do trabalhador-produtor, e do trabalhador-sindicalizado-grevista potencial; diferença, pois, no coração do mesmo indivíduo entre o movimento que implica uma decisão coletiva geral e o movimento que dela o protege associando-o a uma ação coletiva particular.

Repetindo: essa representação nasce da crítica do totalitarismo, o qual não aparece como um simples regime de fato a destruir, como o adversário exterior que tem figura visível sob os traços de um Estado e de um Partido estabelecidos, mas como o *possível interno* do socialismo. Nada mais instrutivo, nesse sentido, que as propostas de Sandor Bali nos debates de 14 de novembro, o qual parece ter exprimido fielmente os sentimentos da Assembleia. Após ter afirmado que os Conselhos exercem no presente uma função política e econômica, na expectativa da criação de novos partidos e de novos sindicatos, precisa: "Sabemos que os Conselhos operários se tornarão órgãos dirigentes da economia do país e é exatamente o que queremos que sejam. Não queremos cometer o mesmo erro que o cometido no passado pelo Partido, a saber, que ele era, ao mesmo tempo, o dono do país e das fábricas e a única organização representando os interesses dos operários. Se cometemos esse erro, estaremos sempre no mesmo lugar. Queremos que os Conselhos dirijam os assuntos econômicos do país e que os sindicatos tenham o direito de se pôr em greve e de dirigir todos os negócios relativos à proteção dos interesses operários".[6]

Não se trata de pequenos fatos que apenas esclarecem um aspecto parcial da Revolução Húngara. A meus olhos, mostram bem qual era sua dinâmica. Certamente, essa revolução não se reduz, nem de longe, à sublevação da classe operária. Sabe-se, notadamente, que papel representaram, na sua origem, os estudantes e os intelectuais. Os primeiros se mobilizaram, inicialmente, em Szeged, depois em Budapeste e sua ação precipitou e radicalizou o processo de contestação iniciado pelos intelectuais do círculo Petoefi. Entusiasmados pelos acontecimentos da Polônia, decididos a exigir a revisão de todos os processos políticos após a reabilitação de Rajk, e uma investigação sobre os responsáveis pelo terror, atraídos pela imagem do titoísmo que lhes parecia conjugar os méritos de um socialismo nacional fundado na autogestão das empresas, é a eles que se deve a iniciativa da grande assembleia de 22 de outubro (espécie de parlamento pré-revolucionário, como o qualifica Miklos Molnar) e a da manifestação do dia 23 que se transformou em insurreição.[7] Ora, é desde logo notável que o programa de reivindicações fixado durante essa assembleia – ou seja, antes da intervenção das massas operárias – testemunha a vontade de democracia que vai se afirmar e precisar posteriormente. Nos "Quatorze pontos de Poly" figuram não apenas a convocação imediata do congresso do Partido e o retorno ao governo de Imre Nagy, mas principalmente: "novas eleições gerais fundadas sobre a igualdade, o voto secreto, a participação de vários partidos e de novos candidatos à Assembleia Nacional", a revisão, na indústria, das normas impostas aos trabalhadores e a criação de uma autonomia operária nas fábricas; a liberdade total de opinião e a liberdade da imprensa garantida pela fundação de vários jornais. No decorrer do período revolucionário uma extraordinária efervescência apodera-se da população não operária traduzindo-se pela criação de numerosos comitês. A reivindicação de autonomia se amplia, ativada pelo exemplo que os Conselhos dão. A Universidade, os órgãos de informação, os grandes serviços públicos, as associações de intelectuais e de escritores são o centro de uma discussão incessante sobre os meios de instaurar o socialismo,

---

[6] *Idem*, p. 73.

[7] M. Molnar, *Victoire d'une défaite: Budapest 1956*, Fayard, 1968.

o que significa, no espírito dos protagonistas, cortar as raízes do totalitarismo. Enquanto o observador ocidental fica obnubilado pelo problema da propriedade, os revolucionários húngaros, manifestamente, não pensam em termos de propriedade, mas em termos de direitos. É certo que rejeitam explicitamente a ideia de uma restauração da propriedade privada dos meios de produção. Porém, querem estabelecer direitos que garantam a liberdade e a segurança e o direito à verdade: direitos que não são formais. Mas que, para cada um deles, supõem que as coletividades e os indivíduos sejam subtraídos ao poder do Estado-Partido, poder que se erigiu no único detentor da lei e no único detentor do saber.

Liberdade, verdade: isso significa concretamente em cada esfera – a da educação, a da informação, a das instituições, nas quais haja auto-organização coletiva e simultaneamente pluralidade reconhecida de representação, legitimidade da diferença e do conflito. Segurança: isso significa, concretamente, a abolição da arbitrariedade policial, garantias jurídicas em cujos termos os juízes devem dar publicamente razão de suas sentenças e que garantam aos acusados direito de defesa. Vemos, assim, a vontade democrática afirmar-se deliberadamente a partir de dois polos que, com efeito, não poderiam dissociar-se, sem que ela se aniquilasse: o polo da organização coletiva, que supõe a implicação dos agentes na instituição (o que se deve entender não só como um sistema de delegação da autoridade da base à cúpula, mas a obrigação dos que decidem de prestar contas, a possibilidade dada aos opositores de fazer valer seu protesto, e a circulação da informação) e o polo de diferenciação social que supõe seja reconhecida a especificidade do domínio político, econômico, jurídico, pedagógico, científico, estético...

É um total engano ver nisso o sinal de um conflito entre o modelo do socialismo e o da democracia burguesa ou, no melhor dos casos, acreditar que os direitos febrilmente afirmados pelos revolucionários húngaros tinham apenas um sentido provisório ao sair de uma experiência totalitária. Não se tratava do prenúncio de uma transição rumo à *boa sociedade*, o comunismo. O socialismo começava simplesmente a viver, no momento em que se deixava descobrir que era o único capaz de dar o máximo de vida à sociedade civil e de impedir que o poder se solidificasse, que a lei decaísse para o plano do interesse do dominante e que o saber se dissolvesse em ideologia.

Marx dizia que a Comuna era a forma, afinal encontrada, do socialismo. Não cairemos no erro de pretender que a Revolução Húngara nos dava uma *solução*: dava sentido à questão do socialismo, não apenas graças à existência dos conselhos, mas graças à descoberta do limite do poder, do seu próprio poder – não apenas graças à mobilização e quase fusão das energias coletivas, mas graças a uma experiência e um desejo novos da diferença.

Volta da Polônia[1]

Polônia: há meses que esse nome significa esperança. Esperança restituída pela revolta de Poznan a todos aqueles que, talvez numerosos porém solitários, não consentiam ou não consentiam mais em procurar no stalinismo os traços, mesmo deformados, do socialismo. Esperança restituída aos que se tinham obstinado em esperar que num ponto do globo a voz, rapidamente abafada, dos manifestantes de Berlim-Este encontre eco, que o proletariado mostre o pouco caso que faz dos regimes de opressão e de exploração ornamentados com a etiqueta socialista.

A Polônia permanece o país da esperança. Budapeste destruída, os militantes húngaros assassinados, aprisionados, exilados ou reduzidos ao silêncio, os conselhos operários dissolvidos, a polícia soberana, todos os atos que atestam o furor de um poder ameaçado não bastaram para restabelecer a ordem no universo stalinista. Em Varsóvia, o regime saído das jornadas de Outubro *dura*. No coração de um mundo cercado de ferro, que por hábito ou derrisão continuamos a chamar de "soviético", cercados de regimes mortais, os poloneses defendem sua liberdade no dia a dia.

Mas por quanto tempo? A pressão da URSS não se afrouxa. O governo que lhe resiste tende a restaurar um poder que não fica nada a dever às forças revolucionárias que o criaram. Mil sinais atestam uma renovação que não

---
[1] *Socialisme ou Barbarie*, nº 21, março-maio de 1957. Texto reproduzido na primeira edição de *Éléments d'une critique de la bureaucratie*, Droz, 1971.

ousávamos imaginar há somente um ano e, contudo, mil sinais atestam já uma petrificação do Estado, do Partido, do pensamento político. Estranha mutação, na verdade: a velha pele rachada, desconjuntada, readquire vida nos interstícios da pele nova, o tempo caminha ao mesmo tempo nos dois sentidos. A metamorfose fixou já formas indeléveis, porém as forças em trabalho modificam-lhes constantemente as relações.

A olho nu

Primeiramente, sinto-me no dever de testemunhar a renovação. Apesar de sabermos, de Paris, que a ditadura policial está morta, que as prisões foram esvaziadas dos prisioneiros políticos, que os privilégios dos altos burocratas foram suprimidos, que no interior do Partido e na imprensa a opinião pode ser exprimida, que a desconfiança e o medo foram expulsos das conversas: no lugar mesmo, a cada instante, somos assaltados pelos sinais de uma liberdade tanto mais resplandecente porque foi, por muito tempo, abafada.

Meus camaradas e eu entramos na Polônia de automóvel.[2] Alguns quilômetros bastaram para medir a distancia "real" que nos separava da Alemanha Oriental. Aqui, a polícia é invisível; aqui, o homem que se encontra por acaso, em vez de se afastar, aborda-nos, interroga-nos e, sem rodeios, fala-nos da vitória obtida contra o stalinismo, da ameaça russa, da incerteza do futuro.

Perto da fronteira, paramos numa pequena aldeia e tivemos nossa primeira visão da nova Polônia. Uma mulher à porta da casa, com um menino ao lado, olhava o carro com uma indiferença misturada de hostilidade. Pedimos-lhe: "*Kawiarnia* (café)?" Ela não respondia. O que éramos? Russos, alemães, tchecos (os únicos viajantes que se encontra na estrada Frankfurt-Varsóvia)? Quando gritamos: "*Franzussi*", seu rosto se iluminou. Solícita, afetuosa, ela mesma nos conduziu até à porta de uma pequena cabana. O café era miserável, homens muito pobremente vestidos lançaram-nos um olhar morto. No meio do silêncio fizemos gestos e caretas que se pretendiam engraçados para solicitar cerveja. Depois, novamente declinamos nossa identidade: franceses. "Jornalistas?" – "Não. Comunistas. De visita. Não stalinistas." Devíamos, em seguida, representar o mesmo roteiro vinte vezes ou mais e vinte vezes reviver a mesma cena. Com gestos, palavras em polonês, alemão ou em francês quando tínhamos a felicidade de encontrar um interlocutor que conhecesse a nossa língua e se encarregasse, então, de traduzir para quem estava em redor, explicávamos que fôramos convidados por amigos de Varsóvia, que vínhamos agora, em janeiro, isto é, depois de outubro, que antes não teríamos podido nem querido vir à Polônia,

---

[2] R. Antelme, D. Mascolo, E. Morin e eu fomos convidados, a título privado, por intelectuais comunistas poloneses. Chegamos a Varsóvia no sábado, 19 de janeiro, ou seja, na véspera das eleições. A viagem durou uns 15 dias.

que éramos comunistas antistalinistas. Então os rostos se iluminam, cercam-nos, disputa-se o prazer de nos dirigir a palavra. E, como naquela primeira noite da nossa chegada, falam-nos em primeiro lugar dos "*Rouskis*". Para nos dizer que não são mais os senhores, que Gomulka os fez recuar, que gostariam de se livrar deles efetivamente. Os gestos são eloquentes: baixam o polegar para o chão, mostram a porta e fazem um amplo movimento com o braço que varre o adversário imaginário. Os "*Rouskis* comunistas?". Riem: "Stalinistas, sempre stalinistas". Kruschev, Stalin: a mão na mão diz-nos a sua identidade. O termo "stalinismo" desencadeia as pragas: todas as injustiças do regime precedente, todos os temores que o futuro inspira parecem condensados nessa palavra (que, ficaremos estupefatos de sabê-lo em Varsóvia, é novamente considerada como tabu para a censura). Temos também a surpresa de ouvir falar do Partido Comunista Francês: sabem que combateu a Revolução Polonesa e votam-no ao mesmo inferno que o Partido russo. Estranha situação a nossa: lamentam-nos porque não pudemos nos desestalinizar... O nome de Gomulka é sempre pronunciado; sua popularidade é evidente, é o herói que encarna a libertação. Quanto ao futuro, está cheio de perigos: o "golpe" da Hungria pode se renovar...

Na estrada de Poznan a Varsóvia, na de Varsóvia a Cracóvia, a Praga, nos bairros de Varsóvia, a experiência é a mesma, os poloneses falam livremente uns perante os outros, fazem as mesmas confidências, divertem-se com a sua cumplicidade, estabelecendo conosco essa cumplicidade pública, como se o russo ou o stalinista estivesse atrás da porta, na rua, urdindo sombrios projetos, nosso inimigo comum. Como não constatá-lo: há na Polônia uma opinião do homem da rua – o que precisamente não existe na França – um acordo quase universal sobre alguns ódios e algumas esperanças. O regime stalinista e a ocupação russa pesaram tão fortemente sobre a população que acabaram por moldar uma mentalidade comum: querem a independência nacional, exigem liberdade, denunciam a desigualdade e a miséria engendradas pelo Antigo Regime que tinha o atrevimento de se fazer passar por socialista.

Em Varsóvia pudemos verificar e confirmar essas impressões da estrada ao descobrir em outros meios a mesma atmosfera de liberdade e de sinceridade. A discussão elaborada tem as mesmas características que a conversa espontânea. Nosso interlocutor, mais frequentemente intelectual, militante comunista, não tem desconfiança; formula os problemas, que coloca numa linguagem pessoal, acusa, sem reticências, o stalinismo, denuncia, de passagem, o argumento ou o clichê oficial, ri-se de suas antigas ilusões; seu pensamento está em movimento, procura-se e confessa a si próprio essa procura; não sentimos nunca um silêncio artificial, uma manobra de intimidação, um olhar de suspeita. Em suma, nada subsiste nele daquilo que designa na França o intelectual stalinista numa discussão: a fuga de réptil perante o argumento constrangedor, a alusão a motivos superiores incomunicáveis, o refúgio nos textos sagrados, a grandiloquência ultrajada em resposta à dúvida, a manobra do inquisidor. Além disso, não está menos distante de nossos progressistas (fauna característica dos regimes burgueses): fez no dia a dia a experiência do totalitarismo e agora quer fazer dele uma crítica radical; está consciente de que o stalinismo não é uma série de erros, um plano mal concebido, privilégios burocráticos excessivos, uma política invasora, mas um sistema total que, acobertado por uma ideologia revolucionária, levou à realização final a alienação do homem, operário, camponês, intelectual ou artista. Está certo de que o futuro do comunismo passa pela derrota completa do stalinismo ou do neostalinismo. Não dispõe, com certeza, de uma teoria nova que abarque todos os aspectos da vida social, mas sabe que essa teoria está por fazer e está pronto para abordá-la, liberto de todos os preconceitos.

O pensamento é livre, a troca de pensamentos é livre porque nenhuma ameaça paira sobre o opositor ou o não conformista. Já disse que a polícia era invisível. De fato, no dia das eleições, procurei em vão uma patrulha de homens uniformizados; não encontrei senão alguns civis, munidos de braçadeira e que passeavam numa alameda com um ar extremamente bonachão. Uma milícia? Informação dada, tratava-se de voluntários destinados a assegurar que nenhum bêbado (são numerosos, e o álcool estava proibido naquele dia) perturbaria a via pública. No bairro das embaixadas e dos ministérios os prédios não são vigiados; um soldado anda apenas para lá e para cá frente ao domicílio de Cyrankiewicz. O imenso prédio do ministério da segurança parece deserto, nossos companheiros poloneses dizem-nos, aliás, que foi desativado. Ainda no ano passado o arame farpado impedia o acesso à calçada na frente do prédio, e o transeunte preferia atravessar a avenida a ter que caminhar ao longo dele. Essa mudança parece inteiramente natural aos poloneses. Da mesma forma, parece natural a um de nossos anfitriões escutar a BBC na noite das eleições e telefonar a seus amigos para morrer de rir do interesse que os ingleses mostram pela forte proporção de votantes. "Nilo é perigoso falar da BBC ao telefone?" Nosso interlocutor parece um pouco escandalizado com a pergunta. "Outrora seria permitido fazê-lo tão livremente?" Ele se surpreende de novo: outrora sua linha estava ligada a um posto de escuta. Mas o passado é o passado, hoje tudo é diferente.

Foi com algum orgulho e alguma ironia também que amigos poloneses nos levaram a passear pelas ruas de Varsóvia para nos mostrar os vestígios desse passado que acabara. Com efeito, nada nos podia fazer sentir melhor a presença física do Estado burocrático que aqueles imensos edifícios construídos para a sua glória: o ministério da segurança, de que já falei, construído num estilo de superpalácio Côte-d'Azur: o prédio do comitê central do Partido, sobretudo, que se ergue no cruzamento de duas artérias principais da cidade, cujas dimensões evocam as do Palácio de Chaillot, mas cuja massa, esmagadora de propósito, designa como que a fortaleza ultramoderna de um poder absoluto; finalmente o

Palácio da Cultura, visto de onde quer que nos situemos, arranha-céu pretensioso, provido de ameias e de ornatos diversos, cuja função, aliás, sempre ficou indeterminada e que ainda está metade vazio. Símbolos da era stalinista, despojados de sua substância, cidadelas anacrônicas, é um outro modo de vida que evocam na hora da "democratização" e das supressões importantes praticadas na burocracia.

E, contudo, esse mundo está bastante próximo... Mais uma vez, basta observá-lo.

Nossos amigos poloneses conduziram-nos até a embaixada russa situada no extremo do bairro "oficial", num nível inferior ao Belvedere, a antiga sede do governo polonês. Cercado por um grande jardim, esse palácio imponente, recentemente construído, eclipsa por suas dimensões, não somente todas as outras embaixadas, mas a maior parte dos edifícios públicos. Os poloneses chamam-no o "superbelvedere" e falam de Ponomarenko como do seu *gauleiter*. Agora, no entanto, o humor não está mais isento de amargura nem de temor. O poderio stalinista encarnado na arquitetura não pertence ao passado. Segundo a expressão, muitas vezes ouvida, o poder russo reina em Varsóvia independentemente do poder nacional. Ponomarenko, o adversário irredutível do movimento de Outubro, que declarava aos jornalistas que Poznan tinha sido obra do fascismo no momento mesmo em que Cyrankiewicz admitia que se tratava de um levante operário, que declarava ainda a uma delegação da juventude, durante as famosas jornadas de Outubro: "Hoje é a desordem, amanhã a ordem será restabelecida, escolham antes que seja tarde demais", Ponomarenko, que conservou toda a sua hostilidade contra o novo regime, continua no trono apesar do advento de Gomulka. A embaixada permanece o quartel-general do stalinismo polonês e é entre seus muros que se prepara a ofensiva quotidiana, lançada de Moscou, contra a imprensa de Varsóvia.

Ora, pudemos verificar que a cada dia esse perigo, ligado à presença russa na Polônia, era duramente sentido pela população, que ele secava o entusiasmo saído da "libertação", que proibia a esperança, inibia o próprio pensamento, tornado incerto do possível e, logo, do verdadeiro. Nossas impressões, novamente, são extraídas tanto da conversa da rua quanto da discussão propriamente política.

Nunca, nesses encontros de acaso que há pouco evocava, nossos interlocutores deixaram de falar da ameaça russa. Em vão lhes dizíamos que parecia afastada naquele momento, que uma nova edição da repressão húngara era inimaginável: eles não julgavam assim. E lembro-me desta reflexão, ouvida várias vezes: "Se os russos nos atacassem, não aconteceria nada de diferente do que se produziu na Hungria; os alemães se sublevariam, sem dúvida, mas nenhum outro povo se moveria, nem no bloco soviético, nem no mundo ocidental; os americanos apenas disporiam suas tropas na fronteira das duas Alemanhas para impedir a extensão da guerra; a Rússia teria todo o tempo para nos esmagar".

Se a expressão "dar um exemplo" teve alguma vez sentido, é na Polônia que isso se descobre e que se percebe a eficácia, pelo menos a curto prazo, da repressão russa. O exemplo húngaro persegue todos os espíritos. "Húngaro Kaput", dizia um operário na região de Kusztrin, e, para mostrar o que aos poloneses restava fazer, andava na ponta dos pés.

Os numerosos intelectuais com quem discutimos exprimiam seus sentimentos de maneira menos rudimentar, mas estes não variavam. Tanto sua crítica do passado, como dissemos, era radical, quanto era incerta sua visão do futuro. Não que estivessem hesitantes sobre a política que, de imediato, devia ser seguida, sobre a necessidade de reformar fundamentalmente o partido, de criticar os responsáveis stalinistas, de legalizar a liberdade de expressão na organização e na imprensa, de dar, enfim, o máximo de autoridade aos conselhos de fábrica. Mas é este o seu pensamento: o que seria preciso fazer é o que o círculo stalinista torna perigoso, talvez impossível; o que Gomulka deveria realizar, se se apoiasse resolutamente em forças sociais revolucionárias, é o que se torna difícil empreender quando o governo a isso se opõe e declara acabada a fase de democratização, quando se revela necessário combater, ao mesmo tempo, o stalinismo e o novo regime que o enfrenta.

Nessas condições a esperança e o ardor depressa se transformam em lassidão. Pareceu-me significativo que muitos jovens intelectuais comunistas, fortemente engajados no combate ideológico, sonhem em ir passar alguns meses na França dentro em breve. Essa vontade de evasão exprime, sem dúvida, o mal-estar de uma *intelligentsia* que não consegue resolver seus próprios problemas no quadro da situação objetiva que deve enfrentar.

Pareceu-me incomparavelmente mais grave que muitos intelectuais estejam, nesse clima, novamente isolados da classe operária. Por exemplo, o apoio que dão ao movimento dos conselhos não é iluminado, na maior parte das vezes, por um conhecimento do que se passa nas fábricas e, por isso, suas reivindicações, por mais legítimas que sejam, conservam um caráter puramente "político"; concentram a atenção, exclusivamente, na luta das tendências no interior do Partido.

Ao temor paralisante de uma intervenção russa, acrescenta-se, também, entre as massas, se é que pude julgar corretamente, uma atração no que diz respeito ao Ocidente. Numerosas vezes e, notadamente, numa fábrica de Varsóvia, interrogaram-nos com uma curiosidade cheia de admiração sobre as condições de vida na França, os preços do vestuário e da alimentação, as vantagens materiais de que certos operários da Renault poderiam dispor (automóveis, televisões, refrigeradores...), a legislação do trabalho. Implícita ou explicitamente, estabeleciam a comparação com as condições de existência na Polônia. Certamente não é possível saber, com base nessas rápidas trocas de ideias, que representação exata o polonês se forja do Ocidente (e isso tanto menos quanto no mais das vezes ignorávamos tudo do nosso interlocutor), mas pareceu-me que a ditadura stalinista havia suscitado, em reação contra suas próprias mentiras, certo número de ilusões sobre os regimes do Oeste. Situação paradoxal, certamente, se pensarmos que na França, por exemplo, muitos operários se alimentam de ilusões contrárias sobre as condições de vida no Leste, testemunha, porém, da confusão da massa.

Pode-se finalmente julgar, à primeira vista, as dificuldades herdadas do período stalinista pela miséria que reina entre a população. Agora que os privilégios dos altos burocratas foram abolidos e que é verdadeiramente perigoso ostentar a riqueza, a impressão de "monotonia" é dominante. Nos cafés frequentados por médicos advogados e intelectuais pode-se observar certo apuro no vestir até mesmo certa elegância na mulher (paralelamente a relações mundanas cuidadosamente mantidas). Mas, na rua, a pobreza é impressionante. A massa da população não pode vestir-se decentemente, uma vez que é obrigada a pagar de 450 a 700 *zlotys* por um par de sapatos, 2.000 *zlotys* por um terno ou um sobretudo de qualidade média, de 400 a 600 por um pulôver, enquanto os salários vão de 700 a 800 *zlotys* para as categorias mais desfavorecidas e de 1.000 a 1.500 para a camada mais numerosa dos trabalhadores. Por outro lado, a alimentação é barata, porém todos os produtos que saem do consumo corrente (que oferece uma escolha muito restrita) são inacessíveis à grande maioria da população. Além disso, basta entrar numa grande loja para constatar a raridade e a mediocridade dos aparelhos eletrodomésticos e, mais genericamente, dos mil pequenos produtos da grande indústria que caracterizam a vida de um país evoluído.

Finalmente, as condições de moradia são particularmente duras. A maior parte dos intelectuais que encontramos dispõem de apartamentos minúsculos, na maioria das vezes reduzidos a uma única peça – ainda que pertençam a uma camada nitidamente privilegiada (o salário de um jornalista ou um crítico é da ordem de 2.500 *zlotys* e as possibilidades que lhe são oferecidas para publicar ou traduzir textos fora do seu trabalho permitem-lhe aumentar consideravelmente essa soma, até mesmo duplicá-la). Quanto à massa dos operários, dos pequenos empregados ou dos pequenos funcionários, devem, às vezes, contentar-se em compartilhar um único apartamento entre várias famílias e frequentemente conformar-se com uma única cozinha para vários apartamentos.

A miséria é mais evidente ainda no campo que na capital. Mas, mesmo em Varsóvia, a atmosfera da rua sugere dificuldades econômicas: os automóveis são pouco numerosos, a luz parcimoniosamente distribuída, as vitrinas das lojas desprovidas de qualquer atrativo; não podemos senão evocar a Paris da Ocupação nos seus dias mais sombrios.

É certo que não se pode imputar apenas ao regime stalinista a responsabilidade pela miséria. A reconstrução da capital, ainda inacabada, diz suficientemente qual foi a amplitude dos prejuízos sofridos durante a guerra... Não deixa de ser verdadeiro que, 12 anos após o fim da guerra, a despeito do extraordinário desenvolvimento técnico que o mundo inteiro conheceu e, notadamente, a indústria russa, a Polônia permaneça, por culpa do stalinismo, numa situação material lamentável.

Discussões

Eis as impressões que retiro dessa breve viagem. É evidente que não permitem julgar a situação política e social. Mas essa situação não é visível, ela pode apenas ser *conhecida*. Quis, pois, dar um lugar à parte ao que aprendi em numerosas conversas que pude ter com militantes comunistas, reunindo e confrontando as informações obtidas. Todavia, em vez de apresentar essas informações de uma maneira sistemática, parece-me que é melhor não dissociá-las do quadro real das discussões que tive – o modo de pensar de nossos interlocutores me parece tão interessante quanto os fatos relatados. Renunciando, por outro lado, a fornecer algumas informações colhidas, selecionei, pois, quatro conversas, as mais completas que me foi dado ter, e que dão uma justa ideia da mentalidade de certo número de comunistas poloneses. Com exceção de D., alto funcionário (cujas observações narramos mais adiante), todos aqueles com quem conversamos longamente são colaboradores de grandes órgãos de imprensa poloneses: *Tribuna Ludu, Nowa Kultura, Po Prostu*, etc. Quero também assinalar que, nas páginas que se seguem, procurei não tanto relatar a conversa literal do interlocutor, mas restituir o movimento do diálogo. Consequentemente, não procurei dissimular minhas próprias intervenções ou reflexões quando me pareciam iluminar a discussão.

Com A

A. é comunista e representa um papel de primeiro plano nos meios intelectuais e nos meios da imprensa. Penso compreender que, diferentemente da maior parte de seus companheiros, nunca foi stalinista. Preciso, rigoroso, de extensa cultura política, sensível no mais alto grau à diversidade dos fatores que intervêm na presente situação da esquerda, A. dá uma imagem do intelectual comunista exatamente oposta à que dele procuram compor, para lançá-lo no descrédito, certos correspondentes de jornais progressistas franceses.

Sobre a liberdade de expressão

Falamos antes de mais nada da situação do escritor e do jornalista. Tornou-se-lhes possível publicar o que querem, ao menos dentro dos limites impostos pela presença russa e sua ameaça? Não, diz A. Podemos escrever muito mais coisas que outrora, mas não podemos escrever livremente. De resto, a censura endurece novamente. É talvez o período eleitoral que torna o governo mais vigilante, mas não é certo. A preocupação dominante é evitar provocar os russos ou apenas chocar-se com eles. Assim, *Nowa Kultura* foi várias vezes vítima da censura no último período. E os próprios redatores, nessa situação, estão cada vez mais preocupados em escrever artigos que não abram o flanco à censura; tendem a praticar uma autocensura ou uma censura preventiva. Inquietamo-nos com essa resposta: há uma lógica do silêncio ou da prudência que leva à passividade e depois à cumplicidade. Mas nada temos a ensinar a A. a esse respeito. Ele viu essa lógica exercer-se de mais perto do que nós. Não pode deixar de dar-nos razão. Mas estamos por demais prontos a condenar a prudência e não esperamos para medir as dificuldades. Nenhum dos intelectuais que lutou pela desestalinização moderou suas críticas e, ainda menos, renunciou a elas; os redatores lutam contra a censura, procuram fazer "passar" o máximo de coisas possível e, se a censura se endurece, é também porque a crítica se desenvolve. As circunstâncias não permitem, contudo, atacar a censura de frente.

Enquanto A. fala conosco, penso que a antítese liberdade-servilidade é atualmente informulável. A. conhece os processos que engendram a servilidade e odeia-os, porém está colocado em condições que não lhe permitem reivindicar a liberdade inteira. Parece-me que, independentemente dos obstáculos exteriores com os quais tal reivindicação se chocaria, ele não a julga desejável no presente. Por exemplo, a censura oficial incomoda-o, critica-a, cita artigos que ele mesmo e amigos da sua tendência escreveram e que foram proibidos, admite que uma mentalidade stalinista se reconstitui acobertada pela prudência antistalinista, mas não fala da censura como do inimigo. O inimigo é a URSS e seus representantes poloneses que aproveitam todas as ocasiões para criticar o novo curso em termos ameaçadores. Os homens do governo, os censores e os intelectuais do mesmo círculo são, apesar disso, solidários face a essa ameaça. Outrora, a censura identificava-se com a vontade do Partido Comunista, e esta não era senão um modo da vontade da URSS. Quem quer que entrasse em conflito com a censura, se não se retratasse, apareceria como opositor ao sistema total e era levado a se perceber a si mesmo como tal. Hoje, pelo menos em numerosos casos, o censor diz ao jornalista ou ao escritor: "O senhor tem razão e eu penso da mesma maneira, mas o que o senhor diz apresenta um perigo". Não há mais censura ideológica, mas uma censura quase militar. E mesmo esta o censor não a exerce senão com modéstia, pois teme seu próprio papel e que seja criticado por entravar a democratização. Deseja, pois (frequentemente), não apenas convencer o escritor de que compartilha de suas ideias mas também que proíbe a sua expressão para salvaguardá-las. (Ficamos sabendo mais tarde, e esta notícia tem com que nos espantar, que os censores são os mesmos da época stalinista.)

A., como os outros intelectuais comunistas que encontrarei em seguida, não se deixa lograr por essa cumplicidade que o censor quer estabelecer com as suas "vítimas"; se a aceitasse, recolocaria de uma vez por todas a sorte do seu pensamento nas mãos do aparelho e recairia no antigo estatuto de dependência que quis abolir. Contudo, também não pode conceber o censor como uma autoridade estrangeira; seus argumentos, já os formulou para si próprio quando escrevia. Apenas os avalia de maneira diferente. Sabe que uma crítica da atual desorganização do Partido pode ser utilizada pelos adeptos da NATO contra Gomulka ou que uma crítica da função do Partido será considerada pelo *Pravda* como um sinal de liquidacionismo, porém, corre esse risco, admitindo que pode provocar uma resposta do inimigo, mas que deve estimular o progresso do pensamento comunista. O censor apenas inverte os termos do raciocínio: reconhece que se *pode* criticar, mas afirma que se deve evitar os riscos.

O que impressiona, no caso de A., é que ele parece, ao mesmo tempo, extremamente lúcido e encerrado em contradições de fato. Tem o pensamento de um marxista habituado a prever e a atitude de alguém que vive o dia a dia. Quando o aprovamos por lutar passo a passo contra a censura, torna-se reticente como se nosso acordo o incomodasse; seja porque teme ser julgado mais empreendedor do que realmente é, seja porque lhe parecemos cegos a todas as dificuldades que enfrenta. Quando lhe mostramos o perigo que existe em praticar uma "política" da palavra e ao que leva um *cálculo* aplicado às ideias, ele se adianta como se tudo o que acabava de dizer-nos a favor de tal prática não devesse, de forma alguma, ser erigido em tese, como se o problema consistisse precisamente em não converter essa conduta em teoria.

Antes de mais nada, admitimos tacitamente que a livre expressão era perigosa, mas um dentre nós espanta-se, a justo título, de que não se possa distinguir assuntos perigosos e assuntos neutros. Criticar o regime ou a política da URSS é, evidentemente, expor-se a uma resposta, analisar livremente a situação polonesa ou colocar problemas teóricos cujas incidências práticas não são imediatamente perceptíveis, não deve provocar um conflito ideológico da mesma natureza. Poder-se-ia, pois, circunscrever "zonas de prudência" fora das quais o pensamento readquiriria seus direitos.

A. concorda. Assegura-nos que, na realidade, essa distinção é familiar a todo intelectual polonês, porém é menos operante do que se poderia pensar pelo fato de ser recusada pela URSS. Os russos metem-se em tudo e, para eles, não há assunto neutro. Quer se fale da organização da economia, do papel dos conselhos operários, da estrutura do Partido ou da filosofia marxista, provoca-se igualmente a condenação do *Pravda*. Este ou aquele redator de *Nowa Kultura* é, no dia seguinte à publicação de seu artigo, taxado de liquidacionismo pelo órgão russo, sem que, no entanto, suas ideias sejam reproduzidas e seriamente comentadas. Constitui-se, assim, um dossiê antipolonês que parece acumular provas com vistas a um processo final. Seja qual for o assunto de que falem, movem-se, pois, numa atmosfera carregada de eletricidade, escrevem num constante estado de alerta, atentos às detonações quotidianas provocadas por uma expressão livre. Sabem que toda palavra encontra seu eco entre as paredes da embaixada, que Moscou está em Varsóvia, que duas leis se misturam das quais uma, triunfando, seria mortal.

Como se surpreender, então, de que a censura "gomulkista" pretenda, por sua vez, meter-se em tudo? A. dá um exemplo recente: foi proibido um artigo filosófico tendo por objeto as ideias do jovem Marx e mostrando sua deformação sob o reino stalinista. Ao crítico faltava prudência...

O que significa dizer que a estratégia ideológica passa para todos os níveis. O que significa também que, se os intelectuais não podem deixar-se asfixiar, uma luta quotidiana deve ser igualmente sustentada em todos os níveis; pois, se a importunação que praticam cessasse por um momento, por lassidão, uma rigidez cadavérica se apoderaria do novo regime, à imagem do passado.

Não há, pois, outro futuro possível que não nessa tensão constante entre a imprensa e a direção política, entre uma e outra e a URSS? Segundo A., um imenso progresso seria realizado se a imprensa recebesse um estatuto que consagrasse sua independência em relação ao governo. Tal projeto encontra-se em estudos (ouvirei diversos escritores que põem aí todas as suas esperanças falar dele diversas vezes). Instituído, criaria uma nova situação, pois Gomulka não mais estaria comprometido aos olhos dos russos pelo menor dos artigos publicado na menor das revistas polonesas. Tornar-se-ia necessário para o Bureau político de Moscou raciocinar sobre a Polônia a partir de critérios novos.

Atualmente, a publicação de um artigo antigovernamental na menor cidade de província do Turquestão seria considerada por Kruschev como o sinal de uma insurreição, porque está estabelecido que não deve existir nenhuma separação entre o pensamento dos dirigentes supremos da União Soviética e o do militante de base. Em função de uma tal perspectiva, e reciprocamente, Gomulka é tido como responsável por tudo o que se escreve nos jornais e revistas poloneses. Uma vez sua independência reconhecida, a escrita não seria mais uma expressão direta da política nacional e seria aliviada, pelo menos parcialmente, da carga explosiva que possui agora.

Parece-me significativo que A. não fale desse projeto senão com certa reserva. Antes de mais nada porque é duvidoso que seja elaborado e mais duvidoso ainda que resolva o problema da liberdade de expressão. Por um lado, não se vê muito bem como não provocaria na URSS uma tensão superior a todas as que até aqui foram registradas, pois o que a URSS contesta é a ideia de uma vida política polonesa autônoma, a ideia de que um debate sobre a construção do socialismo possa instituir-se na Polônia. As garantias que Gomulka já lhe deu ao condenar espetacularmente as tendências gauchistas de *Po Prostu*, por exemplo, não permitem em absoluto esperar que a enfrente no terreno dos princípios, legitimando as oposições ideológicas possíveis.

Por outro lado, é difícil imaginar que um estatuto da imprensa não seja acompanhado de uma reforma fundamental do Partido. Em grande parte os redatores de *Tribuna Ludu*, de *Po Prostu*, de *Nowa Kultura* ou de *Tworczocs* são comunistas; reconhecer-lhes o direito de se expressarem livremente nos órgãos da imprensa significa consagrar o princípio da democracia no Partido; ora, se esta se exerce de fato atualmente, ainda não possui estatuto e não o adquirirá (se o adquirir) senão ao preço de grandes dificuldades.

Sobre a política de Gomulka

Somos, assim, naturalmente conduzidos a falar da situação política que condiciona o problema da liberdade de expressão. No início, A. parece preocupado em fazer compreender as dificuldades contra as quais Gomulka se choca; porém, pouco a pouco, suas críticas se acumulam.

Primeiramente, inquietamo-nos com a última intervenção de Gomulka na campanha eleitoral. A ideia de transformar as eleições numa espécie de plebiscito, se respondia à preocupação de fazer cessar as manobras stalinistas, não era, contudo, contrária ao novo programa? Tinha-se prometido às pessoas que elas iam escolher seus representantes, pelo menos dentro de certos limites. No último momento ordena-se-lhes que aprovem as chapas governamentais e apresenta-se-lhes a escolha como um ato de oposição a Gomulka. A. compartilha essa opinião. Pensa que, se Gomulka for bem-sucedido, sua intervenção terá sido "hábil" (no momento em que discutimos não possuíamos ainda nenhuma indicação sobre os resultados da votação), mas parece temer essa habilidade mesma. De fato, essa manobra veio coroar toda uma série de medidas táticas igualmente inquietantes.

A. deplora, notadamente, o modo de composição das chapas de candidatos; frequentemente, foram colocados no final das chapas ou eliminados, elementos revolucionários que tinham representado um papel de primeiro plano na demolição do Antigo Regime, preferindo-se a eles, por razões táticas, não comunistas pouco seguros, esperando, assim, aliá-los à política do governo. Em suma, preferiu-se jogar a cartada da unidade nacional e aceitou-se sacrificar uma parte dos militantes de vanguarda.

Essas medidas inscrevem-se, aliás, diz-nos A., numa estratégia de conjunto. No dia seguinte à sua chegada ao poder, Gomulka mostrou-se essencialmente preocupado em frear o movimento que o tinha conduzido até lá. Longe de querer proceder a uma depuração dos stalinistas no interior do Partido, procurou persuadi-los de que não seriam incomodados e obter sua colaboração. Tinha como objetivo reunir em torno de si os membros do aparelho e orientar o Partido para as novas tarefas, sem choques. Convencidos de que não tinham nenhuma chance de retomar a direção (a não ser que provocassem uma guerra entre a URSS e a Polônia), e, de fato, desamparados, os stalinistas – o clã otaniano[3] – teriam tido apenas como perspectiva reconhecer tacitamente a falência da sua política e conservar seus postos servindo a nova. Essa evolução aparecia como tanto mais realizável porque a imensa maioria dos quadros dirigentes havia permanecido "stalinista" até à última hora, tendo-se convertido ao gomulkismo apenas no decorrer da crise de Outubro ou nas vésperas. Entre Gomulka e Nowak a transição estava assegurada por Ochab e Cyrankiewicz.

É difícil estabelecer com segurança os motivos que inspiraram Gomulka. Não podemos nos impedir de pensar que seus primeiros reflexos foram os de um "político" que procura, antes de mais nada, manobrar, até mesmo de um burocrata cuja preocupação dominante diz respeito à integridade do aparelho. Mas também não é duvidoso que considerações "estratégicas" gerais representassem um papel de primeiro plano. Neutralizar os otanianos, em seguida conciliar progressivamente com eles, significava privar a URSS de sua base de ataque na Polônia, significava persuadir o Kremlin de que o gomulkismo era um fato nacional irredutível.

Seja como for, essas manobras tinham um corolário: esfriar o entusiasmo de todos aqueles – operários, estudantes, intelectuais – que haviam feito triunfar a desestalinização e que, agora, esperavam uma depuração no Partido, uma democratização oficial nas organizações de massa e, mais geralmente, uma participação ativa dos comitês revolucionários e dos conselhos operários na vida política nacional. A esses todos foi pedido que tivessem confiança na direção do Partido: a estrada estava semeada de emboscadas, Gomulka sabia o que fazia, não devia ser atrapalhado na sua ação. Em suma, foram retomados os argumentos utilizados outrora pelos stalinistas contra os descontentes. Certamente em outro espírito, e em função de uma outra causa, mas recomeçou-se, como no passado, a pregar a confiança no chefe, a disciplina e a centralização do poder.

Comitês surgidos um pouco por toda parte, tanto em Varsóvia quanto na província, tinham tomado iniciativas políticas; entre eles, muitos elementos pensavam estar associados ao poder de uma maneira permanente. Gomulka declarou-lhes que conselhos operários não poderiam ter senão um papel estritamente econômico, o de organismos locais de cogestão. A política permanecia da exclusiva competência do Partido.

Durante as jornadas de Outubro tinha sido constituído um comitê de ligação entre os representantes dos operários e os dos estudantes; esse comitê podia representar um papel político de primeiro plano. Gomulka interveio para que fosse dissolvido.

---

[3] Apesar de esdrúxulo, utilizamos o termo otaniano (de OTAN) porque traduz bem a expressão *natolinien* (de NATO). (N.T.).

Na própria Universidade, multiplicavam-se as concentrações e as discussões. Eram votadas resoluções sobre as mais diversas questões. A seção do Partido criticou duramente a conduta dos estudantes e exerceu sobre eles uma pressão constante para fazê-los voltar à ordem. Essa tática gomulkista beneficiou-se, no mais, da confusão engendrada pelo desabamento do sistema precedente, pois, no quadro da nova liberdade, exprimiam-se críticas de toda natureza, sendo que algumas visavam o socialismo como tal. Era, pois, fácil confundir todas as vozes, fazer um amálgama entre os protestos revolucionários e reacionários e denunciar o perigo que o regime corria por causa da crítica em geral.

Em tal clima a insurreição húngara não pôde, finalmente, senão reforçar as medidas de autoridade. A., sem contestar a necessidade em que se encontravam de evitar toda provocação em relação à URSS, insiste na decepção causada pela atitude governamental. E essa decepção aumentou ainda mais (no momento em que a violência da repressão na Hungria fazia com que medissem os riscos que corriam e temperava o ardor revolucionário) quando Gomulka assinou na Rússia um texto que reconhece a legitimidade de Kadar.

Sobre a resistência dos stalinistas e a situação no partido

Na medida em que é possível hoje emitir um julgamento sobre a política governamental desde outubro, pode-se dizer que esta parece ter fracassado. É preciso reconhecer – diz A. – que Gomulka não obteve a estabilização que procurava, antes, porém, novos perigos nasceram. Os stalinistas aproveitaram, indubitavelmente, a ocasião que era oferecida para consolidar sua posição dentro do Partido. Já que o próprio Gomulka abatia as forças que o tinham levado ao poder, já que denunciava em termos violentos jovens militantes revolucionários, estigmatizava redatores de *Po Prostu*, reduzia as prerrogativas dos conselhos, podia-se, na sua esteira, alçar o tom, deplorar a desordem de Outubro e imputar aos jovens comunistas, tratados como elementos irresponsáveis, todas as dificuldades econômicas presentes.

Como nos surpreendemos que os stalinistas possam, num tão breve espaço de tempo, levantar novamente a cabeça e fazer-se ouvir por uma parte, ao menos, da população, A. mostra-nos que eles são servidos pela estrutura do Partido.

Considere-se esse Partido. É pletórico: 1.500.000 membros numa população de 27 milhões de almas e de 17 milhões de pessoas na idade de votar. Uma das primeiras tarefas da nova direção era reduzir os efetivos da organização e, principalmente, suprimir numerosos postos de "permanentes" cuja atividade não justifica, de forma alguma, um salário especial. Como na URSS, como em todas as outras democracias populares, essa camada de pequenos burocratas responde à única preocupação da direção de constituir para si uma base fiel, que dependa materialmente dela e assegure a estabilidade do regime. A. estima que na Polônia, se contarmos os burocratas e respectivas famílias, há aproximadamente um milhão de pessoas cuja renda é proveniente de sua integração ao aparelho do Partido. Esses elementos não são, pelo menos na maior parte, stalinistas. Seu destino não foi certamente o mesmo; alguns obedeceram servil ou cinicamente às instruções burocráticas, outros acreditaram, de boa fé, que o regime prosseguia por caminhos difíceis a edificação do socialismo, outros ainda se embotaram nas atividades quotidianas como fazem os empregados que veem no patrão, seja qual for, alguém que paga. Muitos viram com simpatia (mesmo se não estava isenta de inquietação) o desenvolvimento do movimento que levou a Outubro. A exploração da Polônia pela URSS não era para eles tão sensível quanto para o resto da população, e a disciplina estúpida da burocracia não se exerce também às suas custas? Mas, sejam quais forem suas opiniões, esses funcionários do Partido têm em comum o fato de que sua sorte material está ligada à integridade do aparelho.

Quando Gomulka anuncia que o número dos permanentes deve ser consideravelmente reduzido, choca-se, pois, de frente, com uma camada imediatamente tornada solidária pelo perigo e pronta a adorar novamente os antigos deuses desde que ela subsista.

A pequena burocracia tem outros motivos de descontentamento. É um objeto de crítica constante por parte dos elementos revolucionários ou progressistas que denunciam a ignorância, a incompetência, o conformismo do bonzo local. Tem a impressão de que podem fazê-la endossar todas as taras do sistema existente e irrita-se de ver elementos que, ainda não há muito tempo, abraçavam sem reservas a ideologia stalinista voltar-se contra ela como se encarnasse o Antigo Regime. Ora, ao mesmo tempo, continuam a reinar à cabeça do Partido homens (a começar por Ochab e Cyrankiewicz) que na véspera eram seus senhores e que se encontram agora ao abrigo de toda crítica oficial. O raciocínio que faz é claro demais: "Querem fazer de nós bodes expiatórios. Sacrificam o empregado para salvar o patrão". E, como esse raciocínio contém uma parte de verdade, encontra eco em certas frações das massas. Por mais paradoxal que isso possa parecer à primeira vista, operários, empregados, camponeses que ontem consideravam o funcionário do Partido como um aproveitador do regime, um demagogo ou um importuno estão decididos a simpatizar com a sua sorte porque sentem que era apenas um assalariado do sistema e que hoje, com os antigos privilégios abolidos, suas condições de existência não o distinguem de forma alguma da massa dos assalariados.

Os stalinistas não têm dificuldade em explorar essa situação. Não agem a descoberto criticando Gomulka e louvando o regime precedente, mas afirmam que a nova política se edifica sobre as costas dos "militantes" do Partido. Na véspera das eleições, distribuíam um panfleto nas fábricas, diz-nos A., opondo a situação dos funcionários do partido à dos líderes que permaneceram à cabeça da organização lançando sobre estes últimos todas as responsabilidades da antiga política. Graças a essas manobras, podem obter um eco que, evidentemente, não teriam, se se colocassem sobre um terreno ideológico. Muito habilmente negam, ao contrário, toda diferença entre a nova e a antiga equipe dirigente e dão crédito à ideia de que as mudanças sobrevindas em Outubro foram principalmente o efeito de rivalidades pessoais. Nisso são servidos pela atitude de Gomulka, que, por seu lado, hesita em promover um programa novo limitando-se a declarações de intenção.

Mas não é apenas a situação dentro do Partido que os favorece. No país inteiro, as dificuldades econômicas engendram um clima de inquietação; não somente uma melhoria do nível de vida das massas é improvável, mas, de imediato, são tomadas medidas de saneamento ou de racionalização soldadas por importantes demissões em massa nos ministérios e nas empresas. Pode-se muito bem explicar-lhes que a burocracia stalinista multiplicou as funções inúteis e engendrou uma verdadeira proliferação de improdutivos, os que sentem pesar sobre si a ameaça do desemprego são mais sensíveis a uma crítica rudimentar do novo regime.

Fazemos com que A. note que todas as suas informações suscitam uma grande desconfiança *vis-à-vis* da política gomulkista, cujas concessões aos otanianos e à tática manobrista reforçam o perigo contrarrevolucionário. Mas A. hesita manifestamente em emitir um julgamento de conjunto sobre a política de Gomulka. No seu entender, sem dúvida, houve inépcias, erros, uma prudência excessiva, mas não uma verdadeira política que deva ser condenada. Gomulka acaba de fazer uma experiência, pode constatar o fracasso da sua política em relação aos stalinistas; pode compreender que, se não se apoiar resolutamente sobre as forças que o levaram ao poder, arruinará seu próprio futuro. A visita pessoal que quis fazer à fábrica Zeran na véspera das eleições (a primeira nesse gênero desde Outubro) não testemunha essa tomada de consciência?

A. relata-nos, finalmente, um episódio da luta no interior do Partido, o qual teve, segundo ele, uma influência decisiva sobre Gomulka. Este tinha ido pessoalmente a uma reunião de uma seção de província para apoiar a candidatura de um secretário que compartilhava suas ideias. Sua intervenção a favor de um novo curso no Partido foi vivamente aplaudida, mas, quando se tratou de votar, os militantes elegeram, contra seu candidato, um stalinista, expulso na sua própria região, que gozava de amizades pessoais no local.

O episódio permite esperar uma evolução de Gomulka? Em todo caso, ilustra o poderio do aparelho tradicional.

Com B e C

Diferentemente de C. e da maior parte dos que encontramos alhures, B. não está inscrito no Partido. É um dos principais colaboradores de um órgão de imprensa polonês e julgo compreender que é considerado como mais crítico que outros em relação ao regime. De fato, salvo algumas nuanças, sua atitude é muito próxima da de C. e de A., de quem já relatamos a conversa.

Sobre o alcance das eleições

Quando nos encontramos, os resultados das eleições já são largamente conhecidos; sabemos que a grande maioria da população seguiu as indicações de Gomulka e se pronunciou maciçamente a favor dos que encabeçavam as chapas. C., que se tinha dedicado desde a nossa chegada a Varsóvia a justificar a tática "plebiscitária" de Gomulka, considera que ela acaba de conseguir um sucesso estrondoso. A campanha abstencionista desencadeada pelos stalinistas, os numerosos apelos, por outro lado, a barrar sistematicamente os nomes dos candidatos comunistas podiam conduzir a resultados muito duvidosos, que teriam lançado no descrédito a nova direção, expondo-a às críticas impiedosas dos russos. Gomulka utilizou a sua popularidade e provou que podia ter, atrás de si, a quase unanimidade do país. Uma etapa necessária foi vencida, o que torna possível a aplicação de um programa político.

Sem contestar essa apreciação, B. é muito mais reservado sobre o alcance das eleições. É certo que Gomulka atingiu seus objetivos, porém o apoio de que se beneficia é eminentemente equívoco. Seus eleitores não aprovaram com total conhecimento de causa uma orientação ou um programa político, responderam ao apelo do homem que acabava de dizer: "Riscar os nomes dos candidatos do Partido Operário Unificado significa riscar a Polônia do mapa da Europa". Gomulka apareceu como a encarnação de uma razão de Estado, como o homem insubstituível na situação presente. Os operários e a esquerda votaram nele, mas os católicos, por um lado, e os stalinistas, por outro, lhe deram igualmente seus votos. Significa dizer que aos olhos de todos representa – segundo a expressão tradicional – o mal menor. Significa dizer, ainda, que não representa nenhuma força social real. Uns esperam que reforme o Partido, que dê um lugar preponderante aos órgãos das massas na gestão da economia; outros que defenda os direitos da pequena propriedade camponesa e do pequeno comércio; outros que leve a Polônia insensivelmente de volta ao campo das democracias populares e devolva a autoridade aos líderes do Antigo Regime. E, para sermos justos, acrescentemos que uma fração do Partido espera que ele saiba continuar a ziguezaguear entre as tendências opostas evitando todo compromisso em relação a uma e a outra. Se as eleições marcam uma etapa, deixam, por conseguinte, o futuro aberto e prenhe de conflitos possíveis.

Nossos interlocutores citam-nos um caso que, mais do que qualquer outro, testemunha a obediência da população às indicações de Gomulka. Gozdzik, que tinha sido colocado em sétimo lugar numa das chapas da capital, não foi, apesar da popularidade de que goza, recolocado pelos eleitores numa situação melhor que lhe tivesse permitido eleger-se. Ora, sabe-se que Gozdzik, secretário do Partido na fábrica Zeran, foi um dos principais autores de Outubro. Foi ele quem mobilizou os operários na empresa durante a visita de Kruschev, é uma das figuras mais amadas do novo regime, tendo sido apelidado "o ídolo de Varsóvia". Todavia, em vez de alterar a ordem da lista estabelecida pelo Partido, os eleitores preferiram sacrificá-lo.

O exemplo é duplamente interessante. Leva-nos novamente de volta às manobras da direção do Partido, pois não é por acaso que Gozdzik não foi designado para encabeçar a chapa. Menos reticente que C., B. está convencido que a personalidade do metalúrgico, firme partidário do desenvolvimento dos conselhos, é cada vez menos apreciada por Gomulka. Ficamos sabendo, aliás, em seguida que foi vivamente criticado por ter atacado os elementos centristas do comitê de Varsóvia numa época em que este era o alvo dos otanianos. Gozdzik foi provavelmente punido por não ter querido jogar o jogo da prudência gomulkista.

Por outro lado, o comportamento da população é desorientador. Perguntamos a C. e a B. como teriam votado se se encontrassem colocados na circunscrição do secretário de Zeran. Um responde que não teria mudado a ordem da lista, o outro que teria recolocado Gozdzik entre os primeiros da lista. Porém, ambos nos asseguram que a derrota deste não é sinal da passividade do corpo eleitoral, que ele foi conscientemente sacrificado à razão de Estado.

Sobre a razão de estado

Nossos interlocutores estão muito preocupados em comentar esses termos, muito preocupados em nos fazer compreender os sentimentos do polonês médio. A mentalidade da população mudou, dizem-nos, desde o esmagamento da insurreição húngara. Na primeira fase desta a indignação chegou ao ápice; os poloneses identificavam-se com os húngaros, queriam manifestar sua simpatia de mil maneiras. Na frente das agências da Cruz Vermelha, onde vinham doar sangue, as filas de espera exprimiam o protesto público. Via-se mesmo crianças pequenas arrastadas contra a vontade pelo pai na imensa corrente de solidariedade. Nas empresas e na Universidade pedia-se ao governo que tomasse posição a favor dos insurretos. Uma resolução chegou até a propor que o exército polonês fosse enviado à Hungria para substituir o exército russo no quadro do pacto de Varsóvia. Mas, quando os blindados esmagaram Budapeste, os poloneses descobriram que estavam à mercê de repressão semelhante, que estavam novamente "sós" dentro do bloco soviético e que, no caso de um ataque russo, ninguém viria socorrê-los, assim como ninguém tinha ajudado a Hungria. Desde então a obsessão da ameaça russa é comum e, mesmo quando o perigo é menos provável, está-se consciente de que um incidente qualquer é suscetível de provocar uma explosão.

Se o argumento da razão de Estado é universalmente compreendido é porque encontra um sentido quase biológico de conservação.

Entretanto, nem C. nem B. querem justificar uma ideologia inspirada pela razão de Estado. Como A., parecem persuadidos de que o meio mais seguro de ressuscitar o stalinismo é deixar-se paralisar pela ameaça russa, renunciar às esperanças numa democratização mais impetuosa do regime e calar as críticas. Como A., falam-nos de sua luta constante contra a censura e ficamos sabendo, nessa ocasião, que os artigos proibidos são finalmente recolhidos ao Bureau político onde se pode esperar que tragam um eco das ideias da oposição de esquerda. Porém, entre a sua linguagem e a nossa, há sempre um afastamento. Sentem que esperamos deles uma vontade mais firme de combater, maiores esperanças num futuro socialista, e nós sentimos, de nosso lado, que esperam de nós uma melhor compreensão da sua situação, uma apreciação mais prudente de sua relação com Gomulka. Condenam a razão de Estado tal como o governo a compreende, porém conservam dela a ideia que aplicam precisamente às suas relações com o governo, as circunstâncias parecendo-lhes necessariamente limitar a ação de uma esquerda de vanguarda.

Esse afastamento aparece claramente quando um de nós formula a alternativa na qual vê encerrada a situação polonesa: diz que ou haverá uma radicalização do movimento começado, os operários se reagruparão ativamente nos conselhos, exigirão responsabilidades mais importantes, tomarão, pouco a pouco, nas mãos as tarefas que eram reservadas à burocracia de Estado, ao passo que os militantes e os intelectuais comunistas continuarão a lutar a favor de uma democratização da vida política e, mais geralmente, da vida cultural; ou, acobertada por imperativos estratégicos e pela via das manobras efetuadas no nível das cúpulas, restabelecer-se-á uma separação completa entre a política dos dirigentes e as massas e a esclerose apoderar-se-á, novamente, do Estado e do Partido.

Nossos interlocutores não admitem a alternativa, pois se julgam uma manifestação revolucionária pouco provável no quadro da Polônia isolada, também não podem representar-se a supressão das conquistas de Outubro. Admitiriam que a violência pura possa, como na Hungria, reduzir ao silêncio os operários e os intelectuais, mas estimam impossível que um programa de burocratização leve insensivelmente de volta ao estado antigo. Fizeram do stalinismo uma experiência total – não apenas a experiência da sujeição a Moscou ou da irracionalidade do Plano, de um conjunto de erros e de coerções, mas a de um sistema completo de pensamento e de ação. Não imaginam que o Partido possa declarar-se novamente o agente infalível da História, que greves sejam proibidas em nome do argumento, que os operários não podem entrar em conflito com seu próprio Estado, que escritores ou jornalistas sejam obrigados a adotar e repetir as verdades oficiais sob pena de serem tratados como contrarrevolucionários. Aos olhos dos poloneses, o que entrou em falência não foi certa política nem equipe que a aplicava, mas certa representação da política, a ideia de que o Estado, o Partido, a verdade comunista possam ter um estatuto de direito divino.

Em tais condições, a escolha não seria entre revolução e contrarrevolução pois, se é impossível transformar radicalmente a estrutura da sociedade, não o é menos (na ausência, repitamos, de uma intervenção russa) ressuscitar o antigo mundo. A Polônia, voltada a procurar seu caminho entre as duas, não poderia escolher senão entre variantes do gomulkismo – variante autoritária ou variante democrática –, ao menos até que novos acontecimentos no mundo venham criar outras condições de evolução. Citando uma expressão de sucesso em curso nos meios de esquerda, C. diz-nos: a URSS teve que se construir cercada pelo capitalismo, a Polônia deve hoje construir-se no cerco "socialista". Fórmula profunda, sem dúvida, oculta na piada e que mostra bem a importância que se dá à URSS, porém é uma fórmula que não deixa de inquietar, pois não foi o socialismo que a URSS pôde edificar nas condições do cerco, mas o stalinismo. É certo que a Polônia libertada da mistificação não pede senão para durar, preservando as chances de um verdadeiro socialismo, mas as exigências do cerco não são mais poderosas que as intenções dos homens políticos?

Sobre as tendências reacionárias e o perigo "capitalista"

C. e B. criticam-nos, aliás, por não levarmos em conta todos os aspectos da situação social. Não se pode raciocinar, dizem-nos, como se o socialismo polonês tivesse apenas por adversário o stalinismo russo e seus agentes otanianos. Ao contrário, devemos nos perguntar quais seriam os efeitos de uma instauração completa da democracia. A classe operária constitui apenas uma minoria da população; ainda sofre parcialmente a influência do clero cujo papel político foi determinante; se essa classe cresceu durante a era stalinista, viu-se acusada de heterogeneidade, absorvendo camadas do campesinato que, de imediato, se revelam mais submissas à exploração, mais conservadoras que o proletariado já moldado por um longo passado na indústria. Quanto ao campesinato, passou pela mais cruel e irracional das experiências, a da coletivização e da exploração burocrática, podendo, a justo título, acolher com a maior desconfiança a propaganda socialista de que, até agora, só conheceu a caricatura. Seria certamente absurdo considerá-lo globalmente como reacionário uma vez que sua resistência ao stalinismo era sadia, mas não se deve dissimular que não pode representar o papel de uma força revolucionária. Em certas regiões, diz-nos B., camponeses que passaram diretamente do regime da exploração feudal ao da exploração burocrática não sabem fazer outra coisa a não ser comparar esses dois estatutos de servidão, e do seu ódio contra o segundo tiram uma validação do primeiro. Assim, viram-se camponeses proporem ao antigo proprietário da terra que retomasse posse dela ou pedirem, após o desmantelamento de uma cooperativa, autorização ao antigo proprietário para dividir as suas terras. Esses casos-limite, sem dar uma imagem da situação geral, indicam, contudo, até onde podem ir as tendências retrógradas no campesinato.

Como se vê, os argumentos de C. e de B. são essencialmente diferentes dos dos stalinistas franceses que agitam o perigo reacionário para condenar toda liberalização do regime nas democracias populares. Para eles e para todos os poloneses com quem discutimos, as disposições nas quais se encontram os camponeses em relação ao comunismo são o efeito direto do regime de terror que suportaram. O camponês não é o inimigo, é aquele contra quem a ditadura do Estado se encarniçou com maior violência. Deve-se somente constatar que, de imediato, não tem possibilidade de *compreender* e que precisará de tempo antes de descobrir a verdade do socialismo.

Porém, no próprio quadro da sua apreciação da situação, nossos interlocutores interrogam-se, contudo, sobre o alcance da política governamental desde Outubro. Por um lado, a tática gomulkista pode encontrar mais justificativas; pode-se, por exemplo, ter por certo que eleições verdadeiramente livres teriam dado ocasião aos camponeses de eliminar maciçamente os candidatos comunistas, que era preciso, pois, em primeiro lugar, impedir esse perigo. Por outro lado, apenas iniciativas radicais da classe operária eram suscetíveis de associar a órgãos proletários órgãos de representação dos camponeses e assegurar em bases revolucionárias sua participação na vida política da nação. Não se pode negar que a preocupação da nova direção em monopolizar todas as responsabilidades restabeleceu uma separação entre as diversas camadas da classe operária e entre esta e o campesinato, a qual engendra a inércia e favorece as tendências reacionárias.

Não podemos, pois, concluir que a única e verdadeira hipoteca que pesa sobre a situação polonesa é a ameaça russa? Na sua ausência não fica claro que a única política válida seria jogar sem reservas o jogo da democracia socialista? Mas a questão que colocamos esclarece as dificuldades em que se debatem nossos interlocutores. C., principalmente, julga que os regimes de democracia popular, sede de uma revolução antistalinista, enfrentam o risco de um retorno ao capitalismo de tipo ocidental e que uma das tarefas maiores é, para os comunistas, conservar a direção da democratização fixando-lhe os limites que tal perigo implica. Chega, assim, naturalmente, a reavaliar o papel da URSS na presente situação. Consciente do paradoxo que enuncia, apresenta a URSS, ao mesmo tempo, como a potência contrarrevolucionária cuja total exploração da Polônia encontra-se na origem da reviravolta atual e que ameaça de extermínio as forças de emancipação, e como o regime sob cuja proteção é possível efetuar transformações que não reconduzam ao capitalismo.

Na minha opinião, e digo-o a C., um raciocínio como este reintroduz um esquema neostalinista, de tipo tradicional. O capitalismo de tipo ocidental, isto é, fundado sobre a propriedade privada, é posto como o mal absoluto, o regime da URSS, sociologicamente indeterminado, é apenas considerado como mau de *fato*; de tal maneira que, toda ação que corre o risco de favorecer o capitalismo ou os elementos que na Polônia lhe estão ligados é excluída por princípio, ao passo que toda medida visando evitar ofender a URSS ou seus agentes otanianos é apenas qualificada como compromisso, astúcia necessária, mal menor, etc. Será que, na realidade, a propriedade privada é o fundamento de todas as perversões sociais? Não sabem os poloneses melhor do que eu que sua abolição pode caminhar paralelamente à aparição de novos métodos de exploração? Não sabem que uma pseudossocialização dos meios de produção encontra-se na origem de uma nova camada social dominante cujos interesses são tão distintos dos da classe operária quanto o são os interesses da burguesia num regime ocidental? Podem acreditar, enfim, que o sucesso das forças reacionárias levaria a uma restauração da propriedade privada, a chamar de volta os antigos donos das fábricas e da terra mesmo quando a estatização da economia hoje realizada oferece possibilidades de exploração dos recursos materiais e de controle do trabalho vivo muito mais ricas que num regime capitalista de tipo clássico?

Tenho a surpresa de ver C. (que, lembremo-nos, é comunista) ter a mesma opinião que eu e me ultrapassar na crítica da URSS: não apenas não hesita em empregar o termo "capitalismo de Estado" para caracterizar seu regime, mas afirma que, em comparação com ela, os regimes ocidentais "são indiscutivelmente progressistas". De um ponto de vista puramente econômico, diz ele, está confirmado, por um lado, que a expansão extraordinária da URSS não se tornou possível senão pela extrema riqueza de recursos de seus territórios e que não foi adquirida senão ao preço de uma exploração forçada dos trabalhadores, tornada impraticável nos países capitalistas avançados; por outro lado, que os mesmos métodos econômicos foram à falência nas democracias populares. De um ponto de vista social, a opressão totalitária que impede os operários de se organizar, de reivindicar e mesmo de mudar de trabalho e que proíbe aos intelectuais toda expressão livre, designa um regime "reacionário". E devo constatar, uma vez mais, no momento mesmo em que penso chocar preconceitos, que os meus interlocutores poloneses já souberam tirar conclusões radicais da sua experiência. As oscilações no raciocínio de C. fazem apenas supor que essas conclusões não foram confrontadas e reunidas no seu espírito, que não se chegou ainda a uma formulação de conjunto dos problemas que se colocam, hoje, ao comunista; mas seu pensamento crítico, forjado dia a dia na contestação do totalitarismo stalinista, já dissolveu todos os tabus.

Com D

D. é o único comunista que encontramos ocupando altíssimas funções no aparelho de Estado. É o único também que parece apoiar sem reservas a política atual. Mas seu apoio nada tem de protocolar. Fala-nos com a maior franqueza, sem nunca se proteger por detrás de suas responsabilidades, sublinhando, por diversas vezes, que exprime opiniões pessoais que não são necessariamente definitivas. Discute as nossas críticas e observações situando-se num terreno ideológico, preocupado em não dar nunca respostas convencionais. No quadro um tanto solene de um escritório "diretorial", onde, sem dúvida, estão às vezes reunidos os mais importantes representantes do regime, a liberdade da nossa discussão atesta que o clima também se transformou nos meios dirigentes.

As primeiras palavras de D. são para nos dizer que é preciso reexaminar, numa nova perspectiva, cada um dos problemas que se colocam à Polônia. Não basta constatar o fracasso dos métodos stalinistas, é preciso libertar-se das teorias dogmáticas que, acobertadas pelo marxismo, pretendiam dar respostas de princípio a todas as questões concretas da vida social. Um exemplo? Apoiam-se na teoria da luta de classes, sem, aliás, se ter perguntado o que significa num país do qual o capitalismo foi excluído, para condenar o exercício do ensino religioso nas escolas. Ora, na realidade, não somente a imensa maioria da população, mas a imensa maioria do proletariado pede esse ensino. Hoje, é preciso restabelecê-lo, mas é preciso estar consciente de que problemas dessa natureza não podem nunca ser resolvidos *a priori*. Outro exemplo: a coletivização na agricultura. Afirma-se que o socialismo implica a coletivização; supõe-se como *kulak* todo camponês que se lhe opõe e como camponês pobre o que a aceita. Na realidade, 95% do campesinato erguem-se contra a coletivização. Nessas condições, a teoria do socialismo no campo e da luta de classes torna-se absurda. Hoje não basta dissolver as cooperativas em todo lugar onde os camponeses desejarem, é preciso admitir a impossibilidade de elaborar uma teoria que não leve em conta a situação real do campesinato e as suas aspirações.

Sobre as relações entre o estado e o partido

Essas primeiras reflexões levam D. a formular uma ideia essencial que ouvimos exprimir, por várias vezes, em outras discussões: o Partido não deve identificar-se com o Estado. A confusão dos papéis, se compreendo bem D., engendra o totalitarismo. O Partido, sendo levado a considerar que a verdade do proletariado se encarna nele, não tolera, quando reina como Estado, a menor oposição, quer dizer, tudo o que marca um afastamento em relação à sua doutrina. Consequentemente, uma das tarefas é reconstituir um aparelho de Estado independente que governe em função das possibilidades oferecidas pela situação e das aspirações da população. O Partido poderá ter uma influência muito importante sobre esse aparelho, mas não tomará as decisões do poder.

Observamos que os vícios denunciados por D. são devidos tanto ao totalitarismo que reina no interior do Partido quanto à fusão dos dois aparelhos. O dogmatismo mostra seus estragos na medida em que se torna doutrina de Estado, mas deve, antes de mais nada, ser condenado como tal: é preciso, pois, desenvolver e institucionalizar a nova democratização, é preciso que tendências diversas sejam reconhecidas, que possam exprimir-se livremente, que o programa da organização seja objeto de verdadeiras discussões, etc. D. está de acordo, mas, na sua opinião, a reforma do Partido só pode ser muito lenta. Os imperativos estratégicos não permitem constituir um Partido de novo tipo em relação ao da URSS; além disso, não é possível chocar-se de frente com uma importante massa de militantes "permanentes" cuja sorte depende da unidade do aparelho. Aparentemente, D. opõe-se violentamente à concepção stalinista da estrutura do Partido, mas, uma vez esta existindo, não vê nenhuma possibilidade de transformá-la radicalmente e propõe progredir *empiricamente* neutralizando-lhe os efeitos, quer dizer, transferindo, pouco a pouco, as responsabilidades da direção para um novo aparelho de Estado.

Sobre o estado burocrático e a gestão operária

No que consistirá, pois, o aparelho? Ou será submetido em todos os níveis a um controle das massas, ou fará nascer uma nova burocracia cuja superioridade sobre a antiga não se vê, de forma alguma. Se se quer forjar um Estado democrático, se se procura um controle popular, não se deve considerar que os conselhos de fábrica e órgãos análogos instituídos nos meios de trabalho devem formar a armadura do poder? E se se quer atingir esse objetivo não devemos nos inquietar com o fato de o governo, ao contrário, ter tendido, nos seus primeiros atos, a limitar estritamente seu campo de competência?

D. não pensa que os conselhos possam representar um papel de primeiro plano na presente situação. Em cada empresa, diz, o conselho tem tendência a defender os interesses imediatos dos operários que representa. Ora, esses interesses só podem ser desordenados; por um lado, a crise econômica é tal que um aumento substancial dos salários é impossível; por outro lado, impõe-se toda uma série de medidas de racionalização, tornadas urgentes pela irracionalidade da gestão stalinista. O pleno emprego foi obtido até agora graças a um desperdício considerável da mão de obra; tratava-se de dar um salário a todos, por mais baixo que fosse, sem se preocupar com as exigências objetivas do trabalho; tratava-se também – para os diretores das empresas – de utilizar o máximo de mão de obra para realizar as normas imperativas do Plano com menores custos. A presente preocupação de melhorar a gestão das empresas conduz a importantes demissões em massa, que se chocam com os interesses imediatos da massa dos operários. Além disso, novos investimentos são necessários para modernizar o equipamento o que implica sacrifícios por parte dos assalariados. A racionalização da mão de obra, o endurecimento eventual das normas de trabalho, a determinação dos investimentos incumbem a uma autoridade suscetível de encarar as exigências da produção na sua totalidade e que possa transcender os interesses locais e quotidianos deste ou daquele ramo de indústria e deste ou daquele grupo particular de trabalhadores. D. chega a dizer que no interesse concedido aos conselhos operários há preocupações retrógradas e como que um retorno a um ideal corporativista.

Essa crítica facilita-nos a resposta. O que entendemos por "conselhos" (e tivemos a satisfação de ver essa concepção compartilhada por militantes comunistas poloneses) não são organismos essencialmente ligados à vida de uma empresa particular e dotados de atribuições exclusivamente "econômicas" (versões melhoradas de nossos comitês de fábrica), mas os elementos componentes de uma representação global dos trabalhadores. Sua originalidade vem de que, pelo seu modo de eleição e de revogabilidade, traduzem melhor que qualquer outro organismo a vontade coletiva dos homens associados num meio concreto de produção e de que, pela sua federação, são capazes de tratar do conjunto dos problemas econômicos e sociais. Portanto, ora se pode temer que, limitado às tarefas de organização da empresa, o conselho tenha tendência a exprimir os interesses materiais imediatos dos operários, ora se pode esperar que, colocado perante responsabilidades políticas e econômicas de conjunto, um organismo central saído dos conselhos saiba promover uma planificação que leve em conta as exigências da sociedade inteira, tanto de seu futuro quanto de seu presente. Lembramos que todos os argumentos dados no passado, principalmente na URSS, a favor de um aparelho de Estado independente, serviram ao advento de uma burocracia cujos efeitos podem ser apreciados agora. Se se julga, voltando a pôr em uso um velho esquema stalinista, que a classe operária não está *madura* para assegurar a gestão da produção, deve-se concluir, daí, que o socialismo não é realizável na Polônia. Por que, com efeito, o novo aparelho de Estado, uma vez estabelecido, trabalharia para a sua supressão, por que as camadas sociais aglomeradas em torno dele visariam outra coisa que não sua própria consolidação e a subordinação da massa dos trabalhadores à sua direção?

Aparentemente, D. recusa-se a raciocinar dentro da alternativa socialismo ou burocracia. A seus olhos, existe uma situação de fato de que é preciso partir sem ter a ambição de mudar radicalmente e no interior da qual certas reformas são possíveis. Pensa, como nós, que o controle do aparelho de Estado pelas massas é decisivo, porém, considera que a instituição de uma nova Dieta dotada de poderes efetivos é já um imenso passo adiante. O governo não decidirá sozinho, seus projetos não mais serão elaborados em segredo, serão discutidos logo, conhecidos pelo país inteiro; assim, exercer-se-á novamente uma pressão da opinião pública por intermédio dos deputados, e o incrível isolamento em que a direção se encontrava no tempo do stalinismo não mais será possível. D.

acrescenta que, paralelamente, convém voltar a dar vida às instituições municipais e regionais que, reduzidas a um poder fictício no passado, podem ser novamente órgãos de verdadeira representação e trazer, no nível mais alto, no mesmo plano que o Parlamento, um contrapeso à autoridade governamental.

Podemos sublinhar que a representação parlamentar é de uma essência diferente da dos conselhos, que apenas dá ao eleitor a possibilidade de escolher de tempos a tempos (de quatro em quatro anos) seu representante, que não lhe oferece nenhum recurso durante a duração do mandato, que dá a palavra a um indivíduo artificialmente dissociado de seu meio de trabalho. Podemos observar que no presente a organização das eleições já violentou a representação parlamentar ao assegurar artificialmente uma maioria comunista cuja disciplina com relação à direção poderia tornar vão todo debate. Nosso interlocutor não parece ter argumentos para nos opor nesse plano, ele se apresenta deliberadamente como um empirista, decidido a apoiar todas as medidas que enfraquecerem o totalitarismo passado, mas não menos resolvido a não fazer passar uma política concreta por uma teoria do mundo. Sua posição tem valor porque não procura dissimular as ideias sob um protocolo pseudomarxista. Se lhe disséssemos, por exemplo, "Seu programa não é socialista", responderia, sem dúvida, "Ignoro o que se deve entender, hoje, por socialismo". E, de fato, pergunta e resposta foram indiretamente formuladas.

Ocorre também que a crítica legítima do stalinismo o conduz a procurar, consciente ou inconscientemente, novos paliativos nas instituições dos regimes capitalistas. Ora, tem-se o direito de perguntar se a sua virtude se regenera quando aplicados fora da estrutura capitalista tradicional. Para pensá-lo, seria preciso supor que há uma diferença de natureza entre o regime fundado na propriedade privada e o regime fundado na socialização dos bens de produção. Poder-se-ia sustentar, por exemplo, que o sistema parlamentar, viciado numa estrutura dilacerada pela luta das classes, em que os privilegiados têm mil meios de fazer prevalecer seu poderio, ganha novamente inteira eficácia ali onde toda a população se encontra integrada à vida produtiva e onde as condições do monopólio da propriedade não mais existem. Porém, essa tese repousa no equívoco criado pelo termo "socialização". Na realidade, se esta não se traduz pela gestão coletiva das empresas, por uma planificação dirigida pelos representantes dos trabalhadores, volta a uma socialização "privada", a circunscrever uma nova camada dirigente dispondo livremente dos recursos materiais e da força de trabalho, livre para desenvolver e consolidar seus privilégios e pôr os meios de expressão política e cultural a serviço de seus próprios fins. No fim das contas somos sempre reconduzidos à mesma alternativa que interessa, ao mesmo tempo, à organização econômica e à organização política da sociedade: ou cisão entre uma burocracia dirigente e uma massa de executantes, cisão entre um aparelho de Estado e uma população de eleitores com direitos políticos mais ou menos extensos; ou, em todos os níveis da vida social, controle dos representantes através do meio social de que são delegados e do qual não se destacam.

Com E

E. exerce funções importantes na imprensa oficial do Partido. Ainda que tenha sido um jovem redator de *Po Prostu* que nos levou até ele, sua posição me aparece como sensivelmente diferente da dos outros elementos de esquerda que encontramos. Apresenta-se, antes de mais nada, como um militante, diz "nós" para designar o Partido; além disso, critica muito duramente os intelectuais que têm tendência a viver em meios fechados e que conhecem mal o que passa nas fábricas. Ainda que não esconda nada da tática de Gomulka (foi quem nos forneceu a melhor interpretação para a eliminação de Gozdzik da cabeça das listas eleitorais), parece mais preocupado que outros em justificar a política da atual direção do Partido. Possui uma extensa formação política, uma análise penetrante: foi o único comunista que encontrei com uma visão teórica da situação polonesa.

Sobre a função do Partido na sociedade

No início da conversa um de nós resume as informações colhidas sobre as atuais correntes políticas: de um lado, os stalinistas que não combatem de rosto descoberto, mas exploram todas as dificuldades e, principalmente, o descontentamento dos funcionários do Partido, denunciam o perigo anarquista e opõem-se, de fato, a toda transformação; na outra extremidade, os elementos que representaram o papel mais ativo no advento do novo regime e que desejam o prosseguimento da desestalinização, o reconhecimento do direito de tendência no Partido, a legalização da liberdade de imprensa, a extensão dos poderes dos conselhos de fábrica; no centro, Gomulka, apoiado principalmente pelos aliados de última hora, que temporiza, manobra para eliminar os stalinistas dos postos-chave sem contrariar sua tendência, procura reduzir ao silêncio os elementos de esquerda e que parece, principalmente, visar reconstituir a unidade do aparelho da organização sob a sua autoridade.

E. concorda com essa descrição apenas com reservas. Estima, ao menos, como prematura a distinção operada entre uma política de esquerda e uma política gomulkista. Não nega que Gomulka tenha querido restaurar rapidamente a disciplina dentro do Partido à custa dos elementos revolucionários, mas, como C., julga que os objetivos da primeira fase não podiam ser senão a consolidação da unidade nacional realizada durante o mês de outubro. Somente após as eleições é que as tarefas propriamente políticas poderão ser formuladas e, consequentemente, a atitude de Gomulka poderá ser apreciada.

Além disso, E. considera que a reivindicação do direito de tendência (e, ainda mais, a da pluralidade dos partidos, avançada por um de nossos camaradas) não responde aos problemas presentes. Estes exigem essencialmente uma transformação da sociedade. Ora, a democracia no Partido é apenas um aspecto menor da democracia na sociedade, a qual implica uma participação cada vez maior dos operários e dos camponeses na vida política. A democracia no Partido só pode ser eficaz se este estiver novamente integrado à vida das classes, se for o veículo das aspirações dos trabalhadores. No momento, não é o caso. O Partido não é representativo. A primeira tarefa consiste, pois, em dar-lhe novamente uma função real. Mas, assim como D., ainda que num outro espírito, E. julga que essa função só pode ser restabelecida se o Partido for – e aparecer – distinto do Estado. De fato, a vida interior do Partido e sobretudo suas ligações com as massas, só podem ser modificadas contanto que cesse de encarnar o poder e que volte a ser, conforme sua primitiva destinação, a expressão da vanguarda, da camada mais consciente e mais combativa da população. Essa vanguarda tem, certamente, a tarefa de propagar sua ideologia na sociedade inteira, de combater a favor de um programa político, mas não pode substituir-se ao Estado que representa a sociedade no seu conjunto.

Em resposta a uma das minhas questões, E. precisa que, numa sociedade socialista (e estamos de acordo para definir, por esse termo, uma sociedade em que o poder seria exercido por órgãos soviéticos), o Partido não poderia deter a função dirigente. Mas sua análise visa, antes de mais nada, a presente situação na Polônia, após a era stalinista, e reconhece como um fato a existência de um aparelho de Estado independente dos órgãos de representação dos trabalhadores, isto é, de uma burocracia de Estado.

Esse último ponto separa-nos, pois, de minha parte, não concebo que a transformação da função do Partido não caminhe paralelamente a uma transformação do próprio Estado, quer dizer, a uma liquidação do aparelho burocrático ou, pelo menos, à instituição de novas relações entre este e a massa situada no coração do processo de produção.

E. fundamenta-se numa estimativa bastante sombria das condições revolucionárias na Polônia. De imediato, a atitude do campesinato e da classe operária parece-lhe, por si só, impedir toda perspectiva socialista. Consequentemente, a única tarefa consiste em reabrir essa perspectiva graças a um lento trabalho de propaganda.

Sua análise tem interesse porque é válida independentemente das condições criadas pelo cerco russo e porque concerne, de maneira geral, a situação de um país que emerge de um regime de ditadura stalinista.

Sobre a herança do stalinismo

O proletariado polonês, diz-nos E., atravessa uma crise que provém de fatores econômicos e ideológicos. Em primeiro lugar, a política de industrialização dos últimos anos provocou um afluxo de elementos camponeses nas suas fileiras. Como sempre acontece em semelhantes períodos, a massa dos elementos vindos do campo, mais conservadora que os operários, desprovida de tradições de luta, menos politizada, mais dócil, cria uma disparidade perigosa na consciência e freia a combatividade da classe.

Como oponho a essa primeira observação a revolta de Pozna, E. reconhece que os operários deram provas, nessa ocasião, de uma grande vontade de lutar; mas, na sua opinião, tratava-se, essencialmente, de um movimento provocado pela miséria e que o recente abrandamento da ditadura tinha facilitado; a burocracia exploradora foi atacada como tal, mas as mais diversas reivindicações políticas foram formuladas, testemunhando uma grande confusão. Como mostra esse exemplo, o que E. põe em dúvida, finalmente, não é tanto a capacidade de luta que o proletariado possui, quanto a de representar para si sua própria ação, como ação de classe, e de visar objetivos revolucionários.

Esta crise, de acordo com E., não pode ser explicada senão a partir do stalinismo. Este, vencido, deixa uma classe operária socialmente atomizada e ideologicamente desconcertada.

A classe operária viu primeiramente sua vanguarda destacar-se dela. Os melhores militantes comunistas foram promovidos a funções que os separavam do resto da massa, foram transformados em funcionários políticos, por vezes em quadros técnicos, integrados, de uma forma ou de outra, ao aparelho de exploração. A massa viu, assim, opor-se a ela sua própria vanguarda; descobriu seus líderes como estranhos que contribuíam para acorrentá-la à produção. Muitos operários (tanto mais numerosos quanto mais o tempo passava), sem dúvida, puderam fazer a crítica desses elementos destacados deles, denunciar a permanência da exploração. Mas o peso de seus problemas esmagava-os: por que o comunismo se transformava no seu contrário, por que os melhores elementos operários se transformavam nos melhores agentes do Estado? Somente uma pequena minoria podia reafirmar objetivos revolucionários contra aqueles que os desfiguravam, não conseguindo ainda, contudo, formular um novo programa, uma nova orientação, nem reunir-se, nem organizar-se numa situação em que a organização dominante proibia toda associação rival e em que ela mesma continuava a professar uma doutrina que reivindicava o socialismo. Para a maioria, contudo, a hostilidade ao regime, a resistência à exploração, na ausência de uma ideologia nova, adquiriam a forma de uma oposição cega; o socialismo, tal como aparecia na realidade quotidiana, tornava-se um tecido de mentiras, a expressão de um poder de coerção aperfeiçoado. A propaganda do Partido punha em descrédito, ao mesmo tempo que o Partido, o comunismo.

Simultaneamente, encontravam-se revalorizados os regimes ocidentais de que se sabia pouca coisa, salvo que ofereciam melhores condições de existência, condições de trabalho menos penosas. E encontravam-se, assim, revalorizadas, na própria Polônia, as forças sociais – o clero em primeiro plano – que defendiam, contra o terror stalinista, a liberdade de expressão e os direitos do indivíduo.

Numa situação dessas, em que o proletariado tendia a perder consciência da sua identidade, a política de diferenciação dos salários, deliberadamente praticada pelo stalinismo, exerceu uma influência mais nociva que em outros países: categorias, corporações, regiões opondo-se umas às outras, reivindicando vantagens materiais umas à custa das outras, tanto menos capazes de superar suas divisões porque se enfraquecia a visão de um futuro de classe.

E. não nega, por isso, que os operários tenham representado o papel determinante na derrubada do regime stalinista; portanto, continuam se afirmando como a força revolucionária na sociedade. Apenas julga que a luta contra o stalinismo, por mais necessária e válida que seja, não coincide com uma luta em vista de objetivos socialistas. O stalinismo, acentua, uniu contra ele todas as camadas da população, voltou a dar sentido a todas as reivindicações pequeno-burguesas que se tornaram indissociáveis das reivindicações operárias, engendrou uma oposição confusa no interior da qual o proletariado tende a apagar-se.

Esse apagar-se da classe operária não deve, aliás, ser entendido num sentido exclusivamente ideológico. Exploradas ou maltratadas em graus diversos, as diferentes camadas sociais conhecem uma espécie de nivelamento. O operário não tem mais a possibilidade de se representar como membro de uma classe específica quando o empregado, o pequeno-burguês empobrecido, o intelectual, o camponês participam da mesma situação de oprimidos. As antigas linhas de clivagem entre as classes esfumam-se enquanto uma única linha de demarcação se institui entre a burocracia, por um lado, e a imensa maioria da população, por outro. Ora, se a burocracia constitui uma camada social específica e suscita uma luta de classe, essa luta, contudo, não permite ao proletariado colocar-se como uma classe à parte, porém associa-o a forças sociais muito diferentes por tradição e mentalidade.

Deve-se, pois, temer que, em tal situação, os conselhos eleitos pelos operários nas fábricas não possam tornar-se rapidamente a armadura de um novo Estado. Ainda que seja importante que se formem, se multipliquem, reivindiquem responsabilidades maiores, nas atuais circunstâncias, no clima de despolitização e incerteza que o stalinismo engendrou, seria vão esperar que tenham como perspectiva exercer uma função dirigente na sociedade e que consigam impor à sociedade inteira o modelo da democracia operária.

Se se considerar a evolução do campesinato durante esses últimos anos, o otimismo é ainda menos justificado. Novamente, os efeitos do nivelamento social são sensíveis. Efetivamente, enquanto antes da guerra a massa dos camponeses pobres podia tomar consciência de sua sorte própria e opor-se aos grandes e médios proprietários, sente-se solidária com toda a população agrícola, igualmente vítima da exploração burocrática. O grande proprietário, afligido pelos impostos, coagido a entregas em massa das colheitas, não pode ser percebido como inimigo de classe, ainda que a sua riqueza potencial, suas prerrogativas passadas, sua mentalidade continuem a distingui-lo do camponês pobre.

De imediato, o ódio contra a camada privilegiada dos agentes do Estado mascara os antagonismos de classe tradicionais e impede, pois, que a massa dos exploradores reconheça seus interesses específicos. Um dos sinais dessa confusão aparece na hostilidade votada a toda forma de coletivismo. Esquecendo que a cooperativa é algo mais que um processo de arregimentação do trabalho agrícola, que fornece aos pequenos proprietários um meio de multiplicar a produção através da sua coalizão e de triunfar da concorrência da grande propriedade, a massa dos camponeses reivindica cegamente o retorno à pequena exploração.

A hostilidade ao coletivismo é de tal ordem que os camponeses que desejam reconstituir um colcós devem reunir-se clandestinamente (E. acaba de assistir a uma reunião dessas) para discutir o seu projeto, de medo de serem perseguidos pelos vizinhos.

A análise de E. não poderia, com certeza, ser aplicada à URSS. Nesse país, 25 anos de industrialização e de coletivização transformaram profundamente a estrutura da sociedade: a classe operária, após ter assimilado importantes camadas operárias, transformou-se num grande proletariado moderno; simultaneamente, constituiu-se uma verdadeira classe burocrática, composta pelos altos funcionários do Estado é do Partido, por diretores de fábrica, pela camada superior dos técnicos e pelos quadros do exército. Nos campos, os antigos proprietários foram completamente desapropriados, a coletivização realizada criou uma nova divisão entre a massa dos produtores e a burocracia dirigente. Em suma, na sociedade inteira as antigas relações de classe foram abolidas e substituídas por novas relações. Em contrapartida, a Polônia assim como a Hungria e as outras democracias populares são sociedades em transição, tendendo mas não tendo ainda chegado a transformar-se em regimes burocráticos. Por um lado, a camada dominante não consegue colocar-se como uma verdadeira classe, sua coesão permanece essencialmente política; além disso, a subordinação ao imperialismo estrangeiro (russo) impede seu enraizamento na sociedade. Por outro lado, as antigas forças sociais, por mais alteradas que estejam, não foram abolidas. Daí o jogo de oposições inextricáveis – novas e antigas – do qual não se poderia extrair, de imediato, uma clara política de classe e objetivos revolucionários.

A conclusão de E. se demonstra por si mesma: é preciso que o novo regime restabeleça as condições da luta de classes. A destruição da ditadura e a instauração da democracia, acompanhando, por um lado, o retorno à iniciativa privada no pequeno comércio e na agricultura, por outro lado, a participação dos conselhos operários na gestão das empresas, devem permitir às forças sociais reconstituir-se umas em relação às outras e ao Partido Comunista reencontrar seu terreno de ação.

No fundo, E. procura definir uma política empírica que, sob a égide de uma burocracia liberal, favoreça, ao mesmo tempo, a restauração de certas formas do capitalismo (limitada pela manutenção da socialização dos meios de produção) e a instituição de certas formas de gestão operária. Longe de batizar esse regime de socialismo, apresenta-o, honestamente, como uma solução transitória, imposta pelas condições objetivas herdadas do stalinismo, aliás, a única possível no atual quadro internacional.

Contudo, mesmo aplicada unicamente à situação polonesa, sua análise coloca-nos a seguinte questão: pode-se admitir a hipótese de uma burocracia liberal? Não está na essência da burocracia, se quiser governar, concentrar em suas mãos a autoridade política e econômica, reduzir a nada todo poder ou todo embrião de poder rival? Não se deve pensar, em todo caso, que se, por necessidade, pode reconhecer a existência de formas capitalistas em setores secundários ou na agricultura e se compor ideologicamente com a Igreja, não poderia tolerar órgãos operários que limitassem ou contestassem sua autoridade no coração da vida econômica?

Os conselhos operários

Por várias vezes, mencionei os conselhos operários poloneses que estiveram, de fato, no núcleo de todas as nossas discussões. Esse movimento, em curso, cuja amplitude é ainda mal conhecida e cuja significação é objeto de calorosas controvérsias, marca uma das principais conquistas do proletariado polonês. Não há dúvida que a esquerda se define, principalmente, pelo apoio que lhe dá. Podemos colher, a seu respeito, algumas informações em duas fábricas de Varsóvia, WFM (fábrica de motocicletas) e Zeran, a grande fábrica de automóveis, e encontrar vários membros do conselho da primeira empresa.

Como relatei no quadro das discussões precedentes, esses organismos nasceram depois de Outubro, isto é, depois que foram dissolvidos os comitês revolucionários surgidos na luta contra o stalinismo. Foram oficialmente criados com o acordo do governo e apresentados como "experiências" de participação operária na gestão das empresas. O que significa que se encontram desprovidos de toda responsabilidade política e que qualquer aproximação com os conselhos operários húngaros seria falsa.

Contudo, não seria menos falso ver neles uma criação artificial do novo governo, pois vieram responder a uma exigência desde há muito formulada pela classe operária. Foi-nos dito na WFM que o exemplo dos conselhos iugoslavos exerceu uma poderosa atração sobre os operários poloneses (tanto mais forte, talvez, porque estes ignoravam, geralmente, seu funcionamento real) e que, desde a última primavera, era exigido o controle operário sobre a produção paralelamente à abolição das leis sobre a disciplina do trabalho e o aumento dos salários. Durante o período de intensa agitação nas fábricas, o qual vai da primavera ao mês de outubro, a reivindicação torna-se mais precisa e se generaliza. É, pois, verossímil que a ausência de qualquer medida governamental nesse sentido teria provocado uma viva decepção entre os operários de vanguarda. É igualmente verossímil que estes só aceitaram a dissolução dos comitês de Outubro com a promessa governamental de criar novas formas de organização nas fábricas.

O que pelo menos é certo é que o vocabulário oficial não está de acordo com a realidade. O governo declara tentar uma "experiência". Na WFM, na Zeran, os interessados consideram-se como os pioneiros de um movimento que deve generalizar-se sob pena de perecer. Deve-se constatar, desde agora, que ele se estendeu muito mais rapidamente do que foi previsto pela direção do Partido – e, sem dúvida, do que desejava certo número de dirigentes. Zeran, cujo conselho foi constituído no início de dezembro, recebe quotidianamente delegações provenientes de todas as regiões da Polônia. Estas vêm informar-se sobre o modo de funcionamento do conselho, sobre o trabalho já realizado e propor estabelecer contatos permanentes entre as empresas.

Esboça-se, já, uma federação no quadro de certas corporações. Precisaram-nos que na eletrotécnica tinha-se constituído um cartel de conselhos ao qual a agência central – antiga fortaleza da burocracia – fora levada a ceder o lugar. Porém, também se estabelecem ligações entre conselhos de fábrica provenientes de diferentes ramos da indústria e estas últimas são tanto mais interessantes porque se efetuam independentemente de toda autorização oficial. A ideia de se caminhar para a criação de um órgão central dos conselhos encontra-se já formulada, ainda que de imediato se ignore como se chegará lá.

Uma caricatura traduz bem a divergência de vistas entre os partidários dos conselhos e as autoridades oficiais. Por entre um grupo de indivíduos que andam com as mãos, dois operários estão de pé; são interrogados: "Que fazem vocês?" – "Experimentamos", respondem. Na imprensa, em geral, enfrentam-se bastante claramente duas concepções dos conselhos. Alguns artigos, principalmente em *Po Prostu*, insistem sobre o papel radical que esses organismos podem representar na transformação das relações de produção; enquanto outros apresentam-nos como simples órgãos locais, destinados a melhorar o rendimento da empresa associando os operários aos lucros anuais (durante nossa estadia, um artigo de *Tribuna Ludu* visava violentamente *Po Prostu*, criticando-a por entravar o progresso dos conselhos – hipocrisia clássica – motivado por sua ignorância das suas tarefas práticas).

O conselho da WFM foi um dos primeiros a serem constituídos (a 20 de novembro; o da Zeran, nos primeiros dias de dezembro). Compreende 24 membros, ou seja, um representante para cem eleitores. A eleição foi feita nas seguintes condições: para cada cadeira a preencher são selecionados três candidatos, no decorrer de uma votação pública, com a mão levantada; depois, uma votação secreta designa os representantes. Estes devem se reunir uma vez por mês, pelo menos (de fato, reúnem-se mais frequentemente); a cada sessão, a presidência muda. O diretor faz parte do conselho, apenas com direito a voz e não pode ocupar a presidência. O conselho dá contas de sua atividade perante a assembleia do pessoal de três em três meses. As decisões concernentes às questões mais importantes, principalmente à divisão dos lucros, só são tomadas em presença de todo pessoal. Além disso, todas as reuniões são públicas.

É eleito por dois anos, mas pode ser dissolvido antes do fim do mandato caso seja pedido, de fato, por um terço do pessoal ou pelo diretor, após ter sido demonstrada sua incompetência.

Sua autoridade e a extensão de suas atribuições são, aparentemente, importantes. O conselho nomeia o diretor com o acordo do ministro. Estuda a organização da empresa (a melhor utilização dos locais, a melhor repartição dos trabalhadores), todas as medidas suscetíveis de melhorar o desenvolvimento técnico (eliminação das máquinas estragadas, investimentos em máquinas modernas, utilização de novos processos de fabricação, etc.), as finanças (análises dos balanços comunicados pela direção), as condições de trabalho, finalmente, sobretudo as normas e os salários.

Desde a sua instalação, o conselho da WFM havia procedido – como o da Zeran, cujo modo de funcionamento é similar – já a uma transformação do sistema de salários, fazendo integrar a maior parte dos prêmios no salário-base; havia também adotado certo número de medidas concernindo à racionalização da empresa, que implicavam, aliás, a demissão de certo número de improdutivos. Na Zeran, o conselho tinha manifestado sua autoridade ao recusar a candidatura do diretor comercial proposta pelo ministro e ao remanejar consideravelmente o plano de reorganização administrativa proposto pela direção.

Contudo, o exame dos estatutos da WFM assim como a conversa que tivemos com os membros do conselho revelam certo equívoco e é difícil saber até onde se estende a autoridade real desse organismo.

Em primeiro lugar, está bem especificado que, reduzido a tarefas de cogestão no quadro da empresa, o conselho trabalha "sobre a base fornecida pelo Plano econômico nacional"; não parece ter poder para colaborar na elaboração desse Plano nacional; além disso, sua aprovação do plano anual da empresa é solicitada, mas nenhuma medida prevê o que poderia se passar em caso de recusa do plano. O problema consiste, então, em saber se o Plano é bastante flexível para permitir uma iniciativa local; caso contrário, os direitos do conselho, por exemplo, seu direito de determinar as normas de trabalho, seriam puramente formais.

Em segundo lugar, falta precisão nas relações entre o conselho e o diretor: se o órgão do pessoal nomeia o diretor, este, em contrapartida, "dirige sozinho a atividade da empresa", precisa o estatuto. Além disso, é ele quem prepara, a cada reunião, o trabalho do conselho. Parece que o conhecimento que ele tem quotidianamente do funcionamento global da empresa lhe dá uma superioridade considerável sobre os membros do conselho, reunidos, em princípio, uma vez por mês para controlar a marcha da produção.

Em terceiro lugar, as funções do conselho e as do sindicato estão mal divididas. Tanto as decisões concernentes ao salário, à repartição dos lucros quanto as tocantes às questões sociais, à segurança e ao regulamento interior da fábrica são da competência dos dois organismos.

Apesar dessas reservas parece que o conselho da Zeran já deu provas de intensa atividade. Mas o seu caso coloca outras questões: tem a particularidade de ser composto, na maioria de seus membros, por técnicos; como explicar essa proporção quando 80% do pessoal é operário? Prova, sem dúvida, ao mesmo tempo, que a eleição não é feita tendo como base a oficina, ou que os operários não têm suficiente confiança neles mesmos para escolher seus delegados no seu próprio seio.

Finalmente, é preciso assinalar que a duração do mandato dos membros do conselho (dois anos), a própria natureza do organismo (que não tem existência legal no intervalo das sessões), cria um tipo de representação muito diferente daquele encarnado, na história do movimento operário, pelos conselhos de fábrica.

De fato, para apreciar a importância dos organismos poloneses, seria preciso saber como os próprios operários os julgam, o que esperam deles, se percebem seu trabalho de maneira nova. Não encontramos resposta a questões desse tipo em estatutos. Ser-nos-ia, igualmente, necessário conhecer o papel representado pelos técnicos nos conselhos. A era stalinista caracterizou-se, todos os testemunhos concordam nesse ponto, por um extremo autoritarismo das instâncias políticas centrais e por uma grande desordem econômica. É natural que em tais condições um número importante de técnicos e mesmo de diretores de fábricas tenham se tornado favoráveis a uma descentralização relativa e ao princípio da cooperação do pessoal, tendo em vista uma racionalização do trabalho. Mas esses quadros dirigem o novo movimento mantendo-o dentro dos limites de uma gestão econômica liberal ou são suscetíveis de serem arrastados pelos operários numa modificação das relações tradicionais de produção?

Tal como se esboçam no presente momento, os conselhos poloneses não devem ser nem superestimados nem subestimados. São de uma natureza inteiramente diferente da dos conselhos iugoslavos. O terreno político em que nascem é muito mais rico de possibilidades. Se o movimento caminhasse em direção a uma federação nacional, a importância das tarefas econômicas que teria que enfrentar lhe daria um caráter necessariamente político. Mas, numa perspectiva como esta, também não se pode duvidar que o movimento se chocaria com a direção do Partido, cujo comportamento recente mostra claramente sua impossibilidade de tolerar um poder democrático rival.

Reflexões

Durante nossa estadia, como relatamos, numerosos comunistas poloneses nos disseram: "As eleições marcam uma virada decisiva. Encerra-se uma fase, a da unidade nacional. Forte pelo sucesso que acaba de conseguir, Gomulka pode agora desenvolver uma política coerente; pode promover uma reforma do Partido, liquidar os stalinistas, institucionalizar a democracia. A URSS deve levar em conta o apoio que lhe foi dado por 90% da população".

O mês que termina inflige um desmentido a essa esperança. A luta contra os comunistas de esquerda precipita-se; a liberdade é denunciada como incompatível com a disciplina do Partido. Os sinais de um novo autoritarismo burocrático se multiplicam e não é mais possível hesitar sobre o seu sentido.

Staszewski demite-se. Ele era secretário-geral do comitê do Partido em Varsóvia, considerado como um adversário irredutível dos stalinistas; tinha organizado a mobilização da população durante as jornadas insurrecionais de Outubro. Sua popularidade, disseram-me, era quase igual à de Gomulka... Ao mesmo tempo, o Bureau político dirige uma carta a todos os órgãos do Partido na qual acusa os conservadores que se opõem a toda mudança e os revisionistas que querem liquidar o programa da organização e provocar a anarquia. De fato, estes últimos são os elementos da esquerda revolucionária e é a primeira vez que são atacados de frente, oficialmente, como tendência. Mas o BP ainda equilibra as advertências entre stalinistas e esquerdistas. Perante os 3.000 delegados do congresso da organização superior técnica, Gomulka declara: "A crítica dos erros do passado não deve eternizar-se e ultrapassar os limites fixados pelas necessidades do dia". O que significa claramente que a denúncia dos stalinistas deve terminar. A luta da direção não ocorre mais em duas frentes, mas numa só, contra a esquerda.

Pouco depois fica-se sabendo que Gomulka, indo contra a oposição da maioria dos que o haviam apoiado em Outubro, impõe a permanência de Nowak, o principal representante stalinista, na vice-presidência do conselho do governo. É ele ainda quem convoca os principais redatores dos grandes jornais poloneses e acusa a imprensa, criticando-a por não se dobrar à disciplina do Partido e por propagar o revisionismo. Matwin, redator-chefe de *Tribuna Ludu*, sendo coagido a demitir-se, oito membros da redação se solidarizam com ele (entre os quais, um que encontrei e de quem pude apreciar o rigor, a ligação ao Partido e os escrúpulos na análise da situação). Matwin é substituído por Kasman, que exerceu a mesma função de 1948 a 1954, durante a era stalinista.

Finalmente, encontra-se recolocado na cúpula dos sindicatos um stalinista notório, fortemente detestado pelos operários.

Certos progressistas franceses – em *France-Observateur* ou no *L'Express* – querem fazer acreditar que não se trata senão de um conflito entre Gomulka e os intelectuais "liberais". Expressão, aliás, de um eterno conflito entre o político e o intelectual, entre a moral de responsabilidade e a moral de intenção. Gomulka governa, dizem-nos, e não pode senão obedecer aos imperativos de uma situação que conhece; os intelectuais que ignoram tudo do poder protestam em nome de um absoluto de liberdade. Staszewski é, pois, mais intelectual que Gomulka? Matwin que o stalinista Kasman? Cozdzik, o metalúrgico excluído do parlamento? E o militante que há um mês acusava os intelectuais na minha frente, coagido hoje a deixar seu jornal? O movimento dos conselhos que a direção do Partido vigia com uma desconfiança hostil é também um movimento de intelectuais?

A verdade encontra-se, antes, no fato de que a política esboçada por Gomulka após a sua chegada ao poder, qual seja, retomar nas mãos o aparelho do Partido, centralização do poder, não pode senão levar a uma reconstituição da burocracia. A verdade é que o conflito que se desenvolve com uma rapidez sempre maior não pode senão ter consequências sociais decisivas.

É útil observar que todos os que há um ano tomavam ao pé da letra as declarações de Kruschev sobre a desestalinização e falavam ruidosamente de uma volta do comunismo às suas origens, estão igualmente apressados em identificar o gomulkismo com o comunismo polonês, visto que estão habituados a não ver na história senão o rosto dos governantes.

Se, contudo, há um ensinamento a tirar dos recentes acontecimentos na URSS, é que a mudança política marcada pelo XX congresso não tinha nenhuma significação revolucionária e que a desestalinização apenas podia converter-se em reação violenta aos primeiros sinais de luta contra o totalitarismo. E, da mesma forma, se há um ensinamento a tirar dos acontecimentos poloneses, é que o expurgo da equipe stalinista só poderia ter alcance real contanto que a estrutura da sociedade precedente fosse transformada, que a desestalinização só poderia realizar-se tornando-se revolução social.

A "desestalinização" na qual a esquerda francesa funda suas esperanças está engendrando um novo mito. Tem, seguramente, um conteúdo real e uma força explosiva, pois a denúncia do stalinismo exprime e ativa o ódio das massas pelo Estado e pelo Partido totalitário. Porém, enquanto designa uma política, um conjunto de medidas governamentais suscetíveis de extirpar "vícios" do regime burocrático sem transformá-lo, é uma mistificação. O stalinismo é, sem dúvida, uma forma extrema do regime burocrático, mas apenas uma forma; e se a forma ultrapassa o fundo, exprime-o, contudo, tão intensamente, que, de fato, não é possível negá-la. Assim, em Moscou, Kruschev revaloriza Stalin após tê-lo esmagado, e em Varsóvia, Gomulka, a antiga vítima dos stalinistas, julga preferível não condená-los e reintroduzi-los, logo, na cena política. A variante liberal da ditadura tenta, aqui e acolá, substituir a variante autoritária, porém, os primeiros sinais de *détente* provocam tal tumulto e tal esperança que a liberalização, apenas esboçada, se transforma em violência.

Não estamos insinuando que Gomulka valha o mesmo que Kruschev. Ele foi, efetivamente, levado ao poder por forças revolucionárias, soube condenar sem equívoco o terror policial, a exploração dos operários e dos camponeses, a incapacidade dos planificadores. Encontrava-se na prisão enquanto Kruschev estava no poder; seu antistalinismo tem fundamentos diferentes e uma força diferente. Entre os dois homens não há comparação possível. De resto, se a situação polonesa tivesse evoluído como a situação húngara, é infinitamente provável que Gomulka tivesse representado o papel de Nagy e não o de Kadar, que tivesse escolhido fazer explodir o Partido (o qual procurava preservar de qualquer maneira) em vez de se compor com os russos à revelia dos insurretos.

Nem por isso é menos verdade que a situação na Polônia nos inspira uma conclusão análoga à que tirávamos de uma análise da situação russa após o XX congresso: uma verdadeira ruptura com o regime stalinista só pode ser efetuada se as instituições totalitárias são quebradas. Na URSS nem se chegou a esboçar uma revolução. Na Polônia, uma formidável sublevação popular permitiu expulsar uma parte da equipe dirigente, impôs a volta ao poder dos líderes presos, o aparelho policial foi provisoriamente dissolvido, a ditadura denunciada, os burocratas impiedosamente criticados e seus privilégios suprimidos, o pensamento comunista despertou, instaurou-se um livre debate ideológico, órgãos operários surgiram nas fábricas. Mas, ao mesmo tempo, a instituição essencial do totalitarismo polonês foi preservada; paralisadas pela ameaça russa, as forças revolucionárias não puderam tirar as consequências da sua ação e quebrar a formidável máquina do poder, o Partido.

Face à revolução, incapaz de impor suas próprias formas de governo, a organização forjada pelo stalinismo permaneceu a única organização na sociedade, o único quadro no interior do qual se podia desenvolver uma atitude coerente, o aparelho suscetível de transmitir as decisões de um poder central a todos os setores da vida social. Face à vanguarda, nascida no decorrer da luta iniciada na primavera, mas ainda disseminada, a camada dos "permanentes" – reduzida durante algum tempo ao silêncio – manteve-se no lugar, único corpo constituído sobre o qual a nova direção podia apoiar-se. A centralização do poder, a hierarquia das relações, a separação das tarefas, tudo o que caracteriza o Partido, continuaram a ser a forma dominante na qual acabou por moldar-se a política de Gomulka.

É verdade que se pode comparar a evolução da Polônia à da Hungria: aqui o aparelho do Partido foi pulverizado, porém, a consequência imediata disso foi o esmagamento da insurreição pelos russos. Não constitui a prova de que em Outubro uma política revolucionária era impossível e que permanece sendo até hoje, uma vez que a ameaça não foi definitivamente afastada? Não constitui ainda a prova de que, apesar das críticas que o caminho seguido por Gomulka suscita, ele era o único praticável?

Colocada nesses termos, a questão não reclama uma resposta certa. Pode-se dissertar sem fim para provar que a Polônia teria tido a mesma sorte que a Hungria, ou que, ao contrário, a conjunção das duas insurreições teria transformado a face do mundo. De qualquer maneira, é um fato que a intervenção russa na Hungria paralisa as forças revolucionárias na Polônia; não se pode senão constatá-lo (e compreendê-lo, muito bem...). Mas também não se pode induzir daí que todas as medidas tomadas por Gomulka tinham um caráter de necessidade. O reconhecimento do governo Kadar, a recepção dada ao Partido Comunista Francês, a luta contra os elementos mais representativos do movimento de Outubro, a influência devolvida a notórios stalinistas, quem dirá que eram ditadas pelo acontecimento? Seguramente, nem tudo é possível a cada momento; mas, os limites do possível, ninguém os conhece. Retrospectivamente, a audácia que proibiu Kruschev de entrar no Comitê central, a 20 de outubro, parece quase natural e natural também a mobilização da população, enquanto as tropas russas deixavam o acantonamento. E, contudo, se os poloneses não tivessem resistido, essa audácia teria sido considerada uma loucura.

Não podemos julgar qual o peso dos motivos que determinam as decisões de Gomulka. Mas não é o que nos importa. Mesmo que se provasse que Gomulka não pode tentar nada além daquilo que faz e que seu coração detesta seus próprios atos, nem por isso poderíamos nos solidarizar com a sua política. Pois esta, admitindo que seja a única política possível do *governo*, nem por isso deixa de ter uma lógica contrarrevolucionária, nem por isso deixa de levar à restauração da ditadura de uma burocracia.

Em outras palavras, o que nos importa é atitude da esquerda revolucionária, da vanguarda dos operários e dos intelectuais que lutou contra o stalinismo. Ora, mesmo que esta se reconheça hoje minoritária, mesmo que admita que os objetivos socialistas são inacessíveis no presente, nem por isso sua tarefa deixa de ser a de resistir passo a passo à ofensiva autoritária de Gomulka, a de contrariar a evolução em direção à ditadura e de preparar o futuro.

No nosso entender, a oposição só poderá ser eficaz se se revelar capaz de fazer a teoria da revolução no regime burocrático, se descobrir, principalmente, a função que o Partido representa como órgão essencial do totalitarismo, se traçar a perspectiva de uma demolição desse aparelho. Apenas essa clarificação permitiria à oposição organizar-se, pois se libertaria, assim, da ideia tradicional de que o Partido oferece o único quadro de trabalho possível. Além disso, colocaria os intelectuais na obrigação de sair do isolamento, mascarado pelo fato de pertencerem ao Partido, e engajá-los-ia a procurar no proletariado as formas possíveis de reagrupamento revolucionário e os órgãos suscetíveis de assegurar um poder democrático.

Durante minha estadia na Polônia, ficou claro que os elementos de esquerda, apesar de sua lucidez, hesitavam em caracterizar a política seguida por Gomulka, hesitavam em pensar-se como tendência separada, e permaneciam incertos com relação ao papel do Partido. Como relatei, muitos "sentem" o perigo que o Partido representa, mas esperam que certa divisão dos poderes, uma revalorização do Parlamento e dos órgãos municipais, uma extensão dos conselhos de fábrica atuais neutralizem progressivamente sua autoridade, sem ver que a função por ele representada à cabeça e no coração da sociedade condu-lo, necessariamente, a subordinar a si todos os outros órgãos representativos.

Não há dúvida nenhuma que a evolução da situação não precipita a tomada de consciência dessa esquerda. Em todo caso, depende dela que se mantenham, pelo menos, as conquistas de Outubro, sobre cujo valor inestimável falamos, no início. Se sua pressão se afrouxasse, a ordem stalinista ou neostalinista não tardaria muito a reinar novamente em Varsóvia.

Sobre a ação dos Conselhos, indicamos: A. Babeau, *Les Conseils ouvriers en Pologne*, Paris, 1960; E. Morin (mesmo título) *La Vérité*, 15 de fevereiro de 1957.

Alargar as fronteiras do possível[1]

Não sabemos como será o futuro do movimento de massa que abala o regime comunista na Polônia; a incerteza é tal que, ao escrever estas linhas, nós nos perguntamos se as tropas soviéticas não desembarcarão em Varsóvia antes que tenhamos podido terminá-las. Hoje mesmo, 27 de novembro, a maior parte dos matutinos anunciou o desencadear de uma greve geral na capital polonesa, enquanto à noite tinha sido suspensa em consequência de um súbito e novo recuo do governo que consentia na libertação de dois sindicalistas presos um pouco antes. Aceitava, além disso, o princípio de uma *enquête* dentro da polícia e da justiça sobre as responsabilidades dos agentes da repressão dirigida contra os operários. As prisões dos militantes do Solidariedade, na origem do último conflito, teriam sido resultado de uma provocação montada pelos elementos mais duros do Partido ou um feito do governo? Seja como for, este cedia abertamente à ameaça da greve. Contudo, no momento em que a rádio dava essa informação, ficávamos sabendo que os sinais de uma intervenção militar soviética se multiplicavam e que os americanos os levavam suficientemente a sério a ponto de lançar um novo apelo ao Kremlin, incitando-o a deixar que os próprios poloneses cuidem dos seus próprios negócios.

Assim, os acontecimentos se precipitam, é verdade, porém essa precipitação não cessou desde o início da greve de Gdansk. Prova de força sucedendo a prova de força, ainda que o enfrentamento do poder e das massas permaneça no

---

[1] *Esprit*, janeiro de 1981.

registro do simbólico. O último episódio mencionado foi precedido por muitos outros, não menos graves, e talvez anuncie outros mais dramáticos ainda que não darão aos russos o sinal para a invasão. Contudo, como afastar a hipótese da intervenção? Não é apenas plausível; considerando a lógica do sistema totalitário, é provável. O Partido Comunista Polonês não pode aceitar por muito tempo ver sua autoridade contestada de fato e limitada de direito pela ação de sindicatos independentes; ainda menos admitir que esses sindicatos, cuja ação tinha a esperança de subjugar ou de neutralizar, são arrastados por correntes de reivindicações que não conseguem canalizar. A Polônia, segundo todas as informações que nos chegam, é, no momento, um país onde a palavra se solta em toda a extensão da sociedade, onde a crítica e o protesto se acendem de um núcleo a outro, em todos os principais centros, da fábrica à universidade ou ao hospital. É o país onde uma parte sempre maior das massas se tornou indiferente às promessas dos governantes e também indócil aos conselhos de seus próprios líderes, onde de nada mais serve aos que comandam ameaçar e ordenar, onde as balizas da legitimidade desmoronam.

Mesmo num regime democrático, uma situação como esta não poderia prolongar-se, a não ser que desembocasse numa revolução. Entretanto, este último regime está incomparavelmente melhor armado para acolher e absorver as reivindicações. A natureza de suas instituições arranja o espaço do conflito social; a diversidade dos interesses que se definem e se exprimem no quadro da sociedade civil dá ao poder estabelecido os meios para se defender contra os empreendimentos de contestação mais enérgicos; a possibilidade de uma mudança política sob o efeito da opinião, de um deslocamento da maioria no momento das eleições dá, à maior parte da população, a esperança de dominar o futuro. Viu-se, assim, como a sociedade francesa acabou com a formidável efervescência que se tinha apoderado dela em maio de 1968. As concessões do governo foram, então, eficazes porque se acreditava nelas; ninguém duvidava que os acordos de Grenelle fossem executados. Sua capacidade de manobra beneficiava-se com a atitude de uma fração da população, hostil às aventuras revolucionárias, agarrada à defesa de seus interesses e preocupada com a ordem. Obtinha a lealdade do exército em razão mesmo da posição que este conservava como garantia, ao mesmo tempo, da ordem pública e dos interesses dominantes. Finalmente, e encontra-se aí, sem dúvida, a melhor explicação para a sobrevivência do regime: o movimento de greve, por mais amplo que fosse, a contestação da autoridade, por mais variada que fosse, inscreviam-se numa dinâmica de conflito que, por estar comumente contida dentro de limites estreitos e de lugares fragmentados, é sempre reconhecida como inerente à democracia. Maio de 1968 era um episódio de agonia no interior de uma sociedade que aceita, tacitamente, viver ao ritmo de suas discordâncias, dar lugar ao desregramento e à opacidade. Maio de 1968 marcava a irrupção de uma palavra antiautoritária, anti-hierárquica, antiburocrática, de um desejo de liberdade, de igualdade, de identidade que estão comumente comprimidos, até mesmo reprimidos, mas que nunca estão excluídos da vida social.

Na Polônia, a situação é completamente diferente. Perante a contestação popular, o governo faz concessões substanciais; promete reconhecer a independência de novos sindicatos; promete uma revalorização dos salários; promete limitar a censura, pôr termo ao arbítrio da informação, facilitar a difusão do catolicismo; melhor, consente em transformar-se: a autoridade passa às mãos de novos homens. Entretanto, essas concessões não são dignas de crédito, pelo fato de que a posição permanece inalterada, que o governo pretende permanecer no princípio da vida social, que se forma sempre a partir do Partido e o próprio Partido a partir da sua cabeça, que a população não tem a faculdade de decidir sobre os seus representantes.

Paradoxalmente, o governo mostra-se em busca de um consenso, enquanto continua alojado num poder separado da sociedade. Daí, suas concessões não lhe prestarem serviço, lançando-o, antes, no descrédito; acabam por destruir essa identificação com o povo, com o proletariado, a qual, supostamente, lhe fornece sua plena legitimidade. Como agradecer-lhe que mendigue a confiança, se, por princípio, encarna a sociedade? Há, sem dúvida, muito tempo que os poloneses – pelo menos os que acreditavam nela – pararam de acreditar na figura da encarnação comunista. Mas nos enganaríamos se negligenciássemos o alcance do acontecimento que assinala publicamente a destituição dessa figura. Nos enganaríamos ainda se imaginássemos que as sempiternas autocríticas dos dirigentes comunistas marcavam, no passado, a mesma dessacralização do poder. Quando um Gierek mostrava os erros do Partido ou da direção, não sugeria, de forma alguma, que o poder comunista tivesse deixado de coincidir com o povo; apenas imputava seus erros empíricos a defeitos de organização, à fraqueza de homens que não tinham sabido ocupar plenamente o lugar do poder, coincidir com o povo. Não parava de reivindicar a ocupação desse lugar, o domínio da decisão que, tanto no futuro quanto no passado, o Partido detém, de direito. Ocorrendo agitações nas fábricas ou na rua, o dirigente podia declarar que o Partido devia levar em conta as reações populares, o que significava apenas que o Partido devia ouvir nele mesmo a voz do povo de tal maneira que este reconhecesse sua própria voz. Significado inteiramente diferente tem o movimento de Gdansk no qual se opera uma cisão entre o poder e os operários, no qual aquele se mostra impotente para mascarar sua posição de ator particular face à reivindicação de independência dos novos sindicatos, no qual, coagido à concessão, decai da posição simbólica do poder encarnador.

Além disso, a vulnerabilidade do sistema totalitário, numa situação de crise, provém do fato de que as divisões sociais internas estão subordinadas a uma divisão geral entre a esfera do poder e a da sociedade civil. A Polônia não é, certamente, uma sociedade homogênea; assim como alhures, os interesses particulares entram em choque; porém forma-se um interesse comum, um interesse da sociedade civil face à ascendência do Partido e da burocracia. Nessas condições, o poder, a partir do momento que se encontra ameaçado, não dispõe plenamente da faculdade de jogar com as oposições entre camadas sociais diferentes. E, simultaneamente, o apoio do exército é mais dificilmente obtido. Pois se este duvida da justificação de sua missão de proteção da segurança pública, se não encontra, numa larga fração da população, sinais de consentimento à ordem estabelecida, se, enfim, vê sua função confundida com a da polícia, é a representação de seu papel nacional que vacila. Enfim, diferentemente da democracia, o sistema totalitário não se constitui e não se conserva senão pela exclusão de toda forma de contestação. Nesse sentido, desde que esta encontre bastante força para se exprimir, passa pela experiência de sua nova legitimidade mobilizando-se, ao mesmo tempo, por seus objetivos determinados. Inventa-se um direito que abre um campo de ação e de pensamento libertado da tutela do poder. Assim, os operários poloneses não esperam apenas do poder medidas que lhes dessem satisfação; dão-se uma capacidade de iniciativa indefinida; sua reivindicação não visa apenas um objeto, ela é reivindicação da reivindicação. Em suma, a dinâmica popular não se desenvolve dentro dos limites do regime. Mesmo quando ela não parece pôr em causa seus princípios, quando, por exemplo, os líderes operários declaram não fazer política ou, melhor ainda, reconhecer o papel dirigente do Partido Comunista, ela transpôs, de imediato, o espaço fechado do totalitarismo.

Pode-se, sem dúvida, supor que a consciência do perigo introduz um freio na contestação do regime. Mas essa consciência é mais aguda nos líderes envolvidos na negociação com as autoridades que naqueles que experimentam na greve uma liberdade nova, descobrem a força de uma resistência coletiva e a vulnerabilidade do poder. Com os sucessos conseguidos na ação, aumenta o campo do possível enquanto se esfuma a imagem de um limite intransponível.

Que poderá fazer a nova direção do Partido se o movimento de massa não declinar? O problema não consiste em apreciar a sinceridade dos comunistas aparentemente ganhos para a fórmula dos sindicatos independentes, nem em avaliar seu sentimento patriótico. Se a existência do Partido está em jogo, os russos aparecerão como os únicos salvadores possíveis. Os moderados cederão lugar aos duros ou se comporão com eles ou farão eles mesmos o trabalho dos duros. Desde agora, de resto, pode-se razoavelmente supor que a estratégia de Kania foi sempre e unicamente ditada por uma preocupação realista. Seu governo não parou de combinar tentativas de corrupção dos sindicalistas, manobras de intimidação e concessões. O próprio foi ministro da segurança. Sabe-se o que isso significa num regime comunista? Lemos com espanto artigos que, no dia seguinte aos acordos de Gdansk, celebravam a vitória conseguida pelas duas partes, os representantes operários e os dirigentes políticos, como se um comunismo liberal estivesse se instituindo. Parece-nos mais justo supor que Kania fez prevalecer a fórmula da contemporização e que esta se encontra a serviço de um combate para restaurar a autoridade do Partido. Segura uma ponta da corda que seus adversários agarraram pela outra ponta; alternadamente, deixa que desenrole, puxa-a, deixa-a mais uma vez desenrolar, à espera que os outros se cansem. Feitas as contas, ninguém pode afirmar que ele se engana. Mas nós acreditamos mais verossímil que seja arrastado para muito longe do seu campo e que unicamente a intervenção de um terceiro, o colosso soviético, impedirá o desabamento do Partido. Além disso, é preciso insistir, esse terceiro não é indiferente. Não é no quadro da Polônia que a lógica do totalitarismo se deixa apanhar, mas, antes, no quadro daquilo que é preciso chamar de império soviético. Ora, a burocracia do Kremlin vê seu próprio poder contestado, a ordem que instaurou na Europa do Leste ameaçada pelos operários poloneses. Espera os resultados da estratégia de Kania. Não esperará sua derrota para agir.

Não estou entre aqueles que temem que uma análise desse gênero condene o movimento polonês. É verdade que há uma maneira de designar a barreira do impossível que leva a concluir pela vaidade de toda ação. É a maneira de julgar como espectador, sem compreender que a representação do impossível contribui para apagar o sentido do possível. Os poloneses em luta contra o regime não ocupam a posição de espectadores da sua própria vida. Sabem-se atores num sistema que precisa deles para se conservar. Se correm riscos tão extraordinários, é porque, à falta deles, continuariam, na obediência, mantendo sua servidão. E o fato é que, enfrentando esses riscos, empurraram já as fronteiras do possível. A existência de sindicatos independentes, a legalização da greve, por exemplo, pareciam incompatíveis com a lógica do totalitarismo. Essa lógica, eles a desarranjaram, ao menos, por algum tempo. E, seja qual for o futuro, tornou-se manifesto que um poder comunista se dobra perante a resistência ativa das massas e que a imagem da potência soviética não basta para desencorajar a iniciativa coletiva.

Que se considere, de resto, os últimos trinta anos: a revolta de Berlim-Este foi esmagada em 1953, a da Hungria em 1956, a da Tchecoslováquia em 1968; quantos fracassos, dir-se-á... Mas o movimento que agora se esboça na Polônia é herdeiro dessas revoluções, apresentando novos meios de contestação que o poder comunista, há quatro meses, não sabe como vencer. De resto, beneficia-se, em parte, de uma experiência histórica acumulada no próprio país que passou pelos conflitos de 1956, 1970 e 1976. Vê-se a sua maturidade através de numerosos sinais: sua habilidade, principalmente no primeiro período, em evitar as manifestações de rua que expõem à repressão, ou quando evita desafiar abertamente o poder comunista. Acrescentemos que na própria URSS a crítica do regime mobiliza uma oposição, esparsa e ainda minúscula, é certo, mas que espalha para fora os temas de uma resistência ao totalitarismo.

Os intelectuais poloneses que apoiaram ativamente os operários, alvo da repressão, em seguida ao movimento de Gdansk, compartilham da mesma sensibilidade que os dissidentes soviéticos, assim como se sabem próximos dos intelectuais tchecos ou húngaros perseguidos. A ideia de que a potência do totalitarismo não torna impossível a ação fez seu caminho através das iniciativas individuais ou coletivas – iniciativas de grupos ou de massas. Em certo sentido, o movimento polonês vai mais longe que todos os movimentos anteriores, ainda que na aparência seja menos radical do que foi a insurreição húngara, pois sai do dilema: reformas ou destruição do poder comunista – duas perspectivas abertas em Praga e Budapeste – para afirmar, à distância desse poder, uma autonomia da sociedade civil, a qual não só é incompatível com a natureza do regime, como também o contradiz do interior, ignorando, por assim dizer, seus princípios.

Ao insistir sobre a lógica do totalitarismo, não pensamos, de maneira alguma, que seja insuperável, que continue invulnerável apesar dos golpes dados aqui e acolá. O que excluímos é a hipótese de um compromisso durável, num país do bloco soviético, entre as exigências do poder comunista e as exigências democráticas formuladas pelos operários, os intelectuais e, mais geralmente, todas as camadas dominadas por esse poder. Tais como se afirmam agora, essas últimas exigências apontam para um novo núcleo de poder. Ora, uma situação de duplo poder não parece concebível. Desconhece-se a profundidade do conflito quando se julga que as reivindicações formuladas poderiam ser satisfeitas sem atentar contra a supremacia do Partido. O problema não consiste em que esta seja respeitada, pois não é a supremacia que caracteriza a posição do Partido: ou o poder é total ou o regime se desarticula. Em outra palavras, o que excluímos é a instalação de um comunismo democrático no qual, simultaneamente, o conflito social e a oposição seriam institucionalizados. Em contrapartida, o que observamos é uma *quebra* do sistema totalitário. E não acreditamos que esta seja acidental, efeito de circunstâncias cuja conjugação explicaria, por si só, os efeitos explosivos. Tem-se, sem dúvida, razão em assinalar o papel que o catolicismo representa na cristalização da resistência polonesa. Este revelou-se inextirpável, tornou possível a reconstituição de redes de socialização às quais o poder teve que se acomodar e que permitiram estabelecer solidariedades, fazer circular informações que fazem falta em outros países do Leste. Manteve, sobretudo um polo de legitimidade, exterior ao poder, o qual permitiu ao poloneses defenderem-se contra os efeitos desagregadores do totalitarismo no interior da sociedade. Por outro lado, não há dúvida de que a crise econômica, pela sua amplitude, atiçou as reivindicações, conduziu a população ao limiar do intolerável. Porém, uma vez conhecidas as circunstâncias, é importante reconhecer que a quebra de que falamos se desenha segundo as linhas de clivagem do sistema. E é sobre esse fenômeno que mais do que nunca devemos concentrar nossa atenção.

É tal a representação mais difundida do sistema totalitário que tende a persuadir-nos de sua monstruosa coerência e, simultaneamente, da sua perenidade. De sua parte, os governos ocidentais e os principais líderes políticos admitiram tacitamente, até a negociação de Helsinque, e quase explicitamente durante esta, que o bloco soviético tinha não somente fronteiras intocáveis mas, o que dava no mesmo, que formava um conjunto legítimo de entidades políticas. Para os ocidentais, assinar o acordo de Helsinque significava, aceitando o fato do totalitarismo, autenticar a ideia de uma humanidade que vive segundo suas próprias leis para além da Cortina de Ferro, de populações que fazem apenas um com o poder que as subjuga; eram as sociedades da Europa do Leste dentro dos horizontes definitivos de seus regimes, como se essas populações não aspirassem à liberdade; como se essas sociedades não fossem trabalhadas pelo fermento da democracia; como se o poder comunista não estivesse exposto aos efeitos das contradições engendradas pelo seu modo de dominação. Apesar das recomendações da terceira força, o alcance do acordo não tinha equívocos: a divisão entre o espaço democrático e o espaço totalitário se encontrava oficialmente instituída. Possuía um significado geopolítico e um significado histórico: o totalitarismo estava, de direito, instalado na duração; era colocado como insuperável dentro de suas próprias fronteiras. O futuro do mundo via-se figurado em função dessa divisão.

Contudo, talvez se deva julgar mais significativo, ainda que de menor importância, o fato de que a crítica do totalitarismo, conduzida por uma minoria que perdera, desde há pouco, as ilusões sobre os benefícios do totalitarismo, dava, frequentemente, crédito à imagem de um sistema de opressão sem falhas, capaz de triturar eficazmente toda oposição, contra o qual apenas personalidades heroicas, dissidentes, podiam erguer um protesto. Essa crítica exprimia-se, então, em nome de uma resistência moral contra a violência de um Estado que concentrava todas as forças de coerção próprias dos Estados modernos, e não deixava outra possibilidade senão tentar influenciar, através do protesto, as decisões mais cruéis tomadas pelo poder comunista contra os opositores perseguidos. A situação aberta pela invasão do Afeganistão a tensão internacional que se lhe seguiu modificaram um pouco a sensibilidade no que toca à natureza do regime soviético. Mas, no melhor dos casos – eu ousaria dizer, pensando na complacência da política francesa em relação à União Soviética –, não fez senão aumentar a crença na onipotência desse regime e numa divisão do mundo em dois blocos dos quais um, o bloco totalitário, gozaria, ao mesmo tempo, da supremacia das armas e de uma coesão de todas as suas partes a serviço de seus objetivos expansionistas.

Ora, se é verdade, considerando a situação em termos militares, que há dois campos (cuja capacidade de ação, aliás, só pode ser justamente apreciada desde que se leve em conta todo o jogo de forças que se desenvolve no mundo independentemente da sua vontade), e se é verdade também que há uma diferença de essência entre os sistemas de tipo totalitário e os sistemas de tipo democrático, isso não nos poderia fazer esquecer que na sua realidade as sociedades do Leste e do Oeste não se definem apenas pelo critério da potência das armas e que elas são teatro de conflitos múltiplos, latentes ou manifestos, que contradizem a lógica do sistema. Essas contradições são tanto mais notáveis no Leste porque se encontram comumente dissimuladas, tanto mais temíveis porque são artificialmente contidas. Ora, forjar a imagem de regimes que teriam adquirido o domínio da opressão significa contribuir, de certa maneira, para essa dissimulação. Que o leitor queira nos desculpar por nos referirmos às nossas próprias análises; mas o fato é que, já há 25 anos, denunciávamos essa imagem como sendo simétrica à do comunismo radioso. O que é preservado de uma a outra é a crença na onipotência de um sistema, na sua capacidade de se traduzir, no real, sem sobras. Notemos, de passagem, que um dos últimos avatares dessa maneira de inverter a tese comunista, continuando na sua dependência, se localiza em Zinoviev, quando substitui a ideia de um povo-Uno pela de um povo em pedaços para concluir, segundo o mesmo esquema, que o regime responde ao seu desejo; ou então, quando substitui a ideia de um futuro luminoso pela de uma noite interminável, como se os lúgubres mecanismos da repetição viessem ainda atestar a lógica sem defeito que outrora era posta a serviço da edificação da boa sociedade.

Tentando conceber o totalitarismo, dedicamo-nos sempre a distinguir o que é idealmente, conforme o projeto por ele animado, daquilo que é de fato, ao ver seus efeitos reais. Não dispúnhamos, outrora, dos extraordinários testemunhos trazidos pelos acontecimentos de 1956 na Polônia e na Hungria, de 1968 na Tchecoslováquia ou pelas grandes análises da sociedade soviética feitas por Soljenitsin. A história desses últimos decênios parece-nos, agora, confirmar e esclarecer melhor essa distinção. Por um lado, o totalitarismo é esse sistema no qual a divisão social sob todas as suas formas se encontra radicalmente mascarada. Não há distância entre o Estado e a sociedade civil; o Estado apresenta-se como consubstancial à sociedade; ele é o Estado social, o Estado proletário, a própria sociedade reconduzida a seu princípio ativo; nesse sentido, tende a ser onipresente em todos os setores da vida social. Essa presença lhe é assegurada pelo Partido, que desenvolve suas ramificações em todo lugar, cujos responsáveis se tornam os agentes do Universal duplicando todos os agentes sociais particulares, tanto no espaço da produção quanto no da cultura. Também não há distância entre as classes ou, dizendo mais precisamente, não há divisões que pareçam engendrar-se a partir do interior do sistema; a luta de classes intensamente proclamada é imputada à existência de camadas sociais saídas do passado, de uma burguesia ou de um campesinato herdeiros do Antigo Regime, ou de grupos manipulados pelo imperialismo estrangeiro; a burocracia dominante faz-se invisível, parece dissolvida no corpo social homogêneo do socialismo. Finalmente, pela mesma razão, não há distância entre o *lugar* do poder identificado com o do povo, o *lugar* da lei e o *lugar* da palavra onde é enunciado o conhecimento último do real. O Partido-Estado, ou melhor, seu órgão dirigente, detém, junto com o comando, o princípio da justiça e o princípio da verdade. Nesse sentido, opera-se uma profunda transformação da ideologia. Enquanto numa democracia burguesa ela se alimentava em vários núcleos e se exprimia, por assim dizer, em várias línguas em espaços fragmentados – político, econômico, jurídico, cultural –, tende a unificar-se e a reconduzir às mesmas normas toda representação social. O discurso do poder, a partir do momento que se torna onipresente, procura apagar sua origem; deixa de ser esse discurso sobre o social que, na democracia burguesa, exibia a posição dos que o falavam, para imergir no social. Assim se constitui um poder do discurso como tal, que submete a si seus agentes, passa através deles mais do que se faz neles, imprime-os num saber impessoal que os subtrai à experiência dos outros e das coisas.

Porém, seríamos vítimas do fantasma que habita esse sistema se imaginássemos que se realiza efetivamente, que conseguiu alguma vez realizar-se, mesmo na época mais bela do stalinismo. Esqueceríamos que a divisão social se encontra apenas mascarada; que, de fato, o poder se encontra nas mãos de homens que decidem sobre a sorte de todos; que as classes continuam a existir; que a burocracia compõe uma nova camada dominante; que a desigualdade reina sob formas novas; que o Partido, presente em todo lugar, agindo em todo lugar, não faz senão imiscuir-se na fábrica, no escritório, no laboratório, em todos os setores da produção e da cultura que continuem a definir-se em função de suas próprias finalidades. Esqueceríamos também que as balizas simbólicas da lei, do saber, do real puderam ser denegadas, mas não abolidas; e que a expansão prodigiosa da ideologia se paga com uma impotência em manter os critérios do legítimo e do ilegítimo, assim como do imaginário e do real. É desfazendo-se da ilusão que procura dar crédito ao projeto totalitário que podemos entrever as múltiplas contradições do regime que se ordena em conformidade.

Sua fantástica tentativa de apagar a divisão social, de tragar todos os processos de socialização no processo da estatização, de precipitar o simbólico no real encontra-se exposta à ameaça de uma restituição violenta de todos os sinais da divisão e da alteridade. O poder que se dissimula corre o risco de reaparecer como órgão de opressão, dominando todo o conjunto da sociedade, e de tornar-se o alvo comum de toda contestação; o Partido, que penetra em todos os meios, exerce seu controle sobre todas as atividades, arrisca-se a fazer-se ver, em toda parte, como um parasita; a distância entre os do alto e os de baixo e, mais geralmente, a desigualdade, correm o risco de mostrar-se nuas; enfim, a ideologia invasora arrisca-se a provocar uma recusa generalizada em acreditar, um modo radical de desafeto que a relega ao estatuto de pura mentira política – poder do discurso desmoronando para deixar sem tela protetora a imagem do poder opressor.

Ora, desde a morte de Stalin, do *Egocrata*, segundo a expressão de Soljenitsin, que sustentava a imagem do corpo da sociedade socialista, produziram-se inúmeros fatos que testemunham a erosão do sistema. Tanto na URSS quanto nos países do Leste onde o peso da opressão estrangeira se acrescenta ao da opressão interior, a fratura entre o poder e a população aprofundou-se. A ideologia enfraqueceu. Com a degradação da legitimidade dos regimes estabelecidos, o cinismo burocrático e a corrupção precipitaram-se, enquanto a representação da desordem e da desigualdade apagava a fé nos valores do socialismo. Enfim, surgiram modos de contestação que não são necessariamente convergentes, mas que têm em comum tentar abrir um espaço fora dos limites do poder e fora do fechamento imaginário do social – espaço do direito, espaço da religião, espaço da identidade nacional.

Enquanto alguns não se demoram em considerações sobre essas mudanças, impressionados com a persistência da opressão, outros tiram daí a conclusão de que não se poderia mais qualificar de totalitários regimes que são impotentes para obter a adesão das populações. Ouvindo-os, estes se apoiam apenas na polícia e no exército; ou beneficiam-se com as tradições nacionalistas, ali onde têm a possibilidade de mobilizá-las; ou exploram a atração exercida pelo desenvolvimento econômico e técnico, até mesmo a desarticulação da sociedade submetida. Parece-nos mais justo apreender o sistema totalitário na sua história, observar que as contradições que abrigava desde a sua formação se desenvolveram, que tinha um avesso que se podia desde há muito adivinhar o qual se transforma, cada vez mais, no seu direito.

Acreditamos que os acontecimentos da Polônia apenas são inteligíveis se recolocados nessa história do totalitarismo e, seja qual for o futuro, têm uma significação que ultrapassa o quadro preciso do presente conflito. Não há dúvida nenhuma de que os dirigentes russos sabem disso. Dizíamos que serão, provavelmente, conduzidos à decisão de uma intervenção militar se a situação de duplo poder se prolongar. Mas a sua hesitação, a sua impotência desde há meses em influir, através da ameaça, sobre a conduta dos operários poloneses – e isso apesar dos exemplos húngaros e tchecos –, o que devemos chamar a sua tolerância, forçada, certamente, em relação a uma contestação que os atinge através do Partido de Gierek e depois de Kania, são tão significativas quanto uma eventual intervenção. Ouvimos por todo lado que o precedente do Afeganistão os põe em dificuldades perante a opinião mundial. Vendo a fraqueza das reações que a invasão suscitou, o argumento nos parece pouco convincente. Pensamos que a firmeza da vigilância dos Estados Unidos não pode senão incliná-los à prudência e que desconfiam mais de Reagan que de Carter... talvez. Mas tudo consiste em saber se a necessidade em que se encontram de restabelecer a ordem nas fronteiras de seu campo não prevalecerá sobre a eventualidade de uma tensão de que não se vê muito bem, a longo prazo, que os ocidentais e principalmente os europeus sejam capazes de tirar consequências contrárias à sua política econômica e àquilo que concebem como a sua segurança. Acreditamos de bom grado que a Polônia colocou a burocracia soviética perante uma situação inédita, que recebe um desafio que, repitamos, por ser menos radical que o desafio húngaro, é mais desconcertante uma vez que solapa os fundamentos da autoridade comunista e restitui à população a consciência de sua força sem que tome, aparentemente, uma forma política. Em Gdansk, os operários disseram, em resumo, aos dirigentes do Partido e, através deles, aos dirigentes russos: "Vocês são vocês, nós não invejamos o seu poder, mas tomamos nas mãos, aqui e agora, a defesa dos nossos direitos e dos nossos interesses". Isso cria o desconhecido para todos os poderes comunistas; e não é seguro que conseguirão eliminá-lo melhor por um golpe de força que pela contemporização.

Qualquer livro do nosso catálogo não encontrado nas livrarias pode ser pedido por carta, fax, telefone ou pela Internet.

✉ Rua Aimorés, 981, 8º andar – Funcionários
Belo Horizonte-MG – CEP 30140-071

📱 Tel: (31) 3222 6819
Fax: (31) 3224 6087
Televendas (gratuito): 0800 2831322

@ vendas@autenticaeditora.com.br
www.autenticaeditora.com.br

Este livro foi composto com tipografia Baskerville
e impresso em papel chamois 80 g na Formato Artes Gráficas.